開寶九年

开宝九年

祁新龙 著

人民东方出版传媒
东方出版社
The Oriental Press

图书在版编目（CIP）数据

开宝九年 / 祁新龙著 . -- 北京 : 东方出版社，2025.1. -- ISBN 978-7-5207-1176-0

Ⅰ . K244.09

中国国家版本馆 CIP 数据核字第 2024KN4061 号

开宝九年

（KAIBAO JIUNIAN）

作　　　者：	祁新龙
策　　　划：	王莉莉
责任编辑：	王金伟　李　森
责任审校：	金学勇
出　　　版：	东方出版社
发　　　行：	人民东方出版传媒有限公司
地　　　址：	北京市东城区朝阳门内大街 166 号
邮　　　编：	100010
印　　　刷：	北京联兴盛业印刷股份有限公司
版　　　次：	2025 年 1 月第 1 版
印　　　次：	2025 年 1 月第 1 次印刷
开　　　本：	710 毫米 ×1000 毫米　1/16
印　　　张：	20.5
字　　　数：	300 千字
书　　　号：	ISBN 978-7-5207-1176-0
定　　　价：	49.00 元

发行电话：（010）85924663　85924644　85924641

版权所有，违者必究

如有印装质量问题，我社负责调换，请拨打电话：（010）85924602　85924603

目 录

楔子　回乡祭祖的背后

第一章　李煜入京
  1. 南唐始末　　　　　　　　　　　　**012**
  2. 宋灭江南　　　　　　　　　　　　**022**
  3. 徐铉出使　　　　　　　　　　　　**031**
  4. 曹彬进城　　　　　　　　　　　　**036**
  5. 李煜投降　　　　　　　　　　　　**042**

第二章　平常事平常人
  1. 李昉纳才　　　　　　　　　　　　**054**
  2. 加封旧部　　　　　　　　　　　　**062**
  3. 赵德昭接待钱俶　　　　　　　　　**069**
  4. 钱俶回归　　　　　　　　　　　　**074**
  5. 晋王赵光义　　　　　　　　　　　**079**

第三章　西京祭祀

  1. 西巡洛阳　　　　　　　　　　　　　　**086**

  2. 城南祭祀　　　　　　　　　　　　　　**091**

  3. 是是非非说赵普　　　　　　　　　　　**097**

  4. 流连三藏塔　　　　　　　　　　　　　**105**

  5. 迁都争议　　　　　　　　　　　　　　**109**

第四章　江南后续

  1. 江州之乱　　　　　　　　　　　　　　**118**

  2. 曹翰攻江州　　　　　　　　　　　　　**123**

  3. 一些有意图的举措　　　　　　　　　　**128**

  4. 卢绛死亡之谜　　　　　　　　　　　　**133**

  5. 和岘江南采访　　　　　　　　　　　　**136**

第五章　暗流涌动

  1. 兄弟情深还是历史失实？　　　　　　　**142**

  2. 将帅多亡故　　　　　　　　　　　　　**147**

  3. 两次看望赵廷美或另有隐情　　　　　　**154**

  4. 张佖、李符纠纷　　　　　　　　　　　**157**

  5. 宋军伐北汉　　　　　　　　　　　　　**161**

  6. 九月杂事很多　　　　　　　　　　　　**166**

  7. 寻常事里的不寻常　　　　　　　　　　**170**

第六章　烛影斧声

1. 王继恩的发迹史　　　　　　　　　　　178
2. 历史的真与假　　　　　　　　　　　　182
3. 烛影斧声　　　　　　　　　　　　　　188
4. 赵光义登基　　　　　　　　　　　　　195
5. 赵匡胤的哀歌　　　　　　　　　　　　199

幕间　另一种版本的烛影斧声

第七章　新皇帝初掌国政

1. 摆姿态　　　　　　　　　　　　　　　218
2. 对亲人及文官群体的安排　　　　　　　223
3. 安抚武将势力　　　　　　　　　　　　227
4. 部署关南之地防守　　　　　　　　　　233
5. 新皇帝的权术　　　　　　　　　　　　240
6. 改元开启新时代　　　　　　　　　　　245

第八章　为自己正名

1. 文治大时代　　　　　　　　　　　　　254
2. 消灭北汉　　　　　　　　　　　　　　260
3. 围攻幽州　　　　　　　　　　　　　　267
4. 兵败高梁河　　　　　　　　　　　　　273
5. 德昭、德芳之死　　　　　　　　　　　278

第九章　金匮之盟及其余波
　　1. 金匮之盟　　　　　　　　　　　　　288
　　2. 赵廷美的悲惨命运　　　　　　　　　296
　　3. 赵元佐疯了　　　　　　　　　　　　304
　　4. 赵元僖死了　　　　　　　　　　　　310

参考书目　　　　　　　　　　　　　　　317
后记　　　　　　　　　　　　　　　　　319

楔子

回乡祭祖的背后

赵匡胤建立宋朝后，共使用了三个年号：建隆、乾德、开宝。

这三个年号都有特殊意义，建隆意味着赵匡胤建立宋朝，开创新时代。乾德本义是上天的恩泽，赵匡胤选用其为年号除了美好的祈愿外，还有稳定与过渡的意思。有史料记载：乾德三年（965年）赵匡胤灭后蜀以后，就将后蜀王宫中的宫女充斥到自己的后宫，其中不乏绝色美人受到赵匡胤宠幸。一日，赵匡胤从某一宠幸的宫女首饰匣子中发现了一面铜镜，令他非常震惊，因为铜镜后镌刻有"乾德四年铸"字样。彼时，才是北宋乾德三年，怎么会有乾德四年的铜镜？赵匡胤向宰执群体询问缘故，众人皆不能解答。赵匡胤就再召集学士陶谷、窦仪询问缘由。学士窦仪说："这面铜镜大概是前蜀之物，因为前蜀国主王衍曾用过'乾德'年号，铜镜估计是那时候铸造的。"赵匡胤听罢恍然大悟，赞叹窦仪学问高深，还表示以后宰相要多用读书人。[1]此故事经久不衰，成为赵匡胤重文轻武的"证据"之一。不过坦白说，谁也弄不清楚到底有没有这件事。

开宝是赵匡胤使用时间最长的年号，共九年。其中，尤以开宝九年最为精彩。开宝九年也就是公元976年，这一年干支纪元为丙子，属相为鼠。对宋王朝而言，这一年北宋开国皇帝赵匡胤五十岁[2]，到了知天命[3]的年纪。所

---

[1] 《续资治通鉴》卷四。
[2] 《东都事略》卷一：以后唐天成二年二月十六日生于洛阳夹马营……十月癸丑，皇帝崩于万岁殿。
[3] 《论语·为政》。

谓知天命，就是对以往的个人荣辱不再计较，一切顺应天意。

天下大势也尽如人意，宋朝已基本统一南北，只有北汉、吴越、漳泉等地区还没有归入宋朝版图。除了北汉与宋朝交恶之外，吴越一直与宋朝交好，钱俶年年进贡，恨不能将所有钱财都给宋朝，前提只是宋朝允许吴越还存在，哪怕作为宋朝的附属。而陈洪进[①]自从摆脱南唐，割据漳泉以后，这个割据政权时刻提防着，担心被消灭。面对宋朝的强势崛起，陈洪进无可奈何，只能归附宋朝。而南方强国南唐则在曹彬、潘美等武将一轮又一轮的进攻中，终于让李煜献上了降表，南唐灭亡。

一统天下，是自唐末藩镇割据以来，任何一个统治者都想做而没有做到的事情，但赵匡胤做到了。或许真是苍天眷顾，他才能顺利实现南北统一，将天下揽入怀中。

赵匡胤是幸运的，也是兴奋的。在基本实现了统一大业后，赵匡胤想回乡祭祖，向父母展示这份由赵氏子孙创建的基业。这也是任何一个帝王功成名就后都会做的事情，千古一帝秦始皇也是在剪灭六国后的第二年，回乡祭祖。霸王项羽也说："富贵不归故乡，如衣绣夜行。"[②]赵匡胤虽然是武人出身，却也知晓光宗耀祖的意义。

于是，开宝九年，赵匡胤打算回到洛阳夹马营，寻找曾经的乡愁，重拾儿时的记忆。

夹马营位于今天河南省洛阳市瀍河桥东。公元927年三月，赵匡胤就出生在这个地方。据说，赵匡胤出生时浑身散发着香气，因此得名香孩儿，夹马营也被人称作香孩儿营。赵匡胤在这个地方出生、长大，这里留下了赵匡胤童年、少年时代的全部记忆。

赵匡胤从二十多岁出门创业，到建立宋朝，一直都忙于建功立业，有几次甚至到了死亡的边缘。这期间，赵匡胤很少有时间回到故乡。宋朝建立以

---

① 《宋史》卷四百八十三：乾德二年，制改清源军为平海军，授洪进节度、泉漳等州观察使、检校太傅，赐号推诚顺化功臣，铸印赐之。以文显为节度副使，文颢为漳州刺史。

② 《史记·项羽本纪》。

后，他依然忙于政事，也一直没有时间回乡祭祖。如今，他已经做了十六七年皇帝，基本统一了南北，实现了五代十国战乱后第一次中原地区的统一，他要将这份大业和荣耀带回洛阳去。

赵匡胤尽管是一位伟大的帝王，却也是一个苦命人，他的父母没有享受到宋朝的荣华富贵，先后早早去世。赵匡胤对父母是怀有内疚之心的。在父母活着时，他没有做到为人子尽孝道的义务，而且父亲赵弘殷的死，也让赵匡胤遗憾终身。

当时，赵匡胤还是周（史称后周）的主要禁军将领，而他的父亲赵弘殷经历了五代更迭，最后也成为后周重要的禁军将领①。父子同朝为官。公元954年，周世宗柴荣在高平击败北汉后，开始了雄心勃勃的统一战争。公元956年，周世宗指挥后周将士开始进攻南唐，打算先灭南唐，然后一点点向南渗透，逐渐消灭南方的割据政权，实现南北统一。

然而，当时南唐也是南方泱泱大国，论实力与后周不相上下，南唐皇帝李璟虽然爱写诗词，但绝非昏庸无道之君。南唐财源丰富，地大物博，人口众多。据说当时南唐有个叫林仁肇的名将，多次抵御住后周军的进攻。所以在这种情况下，周世宗先将南唐作为攻打对象并不明智。可是皇帝要打仗，手底下的将领和士兵们只能按照皇帝的意思来。

后周与南唐之间的战争变得扑朔迷离。但周世宗雄心勃勃，他曾计划用三十年的时间，实现南北统一、天下太平。而南唐就成了横亘在后周统一南北大计上的最大障碍，周世宗胸中憋着一口气，他命人猛攻南唐。此时，赵匡胤和赵弘殷都在攻打南唐的队伍中，只是他们隶属不同的部队。

两国交战最激烈的战场之一要数寿州之战。当时，寿州与滁州相距不远，两座城形成掎角之势。后周军先扑向了寿州，却遭到南唐军的顽强抵御，寿州挡住了后周军。而此时，滁州城的南唐军也跃跃欲试，想要解救寿州。

---

① 《宋史》卷一：累官检校司徒、天水县男。与太祖分典禁兵，一时荣之。

形势不容乐观，需要指挥者立即做出战略部署，否则滁州南唐军支援寿州，后周军就会腹背受敌。在这种危急情况下，周世宗果断调整了战略部署，他一面命人猛攻寿州，一面打算将滁州也围住，不让滁州的南唐军支援寿州。但是，后周将主力军都压在寿州，能分配给滁州方向的人马有限。最终，周世宗将攻打滁州的任务交给了赵匡胤，兵力配备只有区区五千人。

　　可能周世宗本意是要赵匡胤阻拦滁州南唐军支援寿州，没想过拿下滁州。赵匡胤却并不这么认为，他把攻克滁州作为自己的投名状来看。初生牛犊不怕虎，赵匡胤可能还立下了军令状，表明自己要攻下滁州。周世宗虽然相信赵匡胤的勇武，但他认为给赵匡胤划拨的兵力有限，难以实现攻克滁州的目标。他欣赏赵匡胤的勇气，也没有强迫赵匡胤，只要求赵匡胤见机行事，保存实力。

　　当时很多将领都把这当成笑谈。而此时，滁州的南唐守军数倍于赵匡胤的军队，在这种情况下，赵匡胤胜利的可能性几乎为零。后来，赵匡胤想起这一仗就后怕，这是他与自己的一场赌博，胜利了则备受重用，失败了则壮志难酬。

　　战争的具体经过已无可考证，但结果很明确，赵匡胤占领了滁州，他创造了奇迹。可以肯定的是，这是一次智取，赵匡胤用自己的智慧和勇气，拿下了滁州。战争胜利以后，赵匡胤将占领滁州的消息火速报给了周世宗。

　　赵匡胤在占据了滁州之后，就等着周世宗来检阅。这让周世宗对赵匡胤非常赏识，他完成了几乎不可能完成的任务。不过，自古以来，那些经典的战役，哪一场战争在战前就能预测结果呢？滁州之战的胜利，让周世宗对赵匡胤刮目相看。赵匡胤的各种传奇故事，也在后周军营里传播开来。赵匡胤的父亲赵弘殷也听说了这件事。在军中沾染风寒的赵弘殷本打算回东京开封养伤，但他架不住关于赵匡胤的各种传奇故事的吸引，因此绕道滁州，拖着病体来看望儿子，希望在赵匡胤驻守的滁州与儿子见一面，然后再返回开封养病。

　　当时，后周军主力依然在寿州，赵匡胤攻克的滁州驻军人数较少，城内人心不稳，可能不远处还埋伏有南唐军。赵匡胤面对的形势不容乐观。听闻父亲绕道而来，赵匡胤非常兴奋，很想接父亲进城。但是当时天色已晚，开城门是违反军纪的。而且打开城门之际，如果南唐军趁机发动突袭，结果真不好预料。

赵匡胤左右为难，开城门则违背军纪，不开城门则不近人情，毕竟那是自己的父亲。忠、孝在这一时刻同时摆在赵匡胤眼前，需要他做出抉择，而且无论如何选都会给自己留下遗憾。好在父亲赵弘殷也是将领，理解儿子的难处，就对赵匡胤说："我儿，你不要多虑，我就在城外对付一宿，等天亮了再进城也不迟。"于是，赵匡胤没有开城门，赵弘殷就在滁州城外休整。

当时时值秋天，虽然不算太冷，但也有了丝丝凉意，赵弘殷在滁州城外的马车中一边休息，一边等待着天亮。赵弘殷本就疾病缠身，城外马车又难以御寒，到后半夜，寒气袭人，他强忍着剧烈的不适感，等待着天亮。而赵匡胤也因为父亲在城外受冻挨饿，在城楼上陪着父亲等待着。

好不容易熬到天亮，赵匡胤迫不及待命人火速打开城门，将父亲迎进了滁州。① 不过，因为赵弘殷在滁州城外挨了冻，身体状况急转而下，出现了各种不适感，赵匡胤不敢马虎，命人在滁州城里找来郎中，为赵弘殷治病，但滁州城里的郎中水平有限，没办法治好赵弘殷的病。加之后周正在与南唐交战，赵匡胤也担心父亲的病情进一步恶化，就派人将父亲火速送回开封去救治。赵匡胤本人则继续在滁州城守着。

然而，这一路折腾后，赵弘殷身体每况愈下，回到开封后不久就病逝了。而赵匡胤也没能来得及回家守制。后来，后周攻打南唐胜利，赵匡胤也取得了不错的战绩。但是，在滁州城没有接父亲进城这件事，给赵匡胤留下了无法消除的遗憾。从某种程度上讲，正是由于赵弘殷在滁州城下冻了一晚，才加重了病情。这让赵匡胤非常愧疚，他始终觉得自己对于父亲的病故负有不可推卸的责任。

---

① 《宋史》卷一。

对于母亲杜氏，赵匡胤也怀有愧疚之情。赵匡胤和父亲赵弘殷都是将领，长年在外，无暇顾及家里。尤其赵匡胤成家后，出门游历，投奔郭威帐下，到后来建功立业，其间很少回家尽孝。家里的一切，都是由母亲和妻子操持着。妻子贺氏后来因病去世，一大家子人都在母亲的照料下生活。不管生活多么艰难，母亲从来没有为了一些无关紧要的事情，给赵匡胤增添烦恼。

陈桥驿兵变后，赵匡胤本想好好尽孝，让母亲安度晚年，享受儿孙绕膝之乐，可母亲在宋朝建立一年后也去世了。

杜氏这一生中，没有做过多少可以影响赵匡胤的事情，似乎仅仅是将他们弟兄几个拉扯大了而已。但在赵匡胤建立宋朝以后，杜氏做了一件事，一直让赵匡胤难以忘却。

那是赵匡胤陈桥驿兵变后不久，按照制度，新建立的王朝在赏赐打天下的功臣后，还得加封家里人。任何一个推翻或者取代先朝的国君，免不了要继承先朝的制度，而且很多制度已经传承了数百年。于是，赵匡胤就尊杜氏为皇太后。这可是莫大的荣耀，因为杜氏是赵宋王朝第一个皇太后，尽管此后将会产生诸多个皇太后，比如刘娥、高滔滔等等，但作为王朝第一任皇太后，绝不是一般的荣耀。当时，文武大臣都向杜氏表示祝贺，但杜氏却一点也高兴不起来，有人就劝谏杜氏说："臣听说古人都说母以子贵，如今，您的儿子成了大宋朝的开国皇帝，您还有什么不开心的事情呢？"杜氏苦笑着对劝她的人说："我也常常听人说皇帝不好做，帝位看起来在亿万黎民之上，可以享尽一切荣华富贵。事实上做皇帝也是有着巨大风险的。皇帝如果治国有方，则皇位可以常保下去；可一旦失去对国家的驾驭，到时候想做个普通人都难以实现，我就是为这个发愁呀！"赵匡胤听后感动不已，跪下来对母亲说道："儿子一定听从您的教导。"①

这件事发生时，赵匡胤并没有觉得有多么刻骨铭心，但到了五十岁，赵

---

① 《宋史》卷二百四十二。

匡胤就不这么看待问题了。以上种种对父母不能尽孝的遗憾，都成了赵匡胤打算到洛阳祭祖的理由。赵匡胤时常与弟弟赵光义说起这些事，惋惜不已。对父母的亏欠和怀念，总让他不愿意过多回想往事。而这位一直与自己心贴心的弟弟，也在权力的腐蚀下，变得与自己不再亲近。

赵匡胤感觉世间仿佛只有他一人，儿子们、弟弟们、大臣们似乎都各怀心思。孤家寡人的感觉，让他备感孤独。终于，开宝九年一开春，他就想到回乡祭祖，走出开封府，驱散内心的孤寂。

当然，这都是表面现象，赵匡胤就是要表现出这种情怀，以此来掩饰他即将要做的大事。他的真实目的被掩盖在回乡祭祖的背后：为迁都做考察。

为什么这样说呢？这就与开封这个地方的地缘有关。开封最早作为都城存在是在战国时期，当时魏国迫于秦国的压力，迁都大梁（开封）。此后，汉、唐都以长安和洛阳为政治中心，开封显得不那么重要。一直到唐朝末年，藩镇割据，中原先后出现了梁、唐、晋、汉、周五个政权，开封再次变得重要起来，逐渐成为政治中心。特别是后唐时期契丹皇帝耶律德光入主中原，占据了大梁，消灭了后唐，给赵匡胤留下了难以磨灭的记忆。一直以来，赵匡胤都觉得将国都定在开封不是最佳选择。因为在后晋石敬瑭时期，已经将幽云十六州割给了契丹，如此一来，就等于中原最北方将无险可守，长城成了契丹人训练军士的操练场，而不是一道拦截游牧民族南下的天然防线，这样导致的后果就是契丹铁骑可以随时冲进中原，抢夺人口和资源。尽管宋朝有关南之地作为缓冲区，可关南之地是大平原，契丹铁骑可以一路驰骋奔向最后一道天堑——黄河。而一旦契丹铁骑过了黄河，开封就成了契丹人围攻的对象。耶律德光攻灭后唐、后晋不就是最好的例证吗？后周的郭威、柴荣都意识到这个问题，不得不在开封周围屯驻大量的禁军，确保京城的安全。

郭威、柴荣看到的问题，赵匡胤难道看不到吗？他建立的宋朝不仅要避免五代乱局重现（他已经实施了一整套治国方略，重用文士治国，与武士同等地位，相互牵制），还要子孙绵延，不能因为开封是四战之地就留下亡国隐患。当然，这主要是为后代儿孙考虑。因为凭借着他的勇武，契丹也不敢贸然南下。但他百年之后呢？契丹会不会南下？开封还能不能守住？因此需要提前为这一切做筹划。

综合这一切的因素，赵匡胤认为长期屯驻大军在开封城外并不妥当，除了有安全隐患在，花销巨大也是一个无法解决的难题。

为了永绝后患，迁都就是最佳的解决办法。赵匡胤初步打算，先迁都洛阳，再迁都长安，凭借天然屏障，阻挡外敌入侵要轻松不少。即便契丹占据了幽云十六州，宋朝也不惧。

事实上，赵匡胤早就有迁都的想法，只是这些年来，宋朝忙于南北统一，将这件事暂时搁置了。现在，随着南唐举国投降，迁都之事就成了当务之急。

不过迁都之事牵一发而动全身，人口、都城规模、地理环境等等，都是制约迁都的重要因素，有一个方面的因素不合格，迁都都将失败。

当然，赵匡胤相信，只要他愿意迁都，是没有人能够阻挡得了的，毕竟他才是国家的主人，是宋朝的开创者。

问题的关键是，该将国都迁到哪里呢？是唐朝的旧都长安，还是宋朝陪都洛阳？

赵匡胤暂时没有想好，所以就有了这次借祭祖名义实地考察的活动。不过这一切都是赵匡胤自己的计划，他还没有向外界透露，一切都需要实地考察结束后，才能确定最终方案，否则迁都也只能是他的一厢情愿而已。

除了以上原因之外，还有个重要的原因促使赵匡胤有了迁都的想法，那就是弟弟赵光义迅速崛起了。宋朝建立十六年，赵匡胤一路提携弟弟赵光义，让赵光义参与所有国家大事，赵匡胤起初只是想给自己找个治国理政的帮手，但人都是有私心的，赵光义在处置政事时，开始亲近所有值得结交和拉拢的官员，赵光义的势力已渗透到宋朝官场的各个层面，盘根错节。这位"晋王＋开封府尹"的弟弟现在的地位仅次于自己……而反观自己的两个儿子，显得很逊色。而此后，赵匡胤要想将帝位传给儿子，不得不考虑赵光义的因素。自古以来的帝位之争，父子、兄弟之间的短兵相接并不少见。

很多事，赵匡胤慢慢知道了，他感觉到一股巨大的威胁力量正在生成。这让赵匡胤对弟弟有了戒心，所以，他打算迁都。只要成功迁都，赵光义在开封培植的势力就会土崩瓦解，赵匡胤可以再培养起一批新官僚，替代赵光义的势力，乘机为儿子们创造一些建功立业的机会，为将来皇位传递打好基础。当然，即便不能迁都，也可以通过这次祭祖来考察弟弟的势力有多么庞大。

而就在赵匡胤思索西巡之事时，宋朝灭南唐的大将曹彬从前方报来消息，称江南皇宫接手工作已经完成，不日他将押送李煜一行到达开封。

赵匡胤心潮澎湃，等待着曹彬的到来，他将带来一个"国主"和一片南方疆域。于是，赵匡胤暂时将西巡之事再次压在了心底——只是推迟了西巡的日期，这样也可以让他准备得更为充分。为南唐国主举行受降仪式虽然不是多么巨大的政务，但这意味着宋朝自此基本统一了长城防线以南的土地。

赵匡胤在等待着，那个被他多次召见却避而不见的江南国主，终于要来了。

第一章　李煜入京

> 李重光风流才子，误作人主，至有入宋牵机之恨。其所作之词，一字一珠，非他家所能及也。
>
> ——（清）余怀《王琴斋词·序》

1. 南唐始末

公元 976 年正月，从南方传来了振奋人心的消息：曹彬押送南唐后主李煜及大小官员已经到今河南境内，不日便可抵达东京开封。

这件事在京城传得沸沸扬扬，朝野都在谈论。宋朝在消灭南方割据势力时，南汉、后蜀都没有花费多大力气，可攻打南唐时，却遭遇顽强抵御，前后持续了一年多，即使李煜投降了，有些地方势力至今还在负隅顽抗。

现在随着金陵城破，李煜做了俘虏，历时十多年的南北统一战争将画上句号。而对李煜的归降，宋朝也不能像对待之前其他各国国主一样简单。

赵匡胤高坐在开封皇宫中，等待着艺术天才李煜前来觐见。应当说，此时的赵匡胤虽然没有过分地表现出胜利者的得意，但李煜举家到开封来居住，无疑为 976 年开了个好局。

不过，在宋朝上下欣喜万分时，李煜又是一种怎样的心态呢？他带着南唐的文武大臣、皇亲国戚往开封行进时，心里是否有种国破山河在的悲凉呢？

作为南唐的最后一位君主，或许李煜自己都百思不得其解：有长江天堑的南唐怎么还被宋朝灭了呢？况且这些年来，南唐源源不断地给宋朝进贡，以求得苟安，宋朝怎么还是容不下南唐呢？一切的问题，都没有答案，或许赵匡胤那句"卧榻之侧，岂容他人鼾睡！"就是最好的理由。

那么，李煜到底是个怎样的帝王，怎么就成了亡国之君呢？要弄清这些事情，还需要将历史往回倒，或许能从李煜这个人的履历中窥探到其中的缘由！

李煜原名从嘉，是南唐中主李璟的第六子，他有五个哥哥，但除了大哥李弘冀之外，其他四个哥哥都早早夭折了。随着李煜不断长大，身份地位也在不断变化着，他先后被封为安定郡公、卫大将军、副元帅等。后来，李璟加封李煜为郑王。李璟做这些，只是对这个有艺术天赋的儿子的格外照顾，与皇储身份没有多大关系，因为李璟有长子李弘冀。封建嫡长子继承制一直被南北方政权传承沿用。

李煜是个艺术天才，长了一身艺术细胞。他琴棋书画样样精通，尤其是诗文和书画，可谓自成一家。从后世对李煜诗词的追捧程度也能看出李煜的艺术天赋。

然而，李煜整天醉心于诗词书画当中，并没有觊觎皇位的意思，但好事之人总会利用李煜的长相等因素制造一些有关他的"绯闻"，给他招惹非议。而这些非议和绯闻让大哥李弘冀对他一直很忌惮。据说李煜长得奇特，有富贵相，史称"而丰额骈齿，一目重瞳子"[1]。在古代，这样的相貌往往被称为"帝王之相"。

如果不出意外，李弘冀就是未来南唐皇位的合法继承人。然而要实现这

---

[1] 《新五代史》卷六十二。

一目标，前提是不能出意外，而李煜的长相仿佛成了意外，这让李弘冀越来越忌惮李煜。

李弘冀比李煜年长，自幼文武双全，能征善战，在南唐大将中，绝对算得上数一数二的人物。想当年周世宗柴荣带领大军进攻南唐时，李弘冀曾击退柴荣大军，其军事才能可见一斑。①

本来李弘冀并没有猜忌李煜，因为他战功卓著，理应是国家继承人。李煜则不务正业，沉迷于深宫后院，写诗赋词，也没有把自己当作国家继承人看待。但架不住外界的各种传言。有时候，相貌也有可能是选定继承人的重要因素。自此，李弘冀对这个弟弟有了戒心，在没有确定太子之位前，他怎么能允许一个威胁自己将来帝位的弟弟存在呢？因此，李弘冀因李煜相貌的传言，与李煜嫌隙不断。

李弘冀的种种刁难，让李煜无所适从。喜欢艺术的人，本身就敏感，对万事万物的看法，也与别人不同。那么，面对大哥的猜忌，李煜该怎么办呢？答案当然是消除李弘冀的猜忌。

因此，李煜醉心于诗词书画，研习经籍，从不过问政事。李煜还给自己弄了一大堆外号，比如"钟隐""钟峰隐者""莲峰居士"等等，凡此种种，无不向外界宣示着自己没有染指帝位的野心。李弘冀看到李煜的作为，也逐渐放下了对李煜的猜忌，②但并非彻底对李煜放下了戒心。李弘冀一日没当上南唐皇帝，他就会觉得李煜的存在是一种威胁。尤其是当李弘冀得知李煜害怕影响兄弟之间的关系，而故意不问朝政的举措得到李璟的认可后，再次对李煜心怀嫉妒。李煜的身份其实很尴尬，最终确定太子人选的人是李璟，李弘冀却因此迁怒于李煜。

李煜本人也非常痛苦，他清楚大哥对自己的猜忌。而李弘冀越是不放心，李煜就越要表现出一副不问政事的样子。李煜的态度也很明显：我不会

---

① 《南唐书》卷十六。
② 《南唐书》卷三。

和你争皇位的。最终，还是李煜的真诚感动了李弘冀，李弘冀又对李煜放松了戒心。在李弘冀看来，李煜真不会与他争，如果不出意外，他将会成为南唐的国君。但是，事情还真出现了意外。

这个意外来自他们的叔叔李景遂。李景遂是李璟的弟弟，当年南唐建立者李昪去世后，理应由李璟继承皇位。有意思的是，当时李璟却打算将皇位让给弟弟李景遂，但李璟的做法遭到李景遂的拒绝。李璟就成了南唐的国君，继承皇位之后，李璟立李景遂为皇太弟。两人关系也非同一般，李璟还让李景遂住在东宫之中。大家都知道，东宫通常是太子的府邸，李璟让弟弟李景遂住在东宫，背后是否另有打算不得而知。

更要命的是，直到公元 958 年，李璟都没有册立皇太子。那么，是不是预示着李璟之后，皇位由李景遂继承呢？

对此，李弘冀有着深深的忧虑，他不能让任何人威胁到他的储君之位，所以李弘冀一直在想办法扳倒李景遂，也只有扳倒李景遂，李弘冀才能顺势成为东宫之主。

可怎么扳倒李景遂呢？李弘冀为此绞尽脑汁。

李景遂似乎也有预感，侄儿对他怀有敌意，他不想继续待在东宫。李景遂多次给李璟上书，希望回到自己的封地。奇怪的是，李璟没有答应弟弟的请求。或许李璟觉得当年是他继承了皇位，得了利益，所以想着法儿对李景遂好。他让李景遂执掌东宫，似乎是在补偿李景遂。李璟或许还想着自己百年之后，将皇位传给弟弟。

然而，李璟的这些做法，都让李弘冀对李景遂恨之入骨，不除之不足以解恨。种种迹象表明，李弘冀确实这么做了。李弘冀动员他的部下向李璟进言，说李景遂的坏话。李弘冀还鼓动亲信给李璟上书，劝说李璟赶紧立李弘冀为太子，解除将士们心中的疑惑。对于李弘冀部下的这些进言，李璟自然明白其中的"奥秘"，他一面答应这些将领的要求，安抚将士们的情绪；一面也在继续观察事态的发展。

李景遂也发现了李弘冀的种种"不轨"行为。公元 958 年，李景遂看出势力不断增强的李弘冀的野心,不想卷入到皇储之争当中。于是,他给李璟上书,迫切希望能够回到自己的封地,躲过与侄子李弘冀之间的纠葛,但是李璟没有允许。

后来,吴越钱俶接受周世宗的邀请,带领吴越军与南唐军周旋,此时后周的大军也开始进攻南唐,南唐面临着巨大挑战。为了应付眼前的战局,李璟任命自己另外一个弟弟李景达为元帅,带领南唐军抵御吴越的进攻。有意思的是,李景达被吴越钱俶击败后选择了逃跑,这让原本战略上处于优势的南唐出现败势。而此战中,只有李弘冀顽强抵御,击溃了来犯敌军。

再后来,李璟觉得南唐难以与后周争雄,就向周世宗称臣。周世宗最终也没有再次攻打南唐。南唐获得了暂时的安宁。此时,经过多年考察后,李璟册立李弘冀为太子,正式参与国家大事。①

李弘冀已成为太子,按说应该是南唐的合法继承人了。但事情远没有想象中的简单,原因还是李景遂。因为在李弘冀被册立为太子后不久,李璟又擢升李景遂为天策上将军、江南西道兵马元帅、洪州大都督、太尉、尚书令,封晋王。②李璟对李景遂的这一加封,再次激起了儿子李弘冀对李景遂的嫉恨,为什么呢?因为这个晋王头衔可不是一般的亲王头衔,古代很多晋王最后都继承了皇位。隋朝晋王杨广,唐朝晋王李治,还有后来宋朝赵光义等人都曾是晋王。李璟这时候擢升李景遂为晋王,不由得不让李弘冀多想。

为什么李璟这时候封李景遂为晋王?原来其中也有内幕:李璟对太子李弘冀的很多做法都不太满意,比如李弘冀的骄横跋扈和不听约束等等。根据《南唐书》的记载,说李璟有重新册立李景遂为"皇储"的打算。③这种情况下,李弘冀的危机感再次加重,他好不容易才坐上太子之位,岂能被别人抢走?所以,一个谋害李景遂的计划,开始在李弘冀的心中萌生。

不过,李景遂身居高位,谋害他并不容易。然而,李弘冀的谋士发挥了

---

① 《南唐书》卷十六。
② 《南唐书》卷十六。
③ 《南唐书》卷十六。

作用，他们给李弘冀出主意，建议他从李景遂身边的人着手。于是，李弘冀就找到了当时李景遂身边的亲信袁从范，他以袁从范儿子的性命相威胁，迫使袁从范将鸩毒放到李景遂的食物中。袁从范无计可施，为了儿子，他只能按照李弘冀的要求去做，最终，李景遂被毒死。据说李景遂死后，身体腐烂不堪。①

李璟听到弟弟的死讯后，就让相关部门来调查李景遂的死因。这不调查不要紧，一调查真相大白，幕后黑手竟是太子李弘冀。李璟怒不可遏，他对弟弟一直有愧疚之情，希望可以在自己有生之年能弥补弟弟，结果弟弟竟然被自己的儿子毒死了。巨大的愧疚和愤怒让李璟失去了理智：一气之下废了李弘冀的太子之位。

其实，李弘冀对毒杀李景遂之事也非常悔恨。据说在李景遂去世后，心中有愧的李弘冀经常会看见李景遂的鬼魂向他索命。最终，丢失太子之位的打击和对自己恶毒行为的悔恨，让李弘冀得了一场大病，不治而亡。②

就是这种机缘巧合，将一直无意皇储之位的李煜推到了台前，让他成为皇储的不二人选，甚至李煜自己对此都有些吃惊。李弘冀去世后，李璟的前五个儿子都死了，李煜作为第六子，是责无旁贷的皇储人选，这已经不是李煜愿意不愿意的事情，而是必须替国家承担起责任来。

事实上，李璟也非常喜欢李煜，因为李煜的才情可不是一般人所具有的，况且李煜还有那副帝王相貌，所以加封李煜为皇储已成定局。然而，尽管一切都显示着皇储非李煜莫属，但也不是所有人都看好李煜。当时，南唐有个直谏官员叫钟谟，他就反对立李煜为太子。在钟谟看来，李煜笃信佛教，性格软弱，不是皇储的最佳人选。钟谟还给李璟建议，册立第七子李从善为储君。钟谟因此话遭到李璟的斥责。有老六在为什么还要立老七？最终，钟谟也因此被李璟流放至饶州。③

---

① 《南唐书》卷十六。
② 《南唐书》卷十六。
③ 《南唐书》卷三。

其实钟谟的想法也代表着当时南唐一些朝中官员的观点，但是钟谟被李璟贬黜之后，其他的大臣再也不敢说李煜的坏话。或许李璟需要的也是这个结果。

不久之后，李璟加封李煜为吴王，让李煜以尚书令的身份参与政事，并入主东宫，成了南唐名正言顺的准太子。[①]事情发展到这一步，李煜都有些发蒙：太子之位怎么最终落到我头上了？或许真是命运的安排吧！也只能将这一切归功于命运的操纵。

然而，就在公元960年正月，一个震惊天下的消息传到南唐：后周殿前都点检赵匡胤在陈桥驿发动兵变，建立宋朝。赵匡胤刚刚建立宋朝，原后周大将李筠和李重进就先后起兵。尽管赵匡胤很快镇压了这两个人的叛乱，但这足以说明宋朝根基还不稳。

这时候，李璟看到机会，决定趁着宋朝根基不稳，无暇顾及南唐时，将都城迁到洪州，也就是今天的南昌。随即，李璟带着一行人去洪州做实地考察。因为还没有确定最终是否迁都，所以金陵依然是南唐的国都，这时候，就需要有人留守。李煜就以太子的身份监国，暂时留守在金陵。[②]

令南唐上下惶恐的是，李璟在南巡考察时，突然驾崩了。这个突发事件让所有南唐臣民措手不及，李煜则更难以接受。但是李璟的确死了，大臣们擦干眼泪，对李煜说："国不可一日无君。"于是，李煜就在各位大臣的搀扶和簇拥下，登上了皇位。[③]

也就是这时候，李从嘉正式更名为李煜。李煜继承皇位之后，迁都之举只能暂时放下，他需要理顺各种关系。李煜首先尊母亲钟氏为圣尊后，立妃周氏为皇后（大周后），加封诸弟为王。这是笼络亲人的做法，也是稳固皇位的做法。[④]

[①]《南唐书》卷三。
[②]《新五代史》卷六十二。
[③]《南唐书》卷三。
[④]《南唐书》卷三。

安抚了国内，第二步就是派出使臣出使宋朝，缓和双方的关系，不让赵匡胤趁机讨伐南唐。李煜派中书侍郎冯延鲁带着大批的财物，到开封去觐见赵匡胤，向赵匡胤陈述南唐发生的变故。① 这位冯延鲁就是南唐著名词人冯延巳的弟弟。

李煜在给赵匡胤的奏表当中，极尽一切地表达了南唐对宋朝的恭顺态度，希望与宋朝长久建立良好关系。

此时的赵匡胤虽然暂时平定了叛乱，但朝内的局势依然不稳定，他需要安抚后周重臣，稳定大局。与此同时，赵匡胤正在酝酿杯酒释兵权，所以对于李煜这种诚恳的态度，表示很满意。他还给李煜回赐诏书，派人到南唐吊唁李璟，并祝贺李煜袭位。②

同年九月，赵匡胤的母亲杜氏去世，李煜听说后，马上派出户部侍郎韩熙载、太府卿田霖等人，带着南唐的诚意，来到开封吊唁杜氏，并向宋朝纳贡。李煜希望与宋朝建立的良好关系，也初见端倪。③

就这样，南唐暂时安定，李煜也带领着南唐上下推动着国家继续运转。李煜希望通过称臣纳贡的形式，换得南唐发展之机。

但是，宋朝与南唐的关系会一直如此亲密吗？

答案虽然没有立即出现，但是赵匡胤统一南北的脚步已经迈开了。公元962年十月，随着南平节度使周行逢去世④，赵匡胤开始了先南后北的统一战争。他派出大将慕容延钊和亲信李处耘去平定荆湖地区。这两位开国大将没有让赵匡胤失望，他们迅速灭掉荆南和湖南两个割据政权。⑤ 在宋朝收复荆湖地区的过程中，南汉、南唐、后蜀都好似局外人，并没有想过施以援手。

---

① 《宋史》卷四百七十八。
② 《宋史》卷四百七十八。
③ 《宋史》卷四百七十八。
④ 《新五代史》卷六十六：建隆三年，行逢病，召其将吏，以其子保权属之曰："吾起陇亩为囚兵，同时十人，皆以诛死，惟衡州刺史张文表独存，然常怏怏不得行军司马。吾死，文表必叛，当以杨师璠讨之。如其不能，则婴城勿战，自归于朝廷。"
⑤ 《宋史》卷一。

随着宋朝占领了荆湖地区，宛如在后蜀、南唐、南汉三国的要害处插入了一把利刃，阻断了三国之间的联系。

李煜对南唐的处境看得比较清楚，他仍然希望通过称臣纳贡的方式，与宋朝保持良好关系。赵匡胤对李煜的各种进贡来者不拒，并表现出了与南唐结交的决心，这也让李煜备受鼓舞。李煜相信，只要自己这样与宋朝相处下去，赵匡胤一定会给江南一条活路。公元963年，李煜还到开封去觐见赵匡胤，当时由于李煜一直很听话，赵匡胤也对他以礼相待。李煜也清楚自己的处境，希望宋朝给南唐下诏书时，直接称呼他的名字即可，但赵匡胤认为这样很不礼貌，并没有答应李煜的请求。①

此后，赵匡胤开始将下一个消灭的目标定为后蜀，原因是后蜀皇帝孟昶骄奢淫逸、大兴土木，百姓生活水深火热，这是宋朝消灭后蜀的最佳时机。孟昶听闻宋军打算攻打后蜀，觉得四川有天然屏障，宋军不会轻易攻进成都。但为了安全起见，孟昶派出使臣出使北汉，希望与北汉联手攻打宋朝。结果后蜀出使北汉的使者北上之后，直接投奔了宋朝，并将后蜀准备联络北汉攻宋的打算告诉了赵匡胤。这为宋朝消灭后蜀提供了借口，于是，赵匡胤派遣王全斌、崔彦进、曹彬、刘廷让等大将率大军进攻后蜀。②

孟昶以为的天然屏障，在王全斌等将领的进攻下，并没有起到多大的作用，宋军很快破了后蜀军的层层布防，成都被宋军攻破，后蜀灭亡。③

李煜看到后蜀灭亡，深切感受到亡国的威胁，火速派人出使宋朝，与宋朝再度重申保持良好关系。④赵匡胤一面与南唐保持"合作伙伴关系"，一面开始准备消灭南汉。因为随着荆湖、后蜀的灭亡，南唐、吴越主动向赵匡胤表示臣服，唯独南汉不向宋朝称臣。赵匡胤还让李煜给南汉皇帝刘铩写信，希望刘铩能够归附宋朝。但刘铩拒绝了李煜的建议，还拉拢李煜，希望与李

---

① 《南唐书》卷三。
② 《宋史》卷一。
③ 《宋史》卷一。
④ 《宋史》卷一。

煜一起抵御宋朝。①李煜只好将刘鋹写给他的信上交给赵匡胤。

赵匡胤因此将消灭南汉的事宜提上日程。之后，赵匡胤派出了大量的间谍，去探知南汉国内的消息。这些间谍带回来的消息让赵匡胤兴奋不已。原来南汉国主刘鋹宠幸一个叫"媚猪"的波斯女人，而将国家大事都交给太监和宫中侍女打理。赵匡胤认为消灭南汉的时间到了。开宝三年（970年）九月，赵匡胤命大将潘美带领大军进攻南汉。

南汉皇帝刘鋹听闻宋朝十万大军来攻，火速组织人来抵御宋军。然而，此时的南汉已经没有可以抵御宋军的大将，唯一一个叫潘崇彻的大将因为受到刘鋹猜忌，多年赋闲在家，已经垂垂老矣。

这种情况下，当潘美带领着宋军一路南下时，南汉很多地方都不战而降。最后，刘鋹不得不请潘崇彻出山，抵御宋军。但此时的潘崇彻已经不打算给刘鋹卖命了。于是，潘崇彻投靠了潘美。②随即，宋军继续进攻兴王府，南汉失去了最后的屏障，刘鋹见大势已去，带领着文武百官出城投降。③

南汉灭亡后，李煜更慌了，直到这一刻，他才意识到，宋朝已经在事实上将南唐包围了。在整个南方，看起来只有吴越和南唐没有归入宋朝的版图，但吴越与宋朝的关系，远比南唐与宋朝的关系密切。

李煜怕了，亡国的危机感时时袭上心头。

李煜赶紧给赵匡胤上书，表示南唐将去除国号"唐"，自己改称"江南国主"，永远向宋朝称臣。李煜还派他的弟弟李从善带着大批财物出使宋朝，向宋朝纳贡，希望宋朝给南唐留一线生机。李煜重申了之前的请求，希望宋朝在给江南下诏书时，直接称呼他的姓名就可以。这一次，赵匡胤同意了李煜的请求。这也是赵匡胤姿态的变化，公元963年时，赵匡胤不同意在给南唐的诏书中直呼李煜其名，是因为那时候宋朝还没有消灭后蜀、南汉。现在情况不同了，整个南方只有一个南唐了。所以，赵匡胤同意了李煜的请求。

---

① 《宋史》卷四百八十一。
② 《宋史》卷四百八十一。
③ 《宋史》卷二。

让李煜没想到的是，李从善被赵匡胤扣在了开封。李煜给赵匡胤上书，请求赵匡胤放回弟弟，但是赵匡胤的回答是：想得美！李煜没办法了，只能接受现实。据说李煜还写了一首怀念弟弟李从善的词《清平乐·别来春半》，其中有这样的诗句："别来春半，触目柔肠断……雁来音信无凭，路遥归梦难成……"

李煜已经不奢望赵匡胤能放回弟弟，他只希望宋朝不要攻打南唐，给他一片乐土，让他颐养天年。那么，赵匡胤会给李煜留一片江南乐土吗？

2. 宋灭江南

答案是否定的，古往今来，但凡有点儿能耐的皇帝，谁愿意固守不前呢？

其实，赵匡胤之所以一直没有对南唐下手，那是因为赵匡胤很忌惮南唐的一员大将，这员大将名叫林仁肇。据说林仁肇其人素有智慧，武艺高强，在南唐军中颇有威望。[1]

传闻说林仁肇曾给李煜出过主意，建议南唐趁宋朝连年战争之际，收复宋朝防守空虚的淮南地区，拓宽防线，与宋朝对峙。林仁肇还对李煜说："陛下您不必担忧，您可对外宣称是臣叛国，若臣带兵成功收复淮南地区，那对南唐而言，就是建立了一道屏障；若臣此去失败，您可以杀我满门，表示自己不知情，届时即便宋朝怪罪下来，您也可以将责任全部推到臣身上。"这是对国家多么大的忠心。但李煜却对林仁肇说："卿可千万别这么做，如果卿这样做，将会置国家于险境当中。"后来，李煜依然担心林仁肇不听指挥贸然收复淮南地区，就将林仁肇派到今天的南昌去做南都留守。[2]

林仁肇愤慨不已，又无可奈何。有意思的是，林仁肇虽然是南唐军中出

---

[1]《十国春秋·林仁肇传》。
[2]《十国春秋·林仁肇传》。

色的军事指挥者，却也有其致命弱点，比如他心高气傲，不把一般将士放在眼中，与南唐的朱令赟、皇甫继勋等高级将领不睦。这些将领就时常向李煜进谗言，说林仁肇暗通宋朝，并向宋朝求援，妄图在江南自立。① 李煜竟然信了这些谗言——可能起初并不相信，但架不住被不断灌输啊。李煜不信任林仁肇了。

赵匡胤派出的斥候获取了这一情报。赵匡胤认为此时时机成熟，就打算除掉林仁肇，为宋军攻打南唐消除隐患。

为了借南唐之手除掉林仁肇，赵匡胤制订了一系列措施，他派人进入江南，出高价购得了林仁肇的画像，并将林仁肇的画像挂在了内宫之中。②

公元972年，李从善出使宋朝，被赵匡胤扣在了宋朝都城开封。这时候，赵匡胤布了一个大局，等着李从善入局。

原来，赵匡胤扣留了李从善后，除了不同意李从善回南唐外，对他的衣食住行都照顾有加。③ 李从善就在开封住着，想着南唐故国三千里。而赵匡胤自己一有空闲时间，就招待李从善。尽管李从善战战兢兢，可此时的他已为鱼肉，只能任由赵匡胤摆布。据说有一次赵匡胤特地召见了李从善，并带着李从善走进了一间内室，给李从善展示他这些年收藏的名人名画。在不经意间，李从善忽然发现了一幅画，觉得画面上的人非常熟悉，所以在这幅画前逗留了片刻。这时候，赵匡胤问李从善："卿可识得画中之人？"李从善不能确定地回答："好像是我们江南将军林仁肇。"赵匡胤对李从善说："卿果然好眼力，此人正是林将军。不过林将军已表示归附我朝，所以给我先捎来了一幅画像作为信物。"李从善表面上看起来沉着，但内心已经起了波澜。此时赵匡胤指着眼前一片空着的宅子对李从善说："你看这片宅邸规格如何？这就是朕给林将军准备的府邸。"李从善顺着赵匡胤所指的方向看去，果然是

---

① 《十国春秋·林仁肇传》。
② 《十国春秋·林仁肇传》。
③ 《宋史》卷四百七十八。

琼楼玉宇。李从善便相信，林仁肇叛变了。①

这一天的宫廷游览，李从善心里五味杂陈，南唐那么倚重的林仁肇，竟然暗通宋朝。李从善觉得，应该将这个消息火速报告给哥哥李煜，让李煜趁早提防林仁肇这个喂不熟的狼。于是，李从善写了一封信，命自己最信任的随从带着书信逃出城去，将书信交给李煜。平时宋朝对李从善的行动盯得很紧，但这次，李从善的随从竟然顺利地逃出了开封城。

不久，这封由弟弟亲笔所书的信件，就送到了李煜手中。看到李从善的信件后，李煜除了震惊，还有愤怒。因为他相信李从善不会骗自己。李煜马上召来林仁肇，并赐给了他一杯酒。林仁肇根本不知道李煜的意图，端起酒杯一饮而尽。

但这杯酒是毒酒，等毒发时，李煜才对自己的此举做了解释说明。林仁肇想解释已来不及。就这样，林仁肇被李煜处死了。②

除掉了林仁肇，赵匡胤开始部署攻打南唐。尽管此时南唐还有朱令赟、皇甫继勋等将领，但他们与林仁肇相比，简直是烛光与皓月之间的差距。

这时候，赵匡胤得先找一个理由，再派出大军征讨南唐，因为李煜一直很听话，也对宋朝毕恭毕敬，贸然出兵会让天下人耻笑，更会给世人留下话柄，而赵匡胤又是一个非常注重自己形象的人。据说陈桥驿兵变后的一天，赵匡胤正在用弹弓打鸟的时候有人请求汇报工作。赵匡胤本不打算接见，但架不住来人的恳求，声称有重要事情汇报。但当赵匡胤听了汇报的内容之后，觉得都是无关紧要之事，就批评了汇报工作的人打扰了自己的兴致。没想到汇报工作的人却说自己汇报的工作虽然不重要，但总比用弹弓打鸟之事重要。赵匡胤听了以后，非常生气，抡起玉斧丢了过去，那人的两颗门牙被敲掉。但这个人并不生气，只是随手捡起了地上的门牙。赵匡胤问他："你捡起自己的大门牙，还想状告朕吗？"这人却说："我不敢状告官家，但今天的

---

① 《十国春秋·林仁肇传》。
② 《十国春秋·林仁肇传》。

事一定会有史官将其载入史册。"赵匡胤一听，觉得这种不光彩之事，最好还是不要被记在史书当中。为了安抚那人，赵匡胤还赏赐了他一些礼物，希望此事就此打住。① 赵匡胤就是这样一个非常注重自己形象的帝王。

如今，宋朝要攻打南唐，自然要寻找一个合适的理由。公元973年，赵匡胤派出一个叫卢多逊的官员出使南唐。而李煜也从卢多逊口中得知了宋朝攻打南唐的打算。于是，在卢多逊出使期间，李煜向卢多逊表示愿意接受宋朝的册封，只是希望宋朝垂怜江南的父老，给江南人一条活路。李煜的要求被卢多逊拒绝。②

到第二年，也就是974年，李煜给赵匡胤上书，请求赵匡胤放回自己的弟弟李从善，但是李煜的请求再一次被赵匡胤拒绝。

同年秋，赵匡胤先派梁迥出使南唐，对李煜宣称宋朝将要举行盛大的祭天活动，南唐既然作为宋朝的附属国，就请南唐国主到开封去陪同赵匡胤祭天。但是李煜清楚这是赵匡胤的计谋，李从善不就是去给宋朝进贡时被赵匡胤扣留在了开封吗？李煜害怕自己去了，也会被赵匡胤强留在开封。所以李煜就以生病为由，不打算去开封觐见赵匡胤。③

李煜以生病为借口不来，赵匡胤忍了。毕竟他和李煜都清楚此次不过是在试探，他们各有各的心思。不过赵匡胤的试探还未结束。不久之后，赵匡胤又派出一个叫李穆的官员出使南唐。赵匡胤的态度很明确，你李煜上次有病，这次总该没病了吧！这次李穆到南唐的事由，还是让李煜到开封觐见。李煜和上次一样，以身体还没康复为由拒绝了。李煜为了让赵匡胤放心，还在回信中写了"臣侍奉大朝，希望得以保全宗庙，想不到竟会这样，事既至此，唯死而已……"之类的语句。④

李煜虽然拒绝了赵匡胤的召见，但还是派出使臣出使宋朝，希望给宋朝

---

① 《续资治通鉴长编》卷一。
② 《南唐书》卷三。
③ 《南唐书》卷三。
④ 《南唐书》卷三。

进贡，并送一些财物，以求心安。①

当赵匡胤看到李煜的回信之后，可以猜想到赵匡胤愤怒的样子。李煜不来朝倒也罢了，还说什么事已至此，唯有一死。笑话，宋朝会惧怕南唐吗？只是不希望生灵涂炭罢了。其实，李煜拒绝来朝，早在赵匡胤的预料之中。如果李煜打算进京面圣，就不会在第一次宋朝使臣到江南时拒绝到开封。在赵匡胤看来，这样也好，正好给宋朝出兵找了一个合理借口。

宋朝开始谋划进攻南唐。等一切准备工作就绪后，赵匡胤命当时驻守在颍州的团练使曹翰带领宋军从江陵出兵，南下伐唐。赵匡胤又命曹彬、潘美等率领十万大军南下，水陆并进，进军南唐。②宋朝还派出王明带领一部分大军驻扎在湖口（今江西）北岸，吸引南唐水军主力，为曹彬的东路军创造条件。

与此同时，为了营造更大的阵势，赵匡胤又给吴越王钱俶送去了书信，希望钱俶出兵北上，夹击南唐。赵匡胤还给钱俶派去了一个监军丁德裕，此人后面会讲到。宋朝磨刀霍霍，可吴越国内却人心惶惶，此时吴越国内形成了两派观点，一派认为南唐与吴越唇亡齿寒，不能听从赵匡胤的安排，一旦南唐灭亡，吴越也会亡国；另一派则认为，钱俶早就是宋朝加封的兵马大元帅③，现在宋朝召集出兵，应该及时回应，否则宋朝若有所猜疑，势必会来攻打吴越。恰巧此时，李煜也派人给钱俶送来了书信，李煜在书信中陈述南唐与吴越唇亡齿寒的关系，希望与吴越建立盟友关系，共同抵抗宋朝。然而钱俶在充分衡量利害后，还是决定与宋朝交好，就将李煜写给他的书信交给了赵匡胤。④这又给了赵匡胤攻打南唐的口实。

而李煜也清楚拒绝到开封面圣的后果，也在积极备战。⑤

---

① 《新五代史》卷六十二。
② 《南唐书》卷三。
③ 《续资治通鉴长编》卷一。
④ 《南唐书》卷三。
⑤ 《南唐书》卷三。

这时候，宋中路军已经到达长江边，并在江上来回巡视，扰乱着长江南岸的南唐主力部队的视线。南唐军见宋军来回巡视，并不过江，也不沿江而下，也就放松了警惕。公元974年十月十八日，曹彬在麻痹了长江南岸的南唐大军之后，带领所部开始南下。这一次，南唐军以为宋军还是来回巡视，就没有阻拦南下的宋军。曹彬看到南唐军没有注意到宋军动向，命宋军火速沿江而下，躲过南唐军的重重布防。等南唐军意识到上当时，曹彬部已经先后过了湖口、峡口寨（今安徽贵池西）、芜湖（今属安徽）、当涂（今属安徽）等地。①

之后，宋军以迅雷不及掩耳之势到达预定目标采石矶（今安徽马鞍山西南），击败了驻守此处的南唐军队，并擒获了两名守将。②

为什么说采石矶是宋军过江的预定地点呢？因为宋军要在此地架浮桥过江。那为什么宋朝选择在此地架浮桥呢？这事儿还得追溯到几年前。公元970年，一个自称是江南士子的人来到开封，自称有渡长江天堑的妙计，请求面见皇帝。赵匡胤那时虽然还没有消灭南唐的打算，但对于渡江的计划，还是充满了兴致。赵匡胤真见了这个士子，来人自称叫樊若水，江南人，多年科考未中，遂图谋北归。借钓鱼为名，在长江边上的采石矶垂钓，来回测量长江各处的宽度及水深。樊若水为赵匡胤献上了渡长江的妙策：在采石矶搭建浮桥③。赵匡胤听了樊若水绘声绘色的演讲后，又让学士院对他的学问进行了考核，发现此人确实有才，特赐本科及第。樊若水就此成了宋朝的官员，只是此后几年宋朝暂时没有消灭南唐的计划，赵匡胤就将樊若水的意见忘却了。此刻，朝廷决定消灭南唐，樊若水的建议一下子就从赵匡胤的脑海中冒了出来。

于是，赵匡胤将樊若水召来，商议渡江事宜。他们最终商议用巨型战舰连接在一起，当过江浮桥用。当然，不是所有人都觉得樊若水的建议是正确

---

① 《南唐书》卷三。
② 《续资治通鉴》卷八。
③ 《宋史》卷四百七十八。

的。有人就指出，长江水流湍急，在长江上架浮桥，无异于痴人说梦。① 樊若水也不争辩，只说架浮桥计谋能否实施，一试便知，不必要做过多的辩解。这一次赵匡胤力排众议，采用了樊若水的建议，赵匡胤命人火速打造战船，做伐南唐的准备工作。

战船打造好了之后，宋朝就派人驾驶船只在采石矶的长江中心试了一下，果然如樊若水说的一样，船只没有被冲走。当曹彬到达采石矶后，就命人火速在此地架设浮桥。南唐的斥候将宋军在采石矶架浮桥的消息火速传到金陵。李煜听说后，觉得宋军这是在开玩笑，滚滚长江啊，怎么能够轻易架浮桥呢？② 但宋军还真架起了浮桥，而且宋军的先头部队已经陆续通过浮桥过了江。

之后，源源不断的消息传到金陵，李煜才相信了宋军架浮桥的事情。李煜在震惊之余，命镇海节度使郑彦华和天德都虞候杜真各领水、步兵士一万人，不惜一切代价毁掉宋军搭建的浮桥，定要将宋军拦截在采石矶以北。③

随即，宋军与南唐军在采石矶相遇了。潘美不可能就这样让宋军搭建的浮桥被南唐军摧毁，他指挥宋军猛攻南唐杜真部。紧急时刻，杜真和郑彦华两人又发生了意见分歧，各自为战，南唐水陆两部没有形成合力。当杜真部被潘美包围时，郑彦华却把主要精力放在了摧毁浮桥上，而没有及时去援救，结果导致杜真部被潘美重创。

就在潘美与杜真较量时，长江上也出现了问题，因为郑彦华的水军正在靠近宋朝搭建的浮桥。此时的南唐将士比任何时候都清醒，只要摧毁了架在采石矶上的浮桥，宋军就过不了长江。至于过了江的潘美部，南唐只要关起门来打狗，潘美一定会被消灭。

潘美也知道浮桥对宋军意味着什么，他能让南唐军摧毁浮桥吗？当潘美听说郑彦华部妄图摧毁浮桥时，就带领着已经过江的宋军往采石矶赶。所幸

---

① 《宋史》卷四百七十八。
② 《宋史》卷四百七十八。
③ 《续资治通鉴》卷八。

的是，潘美赶在南唐军摧毁浮桥之前赶到了。随即，又是一阵厮杀，潘美部击溃了来摧毁浮桥的南唐郑彦华部。

到这时，郑彦华才得知杜真部溃逃的消息，也不敢再战，率部逃窜。①潘美尽管取得了胜利，但也不敢继续追击。对潘美来说，浮桥危机的解决就已经是上天保佑了。他带领过江的宋军驻守在浮桥周围，掩护对面的宋军踩着浮桥过河。不久之后，潘美带领的宋军基本过了长江。

宋军全部过了江，给了潘美底气。之后，在主帅曹彬的指挥下，宋军直逼金陵。而金陵可是南唐的都城，城墙坚固，不是轻易就能攻破的。更要命的是，此时南唐背城依水，沿着秦淮河设置水寨，部署了十万兵力阻挡宋军靠近金陵。

局势并不乐观，但曹彬不管这些，他命潘美带领宋军向驻扎在秦淮河处的南唐军靠近。李煜非常着急，将全部的战事都交给皇甫继勋等将领，将政事交给了陈乔、张洎两人。②那么，这些人能够扭转局面吗？李煜自己也说不清楚。据说皇甫继勋这个人毫无军事才能，他不过是凭借父兄的威望，成了南唐的将领，可此时李煜竟然将抵御宋军这么重要的任务交给了他。③

公元975年正月初八，对南唐人而言，是一个永远都难以忘怀的日子。往年这时候，整个江南都是新春的欢愉，但这一年因为宋军逼近，江南人心惶惶。正是在这一天，宋军发起全面进攻，南唐败势已成。

战争首先在长江上游打响。当时宋黄州兵马都监武宁谦等将领乘机突破南唐军防备虚弱的地方，过了长江，向南唐重要据点樊山寨（今湖北鄂城西）发动进攻，并很快占据了樊山寨。而另一支由行营左厢战棹都监田钦祚率领的宋军则乘机进攻溧水（今属江苏），并在溧水击败南唐军万余人，南唐将领李雄被田钦祚诛杀。④

---

① 《续资治通鉴》卷八。
② 《南唐书》卷三。
③ 《南唐书》卷十。
④ 《宋史》卷一。

正月十七日，已经过江驻扎在秦淮河北岸的曹彬部，开始向驻守在秦淮河岸边的十万南唐主力发起了攻击，领导这支宋军的将领是潘美。为了不失去战机，潘美在船只没有准备好的情况下，命将士们强渡秦淮河，向南唐军发起冲击。对面的南唐军傻眼了，潘美这是在干什么？尽管金陵在南方，但这时候是正月，让将士们涉水过河，这是不要命了吗？宋军还真不要命了，潘美身先士卒，带着宋军将士过河。

这时候，宋军的另一位将领李汉琼也赶到了，他命人用巨型战船装上干芦苇草，向秦淮河对岸驶去。宋军靠近秦淮河南岸时，李汉琼就命人点着了船上的芦苇。瞬间相互连在一起的南唐水舰被大火点燃，而潘美则乘机冲击南唐军。就这样，南唐军在宋军的火攻中仓皇溃逃，数万人被大火吞灭，剩余的将士都退回到金陵城。

宋军将士开始围困金陵。此时，李煜还不知道宋军已经围城。原来，张洎、陈乔二人处置政事时，并非公开透明，很多札子都到不了李煜的手中。《宋史》记载说，"每军书告急，多不时通"[1]。这也导致了宋军直逼金陵城下时，李煜都不知道。等李煜登上金陵城楼观看时，才发现城底下黑压压一片全是宋军将士。李煜在震惊之余，命人诛杀了皇甫继勋。[2]但是杀一百个皇甫继勋，也解决不了宋军围城的现实问题。宋军的几路兵马都已经聚集在了金陵城下。金陵成了一座孤城。这种情况下，李煜该怎么办呢？

而此时，整个南唐的军士，驻守在湖口的朱令赟部可以算作唯一的主力部队了。所幸的是，这支部队还有十五万人，如果朱令赟能够及时救援，说不定会扭转战局。于是，李煜给朱令赟下了命令，让朱令赟率领着他的水军沿江而下，解救金陵之围。但是朱令赟看到长江对面驻扎着宋军王明部，担心自己一旦离开，王明会乘机占领湖口，到时候，如果他无法解救金陵，自己的将士也将无安身之所。因此，朱令赟接到李煜的命令后，迟迟不愿动

---

[1] 《宋史》卷四百七十八。
[2] 《宋史》卷四百七十八。

身。

李煜心寒了。武将不听指挥，李煜能有什么办法？

3. 徐铉出使

也许有人会说，赶紧向赵匡胤求饶，说不定还会有一线生机。可事实真是这样吗？

其实，向赵匡胤求饶的事情，李煜早就想过了。公元974年宋军南下时，李煜就已经想这样做了。

但面对宋朝的虎视眈眈，南唐上下没有人愿意出使宋朝，似乎大家都很清楚：去了也是白去，宋朝大军压境，会听从一介文人的只言片语？然而，不试一试怎么知道不行呢？先秦的先贤们不就是凭着三寸不烂之舌，结束了剑拔弩张的军事冲突吗？

关键是选谁去的问题。

李煜想到他钟爱的大臣徐铉，整个南唐，也只有徐铉可以担此重任。于是李煜召来徐铉，向他讲述了当前国家的困局，希望徐铉能够代表国家出使宋朝。

徐铉接受了这项使命。这多少超出李煜的预料，毕竟当时南唐的处境非常不好，让徐铉出使不过是权宜之计。但徐铉爽快答应，也给了李煜一点信心，说不定徐铉能扭转危局呢？

这是宋朝摊牌后，南唐第一次派出使臣出使，时间是公元974年十月。当时，宋军刚刚南下，跟徐铉一同出使宋朝的还有个叫周惟简的官员。[①]这次出使还制造了一系列奇闻逸事。

事实上，在《十国春秋》《南唐书》《宋史》等史书记述徐铉此次出使宋

[①] 《宋史》卷四百七十八。

朝的经过非常简略。但在一本叫《智囊》的书里有一些详细记载：

> "三徐"名著江左，皆以博洽闻中朝，而骑省铉尤最。会江左使铉来修贡，例差官押伴。朝臣皆以词令不及为惮，宰相亦艰其选，请于艺祖。艺祖曰："姑退，朕自择之。"有顷，左珰（宦官）传宣殿前司，具殿侍中不识字者十人以名入。宸笔点其一，曰："此人可！"在廷皆惊，中书不敢复请，趣使行。殿侍者莫知所以，弗获已，竟往。渡江，始铉词锋如云，旁观骇愕，其人不能答，徒唯唯，铉不测，强聒而与之言。居数日，既无酬复，铉亦倦且默矣。①

大致意思是说：在当时的江南有三位姓徐的文化大咖，其中徐锴、徐铉是兄弟，另外一人是江宁府人徐熙，他们在江南被称作"三徐"，是当地文化界的大佬，声名远播。这三人当中，尤以徐铉声名最高，他记忆力超群，妙语连珠，能言善辩，出口成章，引用典籍信手拈来。这样的人对读书人来说是一个灾难，因为没有人能与他较量。据说，有一次徐铉代表李煜出使宋朝，带着给宋朝进贡的大批财物。这时候，按照礼仪制度，宋朝得选出一个接待之人，前去迎接徐铉进京。但这一次宋朝满朝的文臣没有人愿意去做接待工作。即便是宰相，都推荐不出一个人来接待徐铉这个活字典。似乎大家都很明白，和徐铉见了面，就得说一些经史子集里的言论，可徐铉如此博学，没有人能说得过他。赵匡胤看着眼前平日里滔滔不绝的文臣们，心里似乎在耻笑着。但是徐铉已经来了，总得有人去接待。赵匡胤让人对宰相说："爱卿不要焦躁，朕来处置这件事。"随即，赵匡胤命人拿来一份不识字的殿前侍者的名单，赵匡胤拿着笔，眼睛一闭，就在一个侍者的名字上点了一下。赵匡胤睁开眼睛，随即将选中的这个名字交给了宰相，对宰相说："此人就能完成接待徐铉的工作。"宰相一脸狐疑，这个侍者不识字，怎么接待大

---

① 《智囊·上智部·见大》。

儒徐铉呢？

可皇帝既然选择了这个人，那就有道理，其他人也不敢多问。宰相命这个不识字的侍者赶紧动身去接待徐铉，侍者只能硬着头皮去了，反正他大字不识一斗，即便徐铉口若悬河，对他都没有任何意义。

等到达接待之地，徐铉已经等待多时。徐铉不知道宋朝派来接待他的侍者底细，在寒暄之后，就开始跟着侍者往开封走。徐铉也知道自己才名远播，想必宋朝派来的侍者一定也是饱读诗书之人。于是，在行进的过程中，徐铉竭尽全力叙说南唐与宋朝的关系，也想从这位使者口中打探宋朝对南唐的态度，他旁征博引，论证两国保持友好关系的必要性。徐铉说了一箩筐话，但接待他的侍者并不表达自己的意见，只是不断地点着头。徐铉一看侍者对他的观点也认可，就继续口若悬河滔滔不绝。但是，不管徐铉怎么说，这位侍者只是点头，从不多说一句话。徐铉除了惊愕，还是惊愕。侍者葫芦里卖的什么药啊？

徐铉不断地尝试与侍者交谈，但侍者只是点头。几天之后，等徐铉到开封时，能说的话已经说完了，可这个侍者似乎不为所动，这让徐铉元气大伤，宋朝接待之人到底是什么情况，竟然可以不说一句话。徐铉的一腔热情，贴在了冷屁股上。

这就是冯梦龙的记载。诚然这种记载具有虚幻性，不足为凭。但徐铉的大才，在当时的江南乃至全国是出了名的。这在《新五代史》当中也有类似的记载。[①] 李煜这次派徐铉来，想必也是看中了徐铉这一点。

这时候，宋军已经围住了金陵城。徐铉临走前，李煜本来打算召朱令赟率领湖口大军南下解金陵之围的，但李煜想到此时他要派徐铉去向赵匡胤求情。如果南唐贸然调集朱令赟部，势必会使两国关系变得紧张起来，将徐铉陷入不义，难保赵匡胤不会对徐铉痛下杀手。于是，李煜打算暂时不召朱令赟解围，但徐铉坚决不同意这么做。徐铉对李煜说："皇上您不必担心老臣

---

① 《新五代史》卷六十二。

的个人安危,如今我们的援军只有朱令赟部了,为什么要制止他沿江而下?"李煜对徐铉说:"如果朕调集朱令赟部,势必会对你的出使造成不利影响。"徐铉却说:"我不过是江南一介小官,为了江山社稷,死就死了,没什么可惜的。"李煜哭着送徐铉离开。此时的徐铉已经将生死置之度外。①

徐铉过了前线,见到曹彬,表示自己将要出使宋朝。曹彬一看是徐铉,也不敢阻拦,只能放徐铉北上。不日,徐铉就到达了开封。徐铉马不停蹄地见了赵匡胤。赵匡胤坐在龙椅上,等着徐铉开口。徐铉开宗明义就说:"李煜无罪,陛下您师出无名。"②徐铉不愧是饱学之士,他开口就戳中了赵匡胤的软肋。赵匡胤无言以对,只能任由徐铉继续说下去,"太祖徐召之升,使毕其说"③。

徐铉委屈地询问赵匡胤:"江南李煜侍奉官家您像父亲一样,你们的关系也如亲父子一般,江南也从没有过做得不对的地方,您为什么要让大军征讨江南呢?"④赵匡胤又被徐铉问住了。赵匡胤继续不说话,任由徐铉说。徐铉一看自己占了上风,就细数了这些年来,江南为了与宋朝搞好关系,年年进贡,只要宋朝需要什么,江南不管多么困难,都会为宋朝备上所需要的物品。这里有个情况要注意:因为此前李煜自己降了规格,以江南国主自称,所以出使宋朝的南唐使者,也会将南唐称为江南。据说徐铉口若悬河道出数百言才结束,"其说累数百言"⑤。这里说的数百言可不是说了数百个字,有可能是数百句话。

赵匡胤一直没有说话,听着徐铉滔滔不绝。徐铉说完了,赵匡胤才缓缓地站起身来,对着徐铉说:"卿既然说朕和李煜就像父子一样,那么朕且问你,天底下有父子相互分开居住的道理吗?"⑥赵匡胤的话一出,徐铉一时语

---

① 《宋史》卷四百四十一。
② 《新五代史》卷六十二。
③ 《新五代史》卷六十二。
④ 《新五代史》卷六十二。
⑤ 《新五代史》卷六十二。
⑥ 《新五代史》卷六十二。

塞，因为徐铉一开始就把话说错了。

徐铉在惊愕之余，无言以对，堂堂大学士，被一个行伍出身的赵匡胤问到词穷，亘古未有。徐铉慌忙退下了，"铉无以对而退"①。但是南唐的另外一个使臣周惟简还不死心。不久，周惟简拿着李煜的手书再次拜见了赵匡胤。赵匡胤在看完李煜的手书之后，对周惟简说："你们国主的意思我不明白。"周惟简看到赵匡胤根本无意放过南唐，再也不敢多说，退了出来。不久以后，两人就回了南唐。②

这就是徐铉、周惟简第一次出使宋朝的经过，无功而返，但徐铉尽力了，只是赵匡胤不答应而已。但随着战事日益吃紧，李煜又慌了，只能再次派出使臣出使宋朝，希望赵匡胤垂怜南唐军民，给他们一条活路。这种情况，也只有徐铉能出使。李煜再次请来了徐铉，对他说："宋军不退反进，怎么办？还请卿拿着财物再次北上，请求宋朝不要再逼迫江南了。"

徐铉慨然应允，表示为了南唐的安危纵使粉身碎骨也在所不惜。于是，刚刚回到南唐的徐铉一行，收拾了一番，再次出使宋朝。

曹彬一看又是徐铉来了，也没有阻拦，直接放过。这一次徐铉又见到了赵匡胤。赵匡胤对徐铉的入朝，早已猜到。赵匡胤是谁？是宋朝的开国皇帝，他还是非常有耐心地接见了徐铉，打算再次听一听徐铉的高论。

果不其然，徐铉面对赵匡胤，没有一点畏惧之色，脸上再也不见上一次被赵匡胤反驳之后的慌乱。不过徐铉的话里，似乎已经有了一丝怯懦。因为徐铉开始解释李煜不到宋朝来面见赵匡胤，实在是因为李煜有病，没有其他原因。

看着眼前的徐铉，赵匡胤还是耐着性子听他说。徐铉一看赵匡胤还是一副无所谓的样子，多少有些生气，话语里也就有了几分严厉。按史书的说法就是"其言甚切至，上与反覆数四，铉声气愈厉"③。

---

① 《新五代史》卷六十二。
② 《续资治通鉴长编》卷十六。
③ 《续资治通鉴长编》卷十六。

徐铉的口气变了，赵匡胤也没有耐心了。徐铉本身就是作为求和之人，来给赵匡胤灌输大道理的，现在竟然语气强硬，赵匡胤就不愿意再听徐铉说下去了。于是，赵匡胤站起来，大声喝道："你不要再多说了，江南没有什么罪，也不要在这件事上再纠缠了，天下一统是民心所向，卧榻之侧，怎么能容许有其他人熟睡？"①

赵匡胤的话镇住了徐铉。此时徐铉才意识到，此前他为李煜辩白，其实都不是赵匡胤所关注的。赵匡胤早就想灭了南唐，统一南北。还能说什么呢？已经再没有理由辩白了。他多次出使宋朝，却没有为南唐求得半刻的安宁，"铉皇恐而退"②。

然而，徐铉虽然退下了，但徐铉出使宋朝的后续事情还没完。赵匡胤不便处罚徐铉，就将怒火全部发在了跟着徐铉的周惟简身上。赵匡胤斥责周惟简，让周惟简非常紧张。周惟简战战兢兢地对赵匡胤说："我本来就是山野村夫，并没有做官的打算，只是李煜不断请我出使而已。我听说终南山上有很多灵药，日后我将会在终南山归隐。"听了周惟简的话，赵匡胤动了恻隐之心，这个周惟简本身就不是官员，只是一个闲散的道士而已。于是，赵匡胤给徐铉和周惟简赏赐了很多财物，放他们回江南去了。③

至此，李煜两次派徐铉、周惟简出使宋朝，希望得到宋朝垂怜，为南唐求得缓兵的计划破灭。此时宋朝的将士们已聚集在金陵城下。

李煜看到城下黑压压的一片，不知道自己的国家还能维持多久。

4. 曹彬进城

徐铉出使宋朝失利，预示着和谈彻底失败，北宋、南唐只有战场上见真

---

① 《续资治通鉴长编》卷十六。
② 《续资治通鉴长编》卷十六。
③ 《续资治通鉴长编》卷十六。

章儿了。而此时能为金陵解围的只有朱令赟率领的十五万水军，李煜再次给朱令赟下了命令，口吻相当严厉，让朱令赟领军火速前来解救金陵之围，如果再有延误，那就与叛国无异了。

再次接到李煜的旨意，朱令赟不能再坐视不理了。正如李煜所说，如果还是不愿意支援金陵，那朱令赟的行为与反叛就没有区别了。朱令赟综合考量后，决定放弃湖口，率军沿江而下，为金陵解围。

朱令赟整顿人马，收拾辎重粮草。随即十五万南唐水军在朱令赟的带领下，开始沿江而下。只是，这时候，宋军已经在长江上搭建了浮桥，建立了一条阻止朱令赟大军的防线，他能突破这道防线吗？

朱令赟打算先用巨舰冲毁宋军搭建在采石矶上的浮桥，断了宋军的后路，然后再进入金陵，与金陵城里的南唐军夹击宋军。

这是目前最为妥当的办法，但是朱令赟能摧毁宋军的浮桥吗？朱令赟并不能保证这一点，他只是命所有南唐军沿长江而下，用强大的兵力冲击浮桥。所以，这时候，能看到长江上铺满了各种巨型战舰，每条战舰可以容纳千人，还有数以万计的百尺长木筏。①

不要忘了长江北岸还有一支宋军，在提防着朱令赟的大军。当朱令赟下令沿长江而下时，驻守在长江北岸的王明也出动了。他的任务就是牵制朱令赟。现在他必须想办法拦住朱令赟，否则朱令赟的巨型战舰一旦到达了采石矶，宋军辛苦搭建的浮桥势必会被冲断。于是，王明一边派出自己的儿子到开封报告情况，一边率领宋军驻扎在一个叫独树口（今安徽安庆附近）的地方，伺机拦截南唐大军。

王明的儿子到开封后，将情况向赵匡胤做了汇报，还表示王明将及时打造三百艘战船，拦截朱令赟。但赵匡胤却对他说："这不是应急之策。等修好战船，朱令赟早就到了，金陵之围也解了。"赵匡胤的话令王明的儿子不知如何回复。赵匡胤秘密遣人给王明送去一封信。王明得到赵匡胤的密信后，

---

① 《续资治通鉴长编》卷十六。

马上派人在长江边钉入船栊形木桩，以阻止朱令赟沿江而下。①

此举果然奏效，当朱令赟到达了独树口附近时，探知到宋军已经在水中立下了木桩，用来阻挡他的水军。加之此时，正好是冬天，河道变窄，南唐的巨型战舰行驶时就有了困难，②朱令赟不敢贸然前进，命人暂时在独树口上游休整，以待查明敌情后，再沿着长江而下。

就这样，朱令赟在独树口耽搁了几天，③派人拆除宋军在长江中钉入的木桩。

十月二十一日，朱令赟战战兢兢地带领自己的水军到达了皖口（今安徽安庆西南，皖水入江口）。这时候驻守在此处的宋军将领是行营都指挥使刘遇，王明虽然没有拦住朱令赟，刘遇却要拼尽全力拦住朱令赟。于是，刘遇部与朱令赟部在皖口发生了激烈的战斗。

由于朱令赟的战舰巨大，刘遇实际上无法阻拦，很快朱令赟就突破了刘遇的防线，继续沿长江而下。刘遇眼看朱令赟过了皖口，大有脱离拦截圈的趋势，于是命人不惜一切代价拦住朱令赟。

因此，双方就陷入胶着的斗智斗勇中。这时候，朱令赟决定借助风向用火油来对付刘遇，以攻其不备。于是，朱令赟命人将火油倒入了长江当中，随着一支火箭落入江水之中，江面上瞬间烧起了大片的烈火。④看到火苗迅速向刘遇的水军扑去，南唐军上下振奋不已。

然而，谋事在人，成事在天，就在这个关键时刻，大风竟然转向。朱令赟当下大惊，赶紧带领水军撤离。但火苗迅速蹿到南唐军的战舰上。由于南唐的军舰都是巨型大船，使用木料很多，被火侵袭后战船就像纸一样，在大火中燃烧，很多巨型战船都被点燃。

一切都来不及了，由于火势太猛，樯橹灰飞烟灭。随即，朱令赟所部大

---

① 《续资治通鉴长编》卷十六。
② 《续资治通鉴长编》卷十六。
③ 《续资治通鉴长编》卷十六。
④ 《续资治通鉴长编》卷十六。

乱，被烧死者，或者被溺死者不计其数，主将朱令赟本人也葬身火海。不远处的刘遇就静静地看着眼前发生的一切。刘遇在心里感谢苍天眷顾了自己。等到火势减小后，刘遇率领宋军开始攻击南唐水军，一些南唐将领被刘遇俘获，朱令赟部水军的辎重、武器、粮草都落入刘遇手中。[①]至此，南唐最后一支有生力量被消灭了。

当朱令赟兵败的消息传至李煜耳中时，李煜震惊到无法言说，他们最后的希望就这样在长江中折戟沉沙。李煜被恐惧笼罩着，现在他能依靠的只剩下金陵城里的守城将士和全城百姓。而他不知道的是，宋军已经将金陵围得跟铁桶一般，就等着金陵城破。金陵城里的百姓和官员，也都在秘密与城外联络，寻找着出路。大厦将倾，独木难支。

进入十一月后，各处的宋军都开始向金陵城外集结，金陵已经成为一座孤城。所幸的是，宋军没有大规模地攻城。他们打算用威逼利诱的办法，让李煜投降，这样对彼此的伤害都小。

但是李煜却不想坐以待毙，他还抱有一丝希望。而城外的宋军对此浑然不知。

不久之后的一个夜晚，忽然从南唐城里冲出五千余人，冲击城外的宋军，妄图突出重围。可曹彬早有预料，来犯的南唐军很快被击败了。为什么曹彬会预料到南唐军会突围呢？其实这件事还是赵匡胤安排的，当初潘美将战事图纸上报给赵匡胤以后，赵匡胤看着金陵的地图，对众将说："李煜一定会派人突围，你们要早做打算。"众将士心领神会。果然，南唐五千余人突围，曹彬早有准备，这一战导致南唐一大半突围士兵被杀，另一部分逃回城里。战后，曹彬命人清理战场，从战死的南唐军身上搜出了很多将军符印，这是一个重要信息，意味着金陵城里已经没有多少兵力了，以至于将军们不得不自己做敢死队。[②]

[①] 《续资治通鉴长编》卷十六。
[②] 《续资治通鉴长编》卷十六。

金陵城的情况还真是这样,城里没有士兵了。此前,李煜就已经开始在城里招兵,只要能拿起武器的男子,都要到城墙上去守着。①

探知到金陵的底细后,宋军将士们开始不断向主将曹彬建议:快下命令,咱们进攻啊!但是曹彬却有顾虑,他迟迟没有下达攻城的命令。这让驻守在金陵城外的宋军将士难以理解。

原来曹彬有自己的打算,他在等待着金陵城内部瓦解。现在宋军将士士气正旺,一定会攻克金陵,但是攻下金陵后,这些将士势必会干一些烧杀抢掠的事情,这是他不能接受的,攻克金陵重在安抚人心。几年前王全斌破了成都后,纵容手下到处烧杀抢掠,结果蜀中纷纷起义,抵抗宋军,给王全斌带来了巨大麻烦。这种教训要汲取。况且在进攻南唐之前,赵匡胤曾将曹彬叫到内室,给他交代过围困金陵的事宜:"等你们到金陵城下时,切记浮躁,可以向李煜展示宋军的威武,让南唐将士失去战斗力,切不可急于攻城。"②

所以,曹彬迟迟没有下达攻城的命令。曹彬在消磨宋军将士的士气。为了镇住三军,防止他们不听指挥,曹彬出征前赵匡胤还给了他尚方宝剑,赋予曹彬先斩后奏的权力。但这时候的曹彬不想利用这种权力,他有办法让将士们冷静下来。

这个办法就是装病。

于是,就在将士们雄赳赳气昂昂地打算破城时,主帅曹彬忽然病了。得了什么病,不得而知,总之是病了。将士们很担心。几位高层将领主动约见曹彬,探问曹彬的病情。这时候,曹彬才对他们说:"我的这个病,不是药物所能治疗的,只要将士们共同立誓,此病马上就能好。"几位将领面面相觑。曹彬继续说:"只要你们答应我,进了金陵城之后,管束好自己的属下,不烧杀抢掠,我的病立马就好了。"众将士这才明白曹彬突然生病的缘由。③

还能怎么办?主将都用这样的方式来提示各位将领要遵守军纪了,他们

---

① 《南唐书》卷三。
② 《宋史》卷四百七十八。
③ 《续资治通鉴长编》卷十六。

还敢纵容手下胡作非为吗？要知道曹彬手握尚方宝剑，有先斩后奏的权力，但是曹彬偏偏不想用这样的权力。可见曹彬对这些将帅都很重视，想以德服人。

于是，诸将纷纷表示，坚决听从主帅的命令，绝不做违背纪律的事情。曹彬的病果然好了。

接下来的事情，就是商议怎样破金陵的问题了。其实，曹彬早就想到办法了，要不然他怎么会那么淡定呢？

曹彬的办法是劝降。他派出一个使者进入金陵去给李煜传信。使者到金陵之后，态度自然是傲慢的，他见到李煜，对李煜说："这月二十七，金陵城一定会破，为了避免生灵涂炭，还是请你早做打算。"① 此时，人为刀俎，我为鱼肉，李煜笑脸相迎，表示一定会按照曹彬说的做。但是使臣觉得，李煜空口无凭，需要李煜做一点实际行动来表达自己的决心。李煜不得已，答应将自己的长子李仲寓送到开封做人质。

使臣回去了，曹彬也就等着李煜收拾完毕后，出城投降。但是李煜却迟迟没有行动。这让曹彬很郁闷。

原来，在李煜答应投降后，曹彬不止一次派人催促李煜赶紧将儿子送到开封当人质，李煜却装傻充愣，就是不送儿子前往。李煜的这种"耍赖"行为让曹彬有些愤怒，曹彬一边备战，一边继续派人催促李煜。曹彬派人到金陵，对李煜说："你的儿子不需要远行，只要将他交给我，宋军就会停止攻城。"李煜还是不为所动，他以为金陵城池坚固，宋军不可能几天就能破城。于是，李煜对曹彬派出的使者说："这个孩子的衣服还没有准备好，饯别宴会也没有举行，二十七日怎么能出去呢？"曹彬不想继续与李煜纠缠下去了，就派人给李煜送去了最后通牒："要是二十七日之前还没有将太子（李仲寓）送出来，就无须再送了。"但李煜对曹彬的催促置之不理，一副看你能把我

---

① 《续资治通鉴长编》卷十六。

怎么办的气势。①

曹彬很生气,他不愿意再等待,命令宋军继续攻城,给李煜施加压力。宋军这时候士气正旺,得到攻城的指令后,他们像狼群一般扑向了金陵城。尽管金陵城上的南唐军顽强抵御,但依然有宋军登上了城楼。战报传至李煜耳中时,他怕了。宋军一旦进城,后果不堪设想。他还听闻宋军有屠城的习惯,对于那些始终不投降的城池,宋军破城后,城内鸡犬不留。最终,李煜妥协了,他再也经不住这样的压力了。

事实上,此时的金陵城岌岌可危,这种岌岌可危不是城墙不牢固,而是人心开始涣散。

5. 李煜投降

李煜扛不住了,再不开门投降,金陵城就要出现叛乱了。曹彬的大军已经爬上了城楼,金陵城危在旦夕。李煜看着眼前的国家,感慨万分。谁愿意做亡国之君呢?

李煜身边的几个忠贞大臣看到大势已去,赴死报国。②

那么,李煜怎么办?也慷慨赴死吗?李煜似乎没有那个勇气。于是,曹彬带着宋军将士进了金陵城。李煜听说曹彬带着大军来了,自然不敢再有懈怠,现在也不是耍"无赖"的时候。于是,李煜带着未赴死报国的那些南唐大臣在宫门口等待着宋军接收他的国家。③

曹彬首先进入南唐皇宫。在进入皇宫之前,曹彬还选了一千多名精壮兵士守在了南唐皇宫门口,并下了一条命令:没有我的命令,不论谁想进入皇

---

① 《续资治通鉴长编》卷十六。
② 《南唐书》卷三。
③ 《续资治通鉴长编》卷十六。

官，都要拦住。①

曹彬这是要干什么？众将猜不透，但他们已领教过曹彬的手段，对曹彬的命令不敢有丝毫的懈怠。事实上，曹彬这么做，是为李煜这位亡国之君着想。据说当初金陵城破时，李煜曾打算举家跳入火中殉国，但李煜的这一想法被曹彬劝阻了。②

此刻，曹彬屏退所有人，自己进宫去见李煜。曹彬见了李煜后，对李煜做了一番安慰："亡国已经不可避免，您也就不必太介怀了，现在就好好活着吧。"李煜唯唯诺诺，不知道如何以对。曹彬这时候走到李煜身边，俯身对李煜说："一切南唐的财物都要登记造册，悉数上缴给国家。趁着现在还没有开始清点，你赶紧给自己装一些财物吧，等到开封之后，一切花费都要自己想办法，你得早做打算。"③

李煜听了曹彬这么说，感激涕零，马上回去收拾财物。④

曹彬的几个手下对曹彬如此处置有些不解。梁迥及田钦祚等将领对曹彬说："李煜就这么回去了，万一他选择自杀怎么办？"曹彬看着渐渐远去的李煜背影，笑着不说话，他故意放李煜回去，早就料到李煜不会自杀。

曹彬的举动，让他的手下们愈加不解了，大家心里都有疑惑：大帅，您知道您在做什么吗？一旦李煜自杀了，不说咱们这次攻打南唐的功劳会一笔勾销，还有可能要担责任，皇帝可明明白白地交代要活着的李煜。况且当时还没有攻进金陵城时，您就以生病为由，让我们进了城之后不杀一个人，现在，您却放李煜回去了。将士们不解，群情激愤，史书上说"迥等力争不已"⑤。

曹彬一看眼前大家伙儿的架势，也不再端着姿态了。对各位将领说："李

---

① 《续资治通鉴长编》卷十六。
② 《续资治通鉴长编》卷十六。
③ 《续资治通鉴长编》卷十六。
④ 《续资治通鉴长编》卷十六。
⑤ 《续资治通鉴长编》卷十六。

煜这个人素来优柔寡断，如今他已经投降，一定不会自杀，你们请放心，出了问题我担着。"① 曹彬的话虽然有道理，但李煜真是这样的人吗？

众将半信半疑，等待着李煜。曹彬选了五百人，准备在李煜挑选完财宝后，让他们负责押送南唐财宝辎重。②

那么，李煜到底会不会自杀呢？事实上，自从上次跳火未遂后，李煜早已没有了自杀的勇气。他进入皇宫内室之后，悲叹不已，他不想为自己留下财富，就将钱财分给了身边的一些近臣。这时候，唯独一个叫张泌的右内史、学士不接受李煜的赏赐。张泌要求面见曹彬，还扬言有重要事情向曹彬汇报。曹彬得知后，认为张泌这么做，无非是想通过这样的办法，吸引曹彬的注意力，来为自己争取名利，就拒绝了张泌的求见。③

不久之后，曹彬就接手了金陵城的事务。李煜成了阶下囚。

而曹彬在进入金陵城之后，对属下的约束也非常到位，将士对于进入金陵城之前曹彬颁布的一些禁令也都严格遵守。因此，宋军进入金陵城后并没有引起多少震动。江南士大夫阶层的家小都得到保全，大家对曹彬也都伸出了大拇指，称赞曹彬统领有方。曹彬还让最早进入金陵城后抢掠百姓财物的士兵将所抢之物悉数奉还，并在军营中开展检查，以防有人私藏江南女子。

有意思的是，对于整个南唐的财富，曹彬一概不予过问，都交给了一个叫许仲宣的转运使去清点、登记造册。④ 曹彬的意思是：我只负责攻进金陵，消灭南唐，钱财的事情就不属于我管了。

曹彬的这些举动，无疑是正确又明智的。曹彬清楚赵匡胤设立封桩库是为了积攒财富，准备收复幽云十六州。钱财他是不能动的，否则可能会引起赵匡胤的猜忌。由此，也能看出曹彬这个人高超的领导才能，他清楚地知道什么该做，什么不该做。或许，这就是赵匡胤此次让曹彬作为征讨南唐主帅

---

① 《续资治通鉴长编》卷十六。
② 《续资治通鉴长编》卷十六。
③ 《续资治通鉴长编》卷十六。
④ 《续资治通鉴长编》卷十六。

的原因。从这件事中也可以看出赵匡胤让人佩服的驭人术。

这一切完成之后,已经到公元975年的隆冬时节。但是曹彬并没有急着离开,他在静静等候着朝廷最后的态度。

其实,在曹彬进城之后,就已经将金陵城破、南唐灭亡的消息报给了赵匡胤。只是从金陵到开封,路途千余里,需要好几天时间才能把消息传达到。曹彬的消息是在腊月里才传到开封的。赵匡胤在第一时间向群臣宣布了这一消息,宋朝举国沸腾。[1]

赵匡胤对南唐的投降感触尤为深刻。后周时期,他曾经多次跟随周世宗柴荣征讨南唐,但都没有打下来。宋朝虽然攻下了南唐,也历时一年多,耗费物资巨大。因此,尽管赵匡胤相信曹彬会攻下南唐,但当攻克南唐的消息传来时,赵匡胤还是抑制不住内心的激动,流下了眼泪。赵匡胤颇有感触地对群臣说:"天下没有归一,百姓深受其害,要想办法安抚他们。将士们攻城时,百姓们必会遭遇横祸,这真是没办法解决的事情。"赵匡胤哭完之后,马上换了一副嘴脸,他命学士草拟诏命,给江南十万石粮食,赈济金陵城中的饥民。[2] 后世名相富弼将赵匡胤这次顾念金陵百姓,给他们送粮食的举动,归结于赵匡胤爱民如子。[3]

赵匡胤除了安排赈济灾民之事,还给曹彬下了命令,让他带着李煜及南唐的一应官员到开封报到。赵匡胤已经在开封为李煜修好了府邸,只要李煜来了,拎包即可入住。

开宝八年(975年)冬月,曹彬接到赵匡胤的命令之后,就开始押送李煜一行向开封走来。这就回到本章第一节开头的叙述,我们将时间再次拉回到开宝九年正月,也就是公元976年正月。

这时候,李煜一行正在曹彬的押送下,从江南向北而行。一路上,李煜看到故国山河,悲从中来。他一生都没想过要当皇帝,可皇位偏偏传给了

---

[1] 《续资治通鉴长编》卷十六。
[2] 《续资治通鉴长编》卷十六。
[3] 《宋史全文》卷二。

他。他在当了十几年皇帝之后，江南并入宋朝，他成了亡国之君。以后历史将以何种视角记载他，他已经不在乎了，可是这种从未遭受过的囚犯生活，让李煜悲痛欲绝。当他看到他宠幸的小周后也和他一样憔悴时，李煜的心里几近崩溃。但李煜又没有慷慨赴死的勇气，这种悲痛，让李煜感受到人间的冷暖。

在快要到达开封时，曹彬派人给赵匡胤送去了书信，表示自己不日就押送李煜一行到开封了。

赵匡胤兴奋之余，等待着李煜前来。

公元 976 年正月初八，曹彬押送着李煜一行终于到达了开封。曹彬派出翰林副使郭守文先去面见皇帝，请求皇帝指示，如何安置李煜及其臣子。[①]

赵匡胤召集大臣商议对策，众人认为还是要先举行受降仪式，再考虑安置李煜的问题。于是，赵匡胤召集宋朝文武大臣在明德门举行李煜的投降仪式。有意思的是，这时候李煜心里又动了不愿意活着见赵匡胤的打算，原因是李煜担心赵匡胤会羞辱他，让他颜面扫地。在郭守文的劝导下，李煜才打消了轻生的念头。[②]

这一次的投降仪式与之前曹彬进入金陵时的投降仪式有本质区别，曹彬不过是接收金陵的官员，在赵匡胤面前投降，才算是正儿八经投降宋朝。李煜对很多礼仪制度也都非常熟悉，他知道投降意味着什么，但他又毫无办法。其实这也很容易理解，抛开李煜南唐国主身份，他还是个读书人，读书人最看重一种叫作尊严的东西。于是，在多日的颠沛流离中，李煜穿上了素服等待着赵匡胤降罪。赵匡胤也考虑到李煜的身份，赦免了他的罪状，并赏赐给李煜很多的财物。[③] 赵匡胤让李煜到开封的府邸去收拾，做好长期居住的打算。李煜千恩万谢，带着小周后和随从们回去了。

然而，对于赵匡胤如此厚待李煜，一些礼官不愿意了。皇帝这么做，明

---

① 《续资治通鉴长编》卷十七。
② 《续资治通鉴长编》卷十七。
③ 《续资治通鉴长编》卷十七。

显不合礼仪制度，对待降臣应该拿出大国的姿态来。甚至有人建议像当初对待南汉刘鋹那样对待李煜，没必要搞太高的规格。①赵匡胤对此有着清醒的认识，刘鋹没法跟李煜相比，抛开皇帝身份，李煜还是一代文人，他的诗词写得俱佳，对待这样的人，不可用对待刘鋹的那一套。刘鋹不过一介莽夫，能识时务，在宋朝没有攻下南汉时，他可以为所欲为；在宋朝消灭南汉之后，他主动变成一条温顺的小狗，等待着主人赵匡胤的垂怜。但是李煜不同，他身上有文人的骨气，他看重自己的尊严。赵匡胤对礼官说："李煜可不能与刘鋹相比。"②

不久之后，赵匡胤打算召见李煜身边的几位大臣，这些人如今虽然都成了俘虏，但他们在南唐时就声名远播，如果可以为宋朝效力，那岂不更好？

赵匡胤打算先召见徐铉，这个老家伙之前与他有过多次较量，但都被他用言语吓退了。赵匡胤也清楚他不过是以强者的姿态吓退了徐铉，若要论学问，宋朝恐难有与徐铉匹敌的人才。这时候，赵匡胤还想继续打压徐铉，杀一杀他的傲气。于是，赵匡胤就在接见徐铉时责问道："你明知道江南不会独存，为什么不早点劝李煜投降，以至于为了攻破金陵，死了那么多将士？"赵匡胤言辞严厉，有意为难徐铉。徐铉反而淡定很多，他对赵匡胤说："我本身就是江南的大臣，国家灭亡了，我应该以死报国，现在我跟着国主到此，已经将生死置之度外了，不再考虑其他事宜。"赵匡胤一看徐铉这架势，也不好再为难他，就换了口吻对徐铉说："哎呀，你真是忠臣啊，现在你成了我的臣子，以后你要像侍奉李煜一样侍奉我。"赵匡胤还给徐铉赏赐了椅子，让徐铉坐着说话。徐铉一看赵匡胤都这样了，也不端着了，就坐了下来。③

徐铉的事情告一段落，赵匡胤又想到南唐的另一位高官张洎。张洎其人之前也有介绍，在宋军围城时，李煜将军事交给了皇甫继勋，而将政事交给了张洎、陈乔等人。后来陈乔看到金陵陷落，自缢而死。张洎不愿就此死

---

① 《续资治通鉴长编》卷十七。
② 《续资治通鉴长编》卷十七。
③ 《续资治通鉴长编》卷十七。

去，就跟着李煜到了开封。或许在张洎看来，即便南唐灭亡了，他也不过是一个臣子，到开封，或许还能有一番作为。但这时候赵匡胤又开始向张洎发难，赵匡胤责问张洎："我们攻打金陵时，是你教唆李煜不投降，才导致了今日的祸端。"同时，赵匡胤还拿出了当时张洎草拟的一份诏书，内容是召集南唐水军解围金陵。①张洎一看赵匡胤手上有他的"犯罪证据"，不再打算争辩，请求赵匡胤处死他。张洎对赵匡胤说："官家您拿的锦书的确是我所为，我听说狗叫都是为了维护主人，因而向威胁主人的外人狂叫。如今官家发现的事情，不过是我做的众多事情当中的一件而已，还有很多事情，官家不一定都知道。我今天能够为南唐去死，也是尽了我一个做臣子的本分。"张洎说这话时，脸上毫无表情，可以看出他已经视死如归了。②赵匡胤一看张洎的架势，反而被他给拿捏住了，不知如何是好。可能赵匡胤内心有这样的想法：南唐怎么都是这样的货色，一说到让他们去死，竟然都不怕。这到底是一种怎样的情怀？最后，赵匡胤不得不向张洎妥协，他对张洎说："卿胆子很大呀，竟然和朕这样说话。以前的事情，你身为江南臣僚忠心护主，朕不怪罪你。今后你就得用你当初效忠南唐的忠心好好辅佐朕。"张洎一看赵匡胤有意拉拢自己，就跪拜谢罪，表示一定效忠宋朝。③

赵匡胤恩威并施，笼络了徐铉和张洎。这两位南唐高官只要向宋朝示好，其他南唐的官员，一定会效仿。

正月初九，赵匡胤下了一道圣旨，内容涉及处置罪犯事宜。对一些死囚犯做了从轻处理，把初犯、流放一类的罪犯都释放了，对那些已经结婚的犯罪男子和女子，都让他们自主选择回家或是从事其他行当。④这无疑是赵匡胤笼络人心的做法，或许也是给已经降服的南唐之地摆出的一个姿态：我们连罪犯都赦免了，对南唐地域上的百姓也一定会包容的。

---

① 《续资治通鉴长编》卷十七。
② 《续资治通鉴长编》卷十七。
③ 《续资治通鉴长编》卷十七。
④ 《续资治通鉴长编》卷十七。

正月十三日，赵匡胤再次召见了李煜。这一次的召见，不是为难李煜，而是要给李煜一个身份。赵匡胤让传召的内侍当着满朝文武大臣的面宣读了对李煜及其子孙、宗室的加封，特加封李煜为千牛卫大将军，授违命侯。也就是说，从这一刻起，李煜正式成了宋朝的王侯，是宋朝众多官员当中的一个了。[①]

李煜千恩万谢，感激赵匡胤对李氏一族的厚爱。但李煜心里却不痛快。一个月前，他还是南唐的国主，可一个月之后，他就成了"违命侯"。虽然是侯爵，可前面有"违命"二字压着，怎么听着都别扭。但是李煜能怎么办呢？毫无办法，此时的宋朝，已经统一南方，即便北汉，也不敢在宋朝边境线上放肆。

那么李煜的事情就此结束了吗？当然没有，赵匡胤不会这么轻易就放过李煜。

这一次，他希望借用李煜身边一个叫汤悦的人。这个汤悦也就是殷崇义（912—984）。殷崇义，字德川，池州青阳（今属安徽）人。[②]唐末诗人殷文圭之子，历官学士承旨、枢密使。后因李璟想要迁都洪州，带一行人去洪州实地考察，殷崇义就被李璟留在李煜身边，辅佐李煜。李煜继承皇位以后，殷崇义被加封为左仆射、平章事。再后来，他担任司空知左右内史事。现在赵匡胤想起这个人，完全是因为殷崇义的文名。他可是大文豪，在处置政事方面也非常得体。公元958年，后周击败南唐，南唐不得不向后周称臣。当时，李璟派出与后周交涉的人就是殷崇义。殷崇义出使后周时，从容得体，不卑不亢，被周世宗赏识，当时赵匡胤也在周世宗身边，所以也了解殷崇义的过人之处。于是，赵匡胤召见了殷崇义，赏赐了钱财。

不久，赵匡胤就将殷崇义、徐铉、张洎、王克贞等南唐的一些能臣做了安置："以煜司空、知左右内史事汤悦为太子少詹事，太子太保徐游、左内史

---

① 《续资治通鉴长编》卷十七。
② 《旧五代史》卷一百一十八。

侍郎徐铉为太子率更令，右内史舍人张洎、王克贞为太子中允。克贞，新涂人，在江南守道中立，国人称其长者。"①

尽管此时宋朝还没有确定太子，但赵匡胤首先将南唐的这些人选做辅佐太子之人，或许这是赵匡胤"隐晦"的一招，他在刻意为儿子选老师。这样，将来一旦选定太子，这些人就能马上进入角色。

还有一种可能，这是赵匡胤在为自己储备人才，因为弟弟赵光义已经异军突起，开封很多官员，都是赵光义的人。即便刘温叟、雷德襄等刚正之人，也不敢轻易得罪赵光义，只是将赵光义送给自己的礼物，原封不动地放在家里而已。②

总之，这时候，赵匡胤重用南唐这些大臣，透露着怎样的信号，一千多年之后的我们只能去猜测了。

为什么赵匡胤在南唐官员中，唯独喜爱徐铉这个人呢？其实，主要还是徐铉这个人性格耿直，为人正派，做官廉洁。一直以来，赵匡胤都很看重文人气节这个东西，当年后周的宰相范质虽然骄横，但品行端正，为人正直有担当，所以赵匡胤在陈桥驿兵变后继续让范质担任宰相。③

对徐铉也是如此，但偏偏在赵匡胤刚刚安置了徐铉之后，徐铉就出事了。其实也不是徐铉出事，而是徐铉的一个朋友出事了。不久之后，这件事就传进了赵匡胤的耳朵里，赵匡胤通过这件小事，重新认识了徐铉这个人，也对徐铉另眼相看。

事情经过大概是这样的：徐铉有一个朋友叫谢岳。南唐灭亡时，谢岳正在卢氏县任主簿，算是一个小小的官员。而这时候谢岳已经七十高龄，按照相关制度，国家公务人员年龄超过七十岁就应该告老还乡，回家养老了。然而此时的谢岳，虽然年过七旬，身体却很硬朗，或许谢岳的官方档案资料不够真实，实际上并没有七十岁。总之，谢岳就想继续干主簿，为家里增加点

---

① 《续资治通鉴长编》卷十七。
② 《宋史》卷二百六十二。
③ 《宋史》卷二百四十九。

收入。

但是这种事一旦被人发现，就会惹来大麻烦。果然，不久之后，谢岳之事就被虢州刺史告发。[1]

之后，虢州刺史揪住此事不放，连续上札子，要求朝廷将谢岳罢职。谢岳无奈，只能找徐铉帮忙解决此事。谢岳到徐铉家里，对徐铉说："我的情况你应该非常清楚，我的确已经过了七十岁。但我家里很穷，我需要这份工作来养家糊口。如果我退休了，全家人就没有收入来源，只能等死了。所以，我希望你能帮我一把，在有关人员向你询问我的年龄时，你可以假装不知道我的实际年龄。"徐铉对谢岳说："我知道你的实际年龄，你却要我假装不知道，这不是要我违背良心说话吗？"谢岳无言以对。[2]

后来，果然有官员来向徐铉询问谢岳的年龄，徐铉还是按照实际情况说了。最终导致谢岳被免职，家里没有了收入。徐铉的这种做法，在一般人看来，几近无情。但是谢岳被辞退之后，徐铉却经常周济他，将自己的俸禄分给谢岳，还有南唐的那些老朋友，只要有人来向他求助，徐铉一定慷慨相助。[3]

赵匡胤觉得徐铉这个人很有意思。

---

[1] 《续资治通鉴长编》卷十七。
[2] 《续资治通鉴长编》卷十七。
[3] 《续资治通鉴长编》卷十七。

第二章

平常事平常人

> 这世上一切的看似巧合，其实都有迹可循。
>
> ——［挪威］托摩脱·蒿根《夜鸟》

1. 李昉纳才

赵匡胤一直关注着天下大事。这时候，在南方守城多年的沈承礼的擢升问题摆在了赵匡胤面前。赵匡胤直接擢升沈承礼为威武节度使。①

这个做法非常惊人，令众人不解：赵匡胤为什么不加封刚刚消灭南唐的曹彬、潘美等人，反而先擢升了沈承礼？

这一问题也并不难解答，只要看看沈承礼的背景，就能猜出赵匡胤这么做的意图了，因为这个沈承礼是吴越王钱俶的人。②要知道，吴越国一直以来都与宋朝保持着良好的合作伙伴关系。宋朝建立时，赵匡胤就加封吴越王

---

① 《续资治通鉴长编》卷十七。
② 《宋史》卷四百八十：沈承礼，湖州乌程人。钱镠辟置幕府，署处州刺史。镠子元瓘以女妻之，署为府中右职，出为台州刺史。元瓘卒，子佐嗣，以承礼掌亲兵。俶袭位，命知威武军节度事，充两浙都钤辖使。

钱俶为天下兵马大元帅，这在当时依然存在很多割据势力的南方是绝无仅有的。后来，钱俶也不断与宋朝拉近关系，结成盟友。宋朝进攻南唐时，钱俶曾经派出沈承礼带领数万水军支援宋朝。

值得一提的是，当时攻打润州之时，沈承礼带着吴越的兵士驻扎在润州城外。忽然有一天半夜，润州城内的南唐军冲了出来，要烧掉摆在宋军与吴越军营寨前的栅栏。当时有人建议沈承礼带兵援救，但沈承礼却说："兵法上常说的声东南而击西北，就是眼前的情况。我看南唐军肯定也会这么干。"于是，沈承礼命令按兵不动，看眼前来焚烧栅栏的南唐军意欲何为。事情还真如沈承礼预料的那样，南唐军只是来试探，而沈承礼早有准备，南唐军见沈承礼毫不畏惧，更不上当，也不敢冲击沈承礼部。而驻守在润州城外的其他部人马听说南唐军烧栅栏都惊慌了，唯独沈承礼部泰然自若，这也让润州城里的南唐军不敢再轻视沈承礼部。①

当然，沈承礼在润州的这些举动，只能说明他胸中有韬略。而赵匡胤加封他为节度使，还是因为吴越王钱俶。在公元975年冬天时，赵匡胤已给钱俶下诏，召钱俶到开封来面见他。

钱俶对此忧心忡忡，因为宋朝有扣留人的习惯，南唐李从善不就被永久扣留在宋朝了吗？

赵匡胤也意识到这个问题，所以他晋升沈承礼为节度使，以此来消除钱俶心中的恐慌。赵匡胤的态度也是显而易见的：朕对你的手下都这么厚爱，对你自然也会全力照顾的。而曹彬、潘美作为宋朝的帅臣，晋升他们不在这一时。

分析前因后果后才能发现，一切的运作，背后都有原因。政治看起来很简单，但其实牵扯的人和事太多了。所幸的是，曹彬、潘美对晋升并不在意，他们多年混迹于官场，早已习惯了一切。有些东西如果是你的，永远是你的；不是你的，即便再努力争取，也不见得属于你。

---

① 《续资治通鉴长编》卷十七。

赵匡胤对曹彬、潘美的态度很满意，他们没有居功自傲，清楚自己的身份地位。这时候，宋朝的重心是笼络钱俶。

据说，为了打消钱俶的顾虑，赵匡胤在诏书中表示："朕召卿来开封，不过是想与你叙叙旧，同时嘉奖你在消灭南唐时的功业，你大可放心，朕不会扣留你，你只管来，不久朕就会让你回去。"

钱俶看到赵匡胤的诏书后，心里很不安，看似绵软的话其实蕴含着强劲的力量，赵匡胤对他越客气，他就越不安。这时候，很多吴越的臣子也担心钱俶此去开封会被赵匡胤扣留，建议钱俶慎重对待这件事。

很难想象此时钱俶的心情。

事实上，此时的钱俶别无选择，可以不去吗？当然不行，不去就是抗旨不遵，不去就是与宋朝对着干，南唐的结局就是下场。当然，此时的钱俶还有别的想法，钱俶总觉得，他应该到开封面见赵匡胤。吴越和宋朝建立良好的合作关系已有十多年，不说钱俶是宋朝名义上的天下兵马大元帅，就是赵匡胤本人也从来没有为难过钱俶，钱俶觉得赵匡胤不是那种言而无信的人。于是，钱俶在纠结了很久以后，还是力排众议前往开封。①

或许此时赵匡胤特意提前加封沈承礼，大概有给钱俶和吴越所有人看的意思：我不想为难吴越国，更不想为难爱卿，请你安安心心来开封，咱们叙叙旧，然后你回你的吴越国去。

然而，就在沈承礼之事结束后不久，还发生了一件令赵匡胤很不高兴的事情。这件事由南唐一个叫卢绛的将领反叛引起。公元976年正月十六日，从前线传来卢绛反叛的消息。②

卢绛是南唐的将领，曹彬带领宋军攻破金陵后，李煜带着南唐没有殉国的官员和皇室宗亲投降了宋朝。曹彬还让李煜给南唐各个地方官员下诏令：顺势而为，投降宋朝。此后，各地的绝大多数守将和地方官见南唐大势已

---

① 《续资治通鉴长编》卷十六。
② 《续资治通鉴长编》卷十七。

去，都纷纷举起白旗，表示愿意归附宋朝。

不过这里的绝大多数并非所有人。卢绛就是那少数中的最少数。或许是忠义的缘故，或许是不认可赵匡胤建立的赵宋王朝，总之，在南唐各个地方大面积归顺宋朝时，卢绛作为不打算投降宋朝的为数不多的南唐将领，公然举起了反叛大旗，向赵匡胤建立的宋朝叫嚣。

卢绛反叛时，正是曹彬忙着押送李煜及南唐宗室回开封之时。曹彬没有过多关注卢绛的反叛问题，只是派出了一支宋军去镇压卢绛。可能在曹彬看来，当前没有什么事比押送南唐君臣到开封报到要紧。南唐之所以还会有卢绛这样的将领不愿意投降宋朝，也是因为李煜还在，他们不愿意归附宋朝，内心还抱有一丝丝希望，他们希望自己举起反叛大旗，能够唤醒更多南唐守将，集大家的力量来对付宋朝，收复山河。

当然，也有曹彬轻视卢绛的缘故，或许在曹彬看来，卢绛不过是垂死挣扎而已，宋朝已经平定四方，天底下还有卢绛的容身之所吗？

有意思的是，卢绛面对宋军的围剿，毫不畏惧，随机应变，躲避宋朝主力军的攻打。之后，他竟然在宋朝不断进攻的夹缝中存活了下来。卢绛似乎也看到了一丝丝希望。尽管此时并没有如他所预料的那样，那些南唐大将揭竿而起，但卢绛已经没有退路，只能硬着头皮继续与宋朝抗争下去。

眼前闪出了一道亮光，让卢绛信心倍增。不久之后，卢绛攻占了歙州（今安徽歙县）。

那么，卢绛为何选择了这样一个地方？当然是有原因的，这世界上的一切想当然，其实都有内在联系。卢绛之所以占据歙州来作为他发展壮大的大后方，是因为此处曾是他祖辈任职之地。他的祖父卢肇曾在歙州担任过刺史，留下了很好的名声。这种名声的影响力不言自明。孟子说："天时不如地利，地利不如人和。"此时，卢绛的优势是占据了地利与人和。卢绛据守歙州，慢慢发展壮大，逐渐形成与宋朝对立的局面。然而，天下归一是民心所向，老百姓不希望再有战争。因此，卢绛即便再有能力，也是独木难成林，没有人愿意再与他一起兴兵反宋。卢绛和当初李筠的处境一样尴尬。此后，忙于政事的赵匡胤也暂时把卢绛的反叛放到一边。直到公元976年正月十六日，从前线再次传来了卢绛主动出击、骚扰地方的消息。

消息传到开封以后，赵匡胤并没有派出大军去镇压卢绛。或许是赵匡胤想给天下树立一个榜样，给自己一个机会，也给卢绛一个机会；也或许在赵匡胤看来，卢绛反叛这种事情，不过是小事情；更或许是赵匡胤觉得李煜刚刚投降，不宜大动干戈。于是，朝廷就派出了卢绛的堂弟卢袭去劝降，希望用和谈的办法来解决问题。当然，赵匡胤也希望卢绛能够识时务，投降宋朝，到时候赐他高官厚禄，享之不尽。①

卢袭带着赵匡胤的诚意去找卢绛。卢袭好说歹说，好话说了一箩筐，并把他投奔宋朝以后的种种优惠和福利摆在了卢绛面前。但是，匪夷所思的是，卢绛面对宋朝的拉拢不为所动，似乎铁了心要与宋朝死扛到底。卢绛还打算杀了卢袭，给赵匡胤一个下马威，但是被身边的谋士拦住了，毕竟此时宋朝是泱泱大国，一旦惹毛了宋朝，后果不堪设想。李筠、李重进当初多么不可一世，不还是被赵匡胤诛灭了。现在，宋朝有怀柔政策，即便你卢绛不愿意与宋朝和解，也没有诛杀宋朝使者的必要。最终，卢绛只是将卢袭赶出了自己的营地。

卢绛的做法让赵匡胤非常恼火，不过眼下他的工作重心是等待钱俶，对卢绛的反叛也采取了置之不理的策略。但是，卢绛这种做法，一定会招致灾祸，只是时间早晚的问题。②

就这样，卢绛的事情算是告一段落。赵匡胤很高兴，目前国内稳定，南唐境内暂时没有其他不稳定因素存在。他开始享受快活日子，等待着钱俶到开封。据说，同一天，赵匡胤还兴致勃勃地去了一趟飞龙院，带着契丹使者参观了宋朝的马匹配置。③这个飞龙院可不是某个寺院，而是官方的养马机构，始设于唐代，称之为飞龙厩。五代时更名为飞龙院，宋代沿袭了这一叫

---

① 《南唐书》卷十四。
② 《续资治通鉴长编》卷十七。
③ 《续资治通鉴长编》卷十七。

法，有执政官员飞龙使、副使等。①

此时，赵匡胤忽然带契丹使者到飞龙院来视察工作，是不是又在向外界释放着什么信号？当时的人们并没有猜透赵匡胤的葫芦里卖的什么药。其实，可以从几个月以后，赵匡胤命人攻打北汉看出端倪来。当然，这也是向契丹使者展示宋朝的实力，这个契丹使者前一年年底曾来开封走访。

赵匡胤在飞龙院转了一圈，看了一下正在操练的将士们，这才意兴阑珊地走出了飞龙院。但是赵匡胤并没有立即回宫，又带着契丹使者去了北宋的大型官方游乐场北苑。赵匡胤让契丹使者与宋朝的士兵在北苑狩猎场打猎，尽情游玩。②北苑的规模，现在已经无从猜测了，只能从北宋文人的记载当中去窥探："北苑，皇居之胜概也。掩映丹阙，萦回绿波，珍禽奇兽充其中，修竹茂林森其后。"③

契丹使者玩得很开心，宋朝对他的礼遇，也让他再次感受到强大宋朝的不可侵犯……一切的一切，或许就是赵匡胤要达到的目的。

契丹使者根据自己的所见所闻，正在思考着如何回去复命。

然而，正月十七日，赵匡胤忽然给满朝文武宣读了一份诏令，表示自己将西巡洛阳，并在洛阳南郊举行祭天仪式。④这份突然的诏令，让满朝文武面面相觑，他们不知皇帝心里还有多少没有表达出来的谋划，但是皇帝既然打算西巡，满朝文武只能遵从。

于是，一些西巡事宜开始准备。

此前一个官员上书，请求回京疗养。这个人就是宋朝的济州团练使李谦溥。赵匡胤很快答应了李谦溥的请求。李谦溥回到开封后，赵匡胤派出太医去询问病情，还给李谦溥赏赐了汤药。⑤

---

① 郑天挺、谭其骧主编：《中国历史大辞典》，上海辞书出版社2010年版。
② 《续资治通鉴长编》卷十七。
③ 据宋朝吴曾《能改斋漫录·地理》记载：李氏集有翰林学士陈乔作《北苑侍宴赋诗序》，里面记载了如上的北苑设置。这是南唐的北苑，可以推测宋朝的规模应该比这个还大一些。
④ 《续资治通鉴长编》卷十七。
⑤ 《续资治通鉴长编》卷十七。

这可是莫大的荣誉，宋朝有多少将领可以受此殊荣？李谦溥不过是一个团练使，怎么会如此受到赵匡胤的重视呢？说来，这个李谦溥还真不是一般人，此人起步很早，在后晋石敬瑭时代，就已经混得风生水起。后来得到郭威的赏识。后周建立之后，他带着大军屡创军功，也得到周世宗的倚重。再后来，他就一直在隰州镇守着北大门，防御北汉，保住了整个大北方。宋朝建立后，他依然驻守在大北方，为宋朝守护着北方门户。赵匡胤发动统一南北战争时，他发挥了重要的作用。所以，这一次赵匡胤才对他关怀备至，毕竟像李谦溥这样一辈子镇守边关的将领实在不多。

但是到了正月十九日，李谦溥在皇帝各种恩泽的洗礼下，还是因病去世了。赵匡胤亲自到李谦溥家里吊唁，并让有司衙门主持李谦溥的安葬事宜，一切花费都由政府承担。赵匡胤此举让李谦溥家里人感激涕零。①

事情一件接着一件，每一天，皇帝都有事情要处理。谁说天子就可以安枕无忧了？天下所有的大事小情，都需要天子来做主。在吊唁了李谦溥之后，取士纳才之事又涌到赵匡胤的眼前。

正月二十日，赵匡胤下了一道诏书，让翰林学士李昉，知制诰扈蒙、李穆等人审核各地报上来的孝顺父母、有文武才干之人的资料。这一次各地总共报上来四百七十八人。②

这里有必要提一下李昉这个人。在众多的宋史资料中，李昉这个人的着墨处并不少，但在后世人眼中，李昉本人的事迹，却没有同时期的官员闪亮。李昉就像个有演技却总是不温不火的演员一样，并没有走进大众的视野当中。当赵普、吕蒙正、薛居正等人大放光彩时，李昉却像一颗远在天际的星星一样，默默发着自己的光。

但是看宋史，尤其是看宋太宗赵光义这一段的历史，就不应该越过李昉这个人。其实，李昉是个大才，在五代十国时期，就已经颇有声名。李昉曾

---

① 《续资治通鉴长编》卷十七。
② 《续资治通鉴长编》卷十七。

经拜过一个叫王仁裕的官员为师，在王仁裕去世后，他还为王仁裕写了神道碑铭文。李昉在后周时期，已经官至翰林学士。在宋初十几年，李昉除了不断地主持各种科举考试，还为宋朝培养了一大批人才。比如，公元970年，李昉主持考试选拔人才之事。两年后，他又主持贡举。① 他的职位，也停在了翰林学士上。这一转眼到公元976年，赵匡胤还是让李昉干选拔人才这种事。似乎在赵匡胤看来，为朝廷选拔人才这种事，非李昉莫属。

这一次，赵匡胤还是让李昉担任主考官，李昉不敢推辞，赵匡胤对他有知遇之恩。据说公元972年时，李昉的身份还是直殿，当时的翰林学士叫卢多逊。卢多逊的座次排在李昉前面，但赵匡胤知道李昉早在后周时期就成了翰林学士，于是就问宰相：为什么李昉的座次在卢多逊后面？宰相说："李昉是直殿，而卢多逊是翰林学士，两个人没在一个级别上，所以卢多逊的座次在前面。"赵匡胤当下就将李昉提拔成了翰林学士，与卢多逊一样的职位，由于李昉资历要比卢多逊高，所以李昉的位次就排在了卢多逊前面。②

这对赵匡胤来说只是一件小事，但对李昉而言，则彻底改变了他的命运，甚至是他家族的命运。翰林学士属于两制官，是以后宰相的苗子。所以这些年来即便职位没有变化，李昉依然力争干好他的每一项工作。

赵匡胤将科考之事交给李昉后，李昉与两位同事扈蒙、李穆商议处置办法，最终，他们决定用考试的办法为朝廷选拔人才。于是，他们主持了一场考试，只是这些人的考试成绩并不理想，几乎没有一篇合格的答卷。③ 尤其是当时濮州推荐孝顺父母者二百七十人，人数太多，考试成绩极不理想，说明推荐人员有水分。对于濮州一下子推荐这么多人让朝廷给予官职，连赵匡胤本人都觉得很吃惊。一个地方可以推荐这么多人，那么其他地方都效仿，还能真正为国家推荐有用的人才吗？

赵匡胤决定将这些人招到讲武殿，挨个询问他们的来路和才学。然而，

---

① 《宋史》卷二百六十五。
② 《宋史》卷二百六十五。
③ 《续资治通鉴长编》卷十七。

这些被地方举荐上来的人大多说不出个所以然来。一些人声称有武艺，赵匡胤就让他们展示武艺，但这些人依然弄巧成拙。赵匡胤对这些被举荐的"人才"说："我看你们当兵最好。"这些人一听皇帝要将他们打发到前线去，都惊恐不已，请求赵匡胤赦免他们。赵匡胤这才将他们屏退。随即，赵匡胤就命人弹劾濮州当地滥举人才的罪责，很多地方官都受到制裁。[①]

地方举荐的人没有真才实学，赵匡胤并没有多么担心，只要进行一次集中考试，就能刷掉那些滥竽充数者。这时候，又一个困扰赵匡胤的问题摆在了他面前，这就是他的那些旧部如何擢升的问题。

2. 加封旧部

正月底，宋朝开封府派出太常丞魏咸熙做了一件事，这就是把开封诸县人口数量进行统计，并根据实际情况确定了各户等的赋税额度。这位魏咸熙大有来头，他是宋朝前宰相魏仁浦的儿子。[②]

这件事看起来似乎是一件小事，对大宋王朝而言，这样分等级定赋税的事情，在地方可能天天都有。但是这件事的背后，却是一个很大的时代变革。

自古以来，赋税就与户籍制度紧密联系在一起。宋代以前，中国社会的政治形态是门阀政治。所谓门阀政治就是由世家大族把控朝政，资源被少数大家族掌控着。这种政治形态在魏晋南北朝时期最为明显。唐代诗人刘禹锡在他的《乌衣巷》中就曾提到过"旧时王谢堂前燕，飞入寻常百姓家"，这里面的王、谢就是王家和谢家大族势力。在这样一种政治形态中，平民百姓根本没有机会进入国家政治系统，阶层固化严重。真正的底层百姓受剥削

---

① 《续资治通鉴长编》卷十七。
② 《续资治通鉴长编》卷十七。

程度比较重。而在门阀政治的把控下，户籍制度管理也呈现出不尽相同的特点。秦以商鞅定的"户籍登记"制度为主，"四境之内，丈夫女子，皆有名于上，生者著，死者削"①。汉以后，实行上计、编户齐民等制度，隋唐各有自己的户籍制度。但由于政治形态是门阀政治，导致底层百姓总是最苦最累的一群人，社会地位非常低。

五代十国时期，天下纷争，所有人都想登上政治舞台一展拳脚。这种看似纷乱的时局，却加速了门阀政治形态的衰亡，原来的门阀制度已不适合时代潮流，呈土崩瓦解状态。

宋代以后，门阀制度彻底瓦解。这样一来，宋代的赋税制度和人口制度就面临着改革，尽管宋朝的许多制度都是从唐朝延续下来的，但改革的趋势已经形成，没有人能够阻挡这股潮流。

其实，自宋代建国之后，户籍制度就已经发生了改变。赵匡胤是从底层一步步干到皇帝的，他对底层百姓的生活非常熟悉，也知道一些制度的弊端。于是，赵匡胤在稳定了江山以后，就对户籍制度进行了改革。赵匡胤非常清楚，前代种种关于人口户籍的界定，死死捆住了农民的能动性。因此改革户籍制度，也是宋朝稳定国家政权的一种措施。

不过户籍制度改革并非一蹴而就，都是在形势所迫时，才会实施改革。此后，宋朝官方继续对户籍进行划分，最终形成了一种按地域划分户籍的制度，也就是所谓的"坊郭户"与"乡村户"。这也是最早将城市人口与农村人口户籍区分开来的制度，在这种二元户籍制度当中，城乡实行分治原则。

在城镇乡村户口二元结构之下，宋代的户籍制度又分为主户和客户两类户籍。主户就是有田产的大户，这在城镇户口和农村户口都一样。而客户就是平民百姓阶层。事实上，宋代的户籍制度也比较复杂，比如，城镇客户与乡村客户还不一样，城镇客户一般为城镇贫民，多为小商贩，商业、手工业

---

① 《商君书》。

雇工、帮工及富户的佣工。乡村客户一般是佃户、主户的雇工和佣工等。除此之外，还有一种制度就是官宦人家的户籍制度叫官户，这个不需要多作解释。

制度划分得如此详细是为了让国家尽可能地收到更多的赋税。宋朝还将户籍进行了更细的划分，将城镇户口再次分成了十等，将农村户口分成了五等，也就是俗称的"五等户"制度。

这一切的改革，其实都是商业在宋代不断兴盛的结果。与以往的王朝不同，宋代对商业贸易的态度经历了打压、放开、鼓励等过程，究其原因还是商业贸易能给国家带来巨大好处。事实上，当时由于社会分工不断细化，很多人已经脱离了土地，从事各种手工业活动。户口就分出了各种类型，这是时代所需、民心所向。这也意味着城市人口在不断扩张，市民阶层已然形成，宋代名画《清明上河图》中形形色色的人物，就是最好的例证。

不过，赵匡胤时期，国家的主要赋税来源依旧是农业。从根本上说，宋代早期还是一个农业大国，只是商业贸易比起前朝更发达而已。

宋朝在农村推行五等户制度。所谓五等户制度就是按每个地方每户拥有土地的多少，将人口划分成五个等级。这五等户当中，一、二、三等户称为上等户，四等户和五等户称为下等户。将农村户口分成五等，是因为他们拥有的土地数量不等，所承担的赋税也就不同。一等户往往是住在农村的大地主阶级，他们拥有大量的土地，收入可观。二、三等户是中小地主阶级，有一定的土地，也承担一定的赋税。但四、五等户就属于农民阶级了，这些人不一定拥有土地，靠租赁地主土地获得收入，类似于自耕农或半自耕农。

城市、农村户籍制度的改革，直接改变了国家税收的来源。宋代是中国封建社会中，唯一让商业税成为国家重要收入来源的朝代，也正因为这些特殊的原因，国外学者将宋朝称为中国近代的开端。①

不管怎样，宋代户籍制度改革，极大地解放和发展了生产力，为社会创造了巨大的财富。

有些扯远了，继续讲述开宝九年的故事。

魏咸熙将开封主户的等级划分之后不久，朝廷就收到洛水修筑竣工的报告。②洛水是黄河的重要支流，雨季到来时，河水经常泛滥，殃及周围百姓，宋朝曾经多次疏浚河道，以减少损失。这一次宋朝就是趁着冬春交替之际、河水较少时施工，疏通了河道，修筑了被洪水摧毁的河床。这项工程结束后，赵匡胤很高兴，赏赐了疏浚洛水的人员。

一切看起来都非常和谐。二月初，新年的氛围逐渐淡去，一年的工作开始走上正轨。在一次早朝时，有人在朝堂之上给赵匡胤上书，希望皇帝加尊号"一统太平"。随即，满朝文武都纷纷跪倒，殷切希望皇帝接受这个尊号。但是赵匡胤不是一般帝王，他不同意这么做。赵匡胤对群臣说："北汉、幽云十六州还没有收回，怎可随便称呼一统太平？"群臣面面相觑，不敢再劝皇帝，似乎大家都已经意识到皇帝正在谋划着消灭北汉了。

上尊号之事没有实现，群臣心有不甘，他们继续联合上书，请皇帝居高位，用史料中的话说就是"立极居尊"。这一次，赵匡胤经不住群臣的再次

---

① 美国孟菲斯大学教授孙隆基：我们探讨宋朝是否为世界"近代化"的早春，仍得用西方"近代化"的标准，例如：市场经济和货币经济的发达、都市化、政治的文官化、科技的新突破、思想与文化的世俗化、民族国家的成形以及国际化，等等。这一组因素，宋代的中国似乎全部齐备，并且比西方提早五百年。唐代城市多为行政中心，宋代市镇趋于工商业化。唐代都市内的贸易地区由官员严格控制，宋代则放任自由，因此商业区与住宅区的界限逐渐消失。宋代的新型都市有些发展至很大规模，例如开封和杭州都达到一百万人口。后者为马可·波罗在元朝初所目睹，惊叹为前所未有。宋代的都市化也反映了货币经济的发展。宋朝铸造的铜钱超出唐朝时的十倍以上，但仍不敷应用，在缺铜的情形下，宋真宗年间出现民间发行的"交子"，这是世界最早的纸币，后来为政府接办。中国发展至宋代，商税也日形重要，它成为城镇征收的主要项目。从远洋贸易抽取的税收，也达史无前例的比重。(《中国千年回顾：一个全球史的鸟瞰》)

② 《续资治通鉴长编》卷十七。

劝谏，就勉强接受了。①

不久，赵匡胤又一次调整了东宫官员岗位，太子中允高易从、太子洗马商致用两人被调到太仆寺。太仆寺是朝廷专门管理马政的机构。在秦汉时期，太仆寺的主要领导是国家九卿之一，是很重要的岗位。宋朝虽然改革了很多部门，但太仆寺还继续沿用。而太子中允和太子洗马岗位虽然重要，但由于此时宋朝没有太子，这两个岗位也就显得无足轻重，而且太子中允本身就是寄禄官（宋代的一种官阶，有官名有待遇，但没有实际职事）。为了让这两个年轻人能够在政治上"进步"，赵匡胤就改变了他们寄禄官的身份，给了他们实职。②

恰巧此时，朝廷即将要举行祭祀活动，赵匡胤就让有司组织人去修车辂，为祭祀做准备。③

这几件琐事处置完之后，赵匡胤才将赏赐消灭南唐将士之事提上日程。在此之前，赵匡胤忙于政事，没有立即加封得胜归来的武将们。至于将士们有没有不满情绪，史料中并无记载。

赵匡胤不会忘记他们的功业，正是因为他们在枪林弹雨中不畏生死，才让赵匡胤接近完成统一南北的目标。此时的赵匡胤只是在等待一个时机罢了。

二月初，赵匡胤觉得时机成熟了，该论功行赏了。随即，曹彬、潘美、李汉琼、刘遇、田祚钦、梁迥、李继隆等人先后被加封了官职、赏赐了财物。

值得一提的是对曹彬和潘美的擢升。此前，曹彬的职务是宣徽南院使、义成节度使，擢升后的职务是枢密使、忠武节度使，这种枢密使兼任节度使的情况也是从曹彬这里开始的。而之前潘美的职务是山南东道节度使，擢升后变成了山南东道节度使外加宣徽北院使，这种由节度使兼宣徽北院使的情

---

① 《续资治通鉴长编》卷十七。
② 《续资治通鉴长编》卷十七。
③ 《续资治通鉴长编》卷十七。

况也是从潘美才开始出现的。①

但这次擢升，依然令有些官员不解。原来，对曹彬的擢升还隐藏着一个故事，赵匡胤食言了。这也是赵匡胤成为大宋天子以来，唯一对武将许诺官职后而没有落实到位的一次。

两年前，赵匡胤派曹彬去攻打南唐，临走之前，他对曹彬说："等卿回来，朕就加封你为使相。"曹彬当时没有表态。等到后来，曹彬灭了南唐，返回开封的路上，潘美提前祝贺曹彬要挂使相头衔了。但曹彬却淡淡一笑，说："咱们这次南下伐唐，不过是仰仗天威，我有什么功业呢？"潘美大惑不解："咱们走的时候，皇上亲口说等你灭了南唐，就给你挂职使相的头衔，难道官家要食言？"曹彬微微一笑，并不理会。潘美觉得曹彬这样端着态度有些装，非得刨根问底不可，但曹彬只是淡淡地说："太原都没收回来呢！"②潘美被曹彬的话噎住了，似乎潘美也意识到什么，就不再多说了。

等曹彬回到开封，面见皇帝时，就写了一道奏疏，上面写着："我奉命到江南去公干，如今任务完成前来交差。"曹彬绝口不提当年赵匡胤许诺使相之事。曹彬比谁都清楚，给一个武将挂职使相头衔，尽管对武将来说是巨大的荣誉，可是必然会招致妒忌。因此曹彬这种不居功的表现，得到朝廷内外的称赞。③

赵匡胤看了曹彬的奏疏，心里挺满意，但也有些不好意思，于是对曹彬说："当初朕曾答应给你使相头衔，可是至今还有一些不服咱们大宋的势力存在，等你夺下了太原，我再赏赐给你使相吧。"④曹彬简直料事如神，当时回来的路上，他和潘美两人的对话，就是最好的例证。

这里解释一下宋朝"使相"的身份。在宋代，加挂中书令、侍中、同平章事等头衔的官员一律称之为使相。这只是一个荣誉称号，并没有宰相的权

---

① 《续资治通鉴长编》卷十七。
② 《宋史》卷二百五十八。
③ 《续资治通鉴长编》卷十七。
④ 《续资治通鉴长编》卷十七。

力。宋代很多亲王、大臣都挂职过这个头衔。《续资治通鉴长编》还对此作了专门的解释：凡是检校官兼中书令、侍中、平章事者，都称之为使相，这是唐代的旧制。五代以来，使相不再处置政事。每次到朝会时，亲王们分班次站定，其他官员们跟在后面。① 换句话说，使相只是一个享受工资待遇的虚职，没有实际权力。

听完赵匡胤不给他加"使相"头衔的缘由后，曹彬表示理解赵匡胤的难处，收复北汉，不仅是皇帝的目标任务，也是武将们的职责所在。只是对于赵匡胤没有兑现诺言，曹彬似乎有些不开心。史书称曹彬"怏怏而退"。至于赵匡胤看没看出曹彬的怏怏不乐，已经无从考究了。有什么办法呢？给与不给曹彬加挂"使相"头衔，不过是皇帝一句话而已。

为了弥补没有兑现给曹彬"使相"身份的遗憾，赵匡胤给曹彬赏赐了铜钱五十万贯。"因密赐钱五十万。"② 宋朝的钱一般都以"贯"为单位，一贯一般为一千枚铜钱，也就是一长串的铜板儿，但实际数额往往不足一千枚。不过，即便数额有差异，但五十万贯也是非常巨大的数目。

曹彬回去之后，发现赵匡胤已经派人将赏赐的钱财送到家里，曹彬看到整个屋子都堆满了钱财，叹息道："再好的官员，也不过是为了多得钱而已，何必要当使相呢？"③ 曹彬的话有与使相失之交臂的情绪在里面，这是一种退而求其次的自我安慰。

皇帝额外给曹彬赏赐钱财的事情，自然也传到其他武将的耳朵里。只是这次消灭南唐，曹彬才是主帅，不管曹彬是坐在大帐当中等着宋军攻破城池，还是站在前线指挥宋军消灭了南唐，总之，这些功劳都将算在曹彬头上。雁群无头雁飞不高，狼群无头狼难围猎……如此浅显的道理，其实大家都懂。他们能有什么办法呢？这就是政治。

这时候，潘美忽然想到曹彬与他从南唐回来时说过的话，不由得佩服起

---

① 《续资治通鉴长编》卷十七。
② 《续资治通鉴长编》卷十七。
③ 《续资治通鉴长编》卷十七。

曹彬来。潘美感叹武将还是不会搞政治啊！放眼当时，曹彬这样的武将也没有几个。潘美除了自愧不如外，对自己获得的赏赐也更加满意了。

3. 赵德昭接待钱俶

擢升曹彬等将领后不久，宋朝迎来了一位特殊的客人。这位特殊的客人就是吴越国王钱俶。据说南唐灭亡后，吴越国人无不惊惧，因为这时候整个南方地区就只剩下吴越国和割据漳、泉二州的陈洪进政权了。而南唐灭亡之后，赵匡胤马上给钱俶发去了圣旨，要求钱俶到开封见他。吴越国上下人心惶惶，但钱俶必须去，没有任何理由拒绝。像李煜那样为了躲避赵匡胤的召见故意装病的事情，钱俶不会做，宋朝最后灭南唐的借口之一就是李煜多次拒绝入京面圣。钱俶此行前途未知，所以在临走前，他还特地让人修建了一座宝塔，谓之保俶塔，就是保佑他平安归来的意思。

当宋朝收到钱俶起程的消息时，钱俶已经到达睢阳（今河南商丘）。赵匡胤对钱俶此举很满意，他特地让自己的儿子赵德昭前去迎接钱俶。[1]

事实上，在钱俶动身之前，赵匡胤就对他这次来开封做了充分的安排。钱俶入京觐见前，赵匡胤已遣供奉官张福贵、淮南转运使刘德言两人先到古河道"开辟航线"，取名为"大通堰"，等待着钱俶到来。[2] 赵匡胤为了表示对钱俶的重视，还专门命人在京城收拾出一栋规格豪华的宅院，作为钱俶的落脚之处，美其名曰礼贤宅。[3]

但这对钱俶来说可不是什么好消息，赵匡胤给他修建了府邸，难道没打算让他回去？钱俶内心非常煎熬，却也不敢掉头回到吴越，如果那样就与反叛宋朝无异了。只能硬着头皮到开封，见机行事。

---

[1] 《续资治通鉴长编》卷十七。
[2] 《吴越备史·补遗》。
[3] 《吴越备史·补遗》。

不日，钱俶一行人就到了开封府边界。赵匡胤就派出儿子赵德昭去迎接钱俶。有意思的是，这是赵匡胤第一次派儿子做这种外交大事。此前，他基本不让儿子们参与重大政务，也不册立太子。现在他让赵德昭去接待钱俶，是不是意味着要立赵德昭为太子呢？

赵德昭是赵匡胤的第二子，赵匡胤和原配妻子贺氏所生。赵德昭自小就很成熟，喜怒不形于色，看起来是个有城府的人。赵匡胤陈桥驿兵变之时，赵德昭年纪尚小，赵匡胤并没有给赵德昭直接封王。一直到公元973年，赵匡胤也只是给赵德昭挂了一串兴元尹、山南西道节度使、检校太傅、同中书门下平章事的头衔，依然没有给赵德昭封王，也没有给他分配一些具体的工作。① 这一点也成为后世学者论证烛影斧声之后赵光义合理继承皇位的论据之一。

此前，接待钱俶这样的事情，赵匡胤都是交给弟弟赵光义处置，但这一次，赵匡胤却将此事交给儿子。这背后到底预示着什么？敏锐的文武臣僚开始猜测不已，在私底下讨论着这件事。那么，赵匡胤派赵德昭去接待钱俶的真实意图到底是什么呢？赵匡胤是否要培养儿子？如果是赵匡胤有意培养儿子，那么晋王赵光义会作何感想？赵匡胤建立宋朝以后，对弟弟一直提拔重用，封他为晋王，挂平章事的头衔，地位在宰相之上。②

赵光义的具体行政头衔是晋王加开封府尹。开封是宋朝的首都，赵光义相当于国家首都的一把手，地位仅次于赵匡胤。

十几年的开封府尹，让赵光义对整个国家的行政机构了如指掌，这也锻炼了赵光义长于行政的本事。按道理，这次接待钱俶的事情非晋王莫属。而且，一直以来朝廷搞接待这种事都是由晋王赵光义来做的，这次却例外，赵匡胤临时将自己的儿子换上来，背后的真实原因令人疑惑。

可能最疑惑的人就是赵光义，因为，这次派赵德昭接待钱俶之事毫无征

---

① 《宋史》卷二百四十四。
② 《宋史》卷四。

兆。后世学者分析，赵匡胤让儿子赵德昭接待钱俶一行，志在打压赵光义的势力。因为赵光义在开封府尹的职位上，已经培植了很多自己的亲信，但这种说法并没有史料依据，只是一种猜测罢了。

不过，赵光义即使猜到了，也不敢有所行动，毕竟赵匡胤才是国家的主人。

就这样，赵德昭带着国家的仪仗队去南京（商丘）迎接钱俶。据说，这一次北上到开封，钱俶还带着自己的儿子钱惟濬。这也是值得注意的情况，可能钱俶认为赵匡胤会扣留他，到时候他就将儿子放在宋朝当人质，赵匡胤就能放他回去了。

不久之后，赵德昭就接上了钱俶一行。赵德昭代表赵匡胤赐予钱俶一百瓶好酒、一百盒果子。①赵德昭先在南京（商丘）招待了钱俶一行，随即就动身赶往开封。

花开两朵，各表一枝。就在赵德昭去接钱俶的同时，契丹也派使臣到宋朝来走访，祝贺长春节。②宋朝的长春节是为庆贺宋太祖赵匡胤诞辰而设立的节日。③这是一种惯用的做法，比如后来的宋徽宗生日就叫天宁节。

契丹为什么也来与宋朝交好？因为宋朝在赵匡胤的领导下日趋强盛，已经成为威胁契丹的重要力量。如果赵匡胤在南唐臣服后挥师北上，将如之奈何？

大国交往不在一城一地的得失，而在长远谋略。契丹这时候的皇帝是景宗耶律贤，被称为中兴之主。他有个厉害的老婆叫萧燕燕，赵光义即位后，契丹将不断与宋朝交战，直到两国签订澶渊之盟才告结束。既然耶律贤是中兴之主，那他的胸怀也非一般契丹皇帝所能比。所以这时候，契丹派出使臣入宋，窥探宋朝对契丹的态度，也表明契丹不愿与宋朝发生冲突。

而赵匡胤在处置与契丹关系上显得感情微妙。很早之前，赵匡胤就想过

① 《吴越备史·补遗》。
② 《续资治通鉴长编》卷十七。
③ 《宋史》卷一。

要从契丹的手中夺回幽云十六州，但多次攻打北汉失败后，就放弃了这种想法。后来他又想用赎买的方式，从契丹手中买回幽云十六州。但是，赎买幽云十六州似乎只是一个梦想，到公元976年的正月依然没能实现。

不过，赵匡胤清楚，他暂时还不能与契丹发生冲突。这时候，宋朝需要的是安定。所以，当契丹使者到达东京后，赵匡胤盛情款待了他们，还命人带着他们遍游东京，让其感受宋朝的繁荣。或许，赵匡胤还跟契丹使者共同检阅了驻守东京的禁军，来彰显大宋的国力。

这时候，赵匡胤还调整了光州和房州的地方官员。赵匡胤首先让一个叫史珪的人到光州担任刺史。① 史珪原是马步军的首领，兼任毅州刺史。他是赵匡胤的老乡，河南洛阳人。青年时，英勇善战，得到军籍。赵匡胤建立宋朝以后，直接任命史珪为御马直队长，后来，又擢升其为马步军副都军头兼控鹤、弓弩、大剑都指挥使。再后来，赵匡胤想及时探知宫外的一些事情，就让史珪到处查访。史珪干得很出色，因此得到赵匡胤的赏识。但正因为如此，史珪就骄横起来，触及律法，泄露宫中秘密，最终被贬出朝廷，到光州任职。史书评价史珪"多智数，好以甘言小惠取誉于人，故所至不忍其去"。② 就是说史珪这个人素有智谋，喜欢用甜言蜜语和小恩小惠为自己博得美名，所以和他一起工作的很多人都不忍他离去。

再说房州的人事安排。这一次，赵匡胤派到房州任职的人叫丁德裕。这个丁德裕在本书第一章中说起过。当时，宋朝进攻南唐，赵匡胤让吴越王钱俶出兵五万，从杭州北上夹击南唐。赵匡胤派去的监军就是这个丁德裕。有意思的是，丁德裕到吴越军中之后，自恃是赵匡胤派出的监军，骄横跋扈，一点都不体恤军士，还到处干一些贪污腐败的事情，这让吴越王钱俶非常生气。大家都是为了宋朝，为什么监军可以这样？钱俶无法忍受丁德裕的各种过分做法，就给赵匡胤写了一封信，将丁德裕的种种恶习都做了汇报。但考

---

① 《续资治通鉴长编》卷十七。
② 《宋史》卷二百七十四。

虑到当时宋军正全面进攻南唐，赵匡胤对此事采取了容忍的态度。如今，南唐已经平定，而且钱俶马上就要到开封来面圣，处置丁德裕正是时候。赵匡胤要笼络钱俶，就不能袒护自己人。于是，赵匡胤将丁德裕调往房州任职。①

赵匡胤这样做，不过是为了安抚钱俶罢了。然而，就在赵德昭接钱俶回来时，赵匡胤还对卢多逊进行了提拔。"戊午，卢多逊加吏部侍郎。"②卢多逊此前因为失政被贬黜，这是再次起用。

赵匡胤为什么要提拔卢多逊呢？因为卢多逊扳倒了赵普。卢多逊曾经与赵光义走得非常近，这次卢多逊的擢升，赵光义有没有在背后使劲，不得而知。在宋朝攻打南唐前，卢多逊曾代表宋朝出使南唐，并从李煜手中索要到包括南唐各个州县基本情况的图册，这也为宋朝消灭南唐奠定了一定的基础。

总之，这时候，朝廷的每一个决定，都充满了引人遐想的成分。

不久，赵德昭给朝廷传来消息，钱俶一行不日就可到达开封。赵匡胤等待着钱俶前来。

二月，钱俶走到半路时，赵匡胤又派人给钱俶赠送汤药，慰问钱俶，还赐给钱俶两匹良驹。钱俶进入宋朝境内后，当地就不断将钱俶的情况上报给朝廷，并尽力为钱俶北上提供各种便利。当钱俶到泗州时，赵匡胤又给钱俶送了很多东西，还送了一些马匹、骆驼之类的牲口，用来驮运钱俶的行李。③凡此种种，不得不佩服赵匡胤对钱俶的无微不至，即便钱俶本人也感动不已，加快脚程往东京开封走。

当然，钱俶的内心依旧惶恐，对于未来他充满忧惧。

---

① 《续资治通鉴长编》卷十七。
② 《续资治通鉴长编》卷十七。
③ 《吴越备史·补遗》。

4. 钱俶回归

　　钱俶真的来了,他带着自己的儿子来了。赵匡胤并没有立即召见钱俶,而是让钱俶一行先到礼贤宅休整。礼贤宅是宋代修建的专门招待外国使臣的地方,里面的建筑甚是雄伟,提供吃喝玩一条龙服务。据说,钱俶还没有到达东京时,赵匡胤不放心礼贤宅的接待事宜,怕出什么纰漏,还亲自到礼贤宅视察了一番。① 就赵匡胤对钱俶的这份心意,也足以感动钱俶。

　　赵德昭只能陪着钱俶一行,先在礼贤宅落脚。赵匡胤赏赐了钱俶及其儿子很多财物,而钱俶这次带的进贡之物也比之前的多了很多。② 他们像一对老朋友一样,似乎都猜中彼此所想,只是都秘而不宣、笑而不答。

　　赵匡胤很高兴,钱俶很焦虑。不久之后,赵匡胤在崇德殿正式召见了钱俶,嘉奖了钱俶一番,并在长春殿设宴招待钱俶。宴会上,赵匡胤与钱俶说了一些体己话。③ 钱俶本人也毫不吝啬,给赵匡胤献上了各种平定江南的贺表,极尽一切华美之词。同时,还送给赵匡胤犀牛玉带、黄金珠宝以及陈酒佳酿等珍贵礼品。④

　　推杯换盏之间,赵匡胤与钱俶之间的距离拉近了。钱俶感觉到赵匡胤并没有打算吞并吴越国的意思,看赵匡胤的样子,似乎不久就会放他回去。

　　钱俶不敢询问,只能焦急地在开封住着,掰着手指头数日子。而赵匡胤对钱俶的招待仍在继续,此时的赵匡胤似乎格外厚待钱俶,隔几天就请钱俶父子吃一顿。当然,这种请客可不是一般的招待,而是大宴,一般臣僚没有资格参与。有时候,赵匡胤还会带着钱俶到宋朝皇家园林射猎、游览名景。⑤ 而赵匡胤越是这样,钱俶心里越发虚。赵匡胤似乎看出了钱俶的担心,对钱

---

① 《吴越备史·补遗》。
② 《续资治通鉴长编》卷十七。
③ 《续资治通鉴长编》卷十七。
④ 《吴越备史·补遗》。
⑤ 《续资治通鉴长编》卷十七。

俶说："卿好不容易来一趟，来了就好好玩，好好吃，不要有什么顾虑。"除了各种宴饮活动，赵匡胤还时不时地赏赐钱俶。两个人的关系甚至变得有些模糊：他们还是不是君臣？赵匡胤有时候还亲自到礼贤宅看望钱俶，钱俶也派儿子拿着些通犀带之类的东西回赠，全是礼尚往来。①

一切看起来和谐美好。受煎熬的人是钱俶，赵匡胤频频向钱俶示好，让钱俶愈加不安起来。难道大宋朝的官家要将他当作李从善，永远留在开封？钱俶得不到答案。这时候的钱俶天天堆着笑脸陪着赵匡胤，心里却牵挂着吴越。

然而，钱俶越是着急，赵匡胤就越对他好。三天前刚刚在一起吃大宴，三天以后，赵匡胤又亲自到钱俶住的礼贤院去看望。这让钱俶受宠若惊，也忧虑更多。② 钱俶总是不断在心里询问：什么时候可以回去呢？

没有人能回答钱俶，他也不敢给赵匡胤上书。钱俶只能急切地等着赵匡胤松口。不过，赵匡胤并没有让钱俶回去的意思，只是想尽一切办法，对钱俶好。比如，赵匡胤还让弟弟赵光义、赵廷美与钱俶"叙兄弟之礼"。钱俶清楚自己的身份，坚决不敢有任何"僭越"的做法，不愿接受"兄弟之礼"。③

赵匡胤招待钱俶期间，还给一个叫魏丕的人升了官。原因是魏丕工作干得出色，政绩突出，得到赵匡胤的认可。当年赵匡胤刚刚建立宋朝，就让魏丕担任供备库副使。赵匡胤对魏丕说："作坊长久积弊，有很大的漏洞，你要尽心尽力为我修整。"

旋即，赵匡胤就任命魏丕为作坊副使，让其处置作坊事宜。这里的作坊和今天意义上的作坊全然不同，宋代的作坊，一般指的是制造武器的地方。魏丕在职尽力，一干就是八年多，将作坊管理得井井有条。最后，赵匡胤将

---

① 《吴越备史·补遗》。
② 《续资治通鉴长编》卷十七。
③ 《续资治通鉴长编》卷十七。

魏丕提拔为作坊正使。①

后来，在征讨李筠、南下攻打荆广、收复川峡、征伐河东、平定江南等事宜上，只要赵匡胤给魏丕下了命令，让他准备武器设备等，魏丕都能提前完成，因此得到赵匡胤的信任。尤其是在床子弩改造这件事上，魏丕有巨大功劳。原来的床子弩射程一般在七百步之内，经过魏丕的改造，床子弩的射程提升到了一千步，为宋军攻城拔寨出了一份力。②

所以在这个嘉奖赏功的二月，魏丕再次得到赵匡胤的赏赐。这一次，赵匡胤把魏丕提升为代州刺史，并继续管理作坊事宜。③

赵匡胤之所以让魏丕继续管理作坊事宜，主要还是因为魏丕熟悉整个作坊的业务，这一摊子事情也只有魏丕能做好。当时，京城有作坊，各地也有作院，都是常设机构。每隔一段时间，魏丕都会拿一些作坊制造的武器给赵匡胤审核查看。也就是从这时起，宋朝开始设置南北作坊，另设弓弩院。④

当然，安置魏丕不过是在招待钱俶过程中的一件小事。赵匡胤对钱俶格外照顾，没有别的原因，只是钱俶非常听话而已。

三月初，赵匡胤再次召见了钱俶，这一次召见，是赵匡胤给钱俶的家人加封尊号事宜。赵匡胤封钱俶的夫人孙氏为吴越国王妃，封钱俶的女儿为彭城郡君，并让内侍给钱俶的王妃孙氏赏赐了汤药、法酒、茶果等五十多种物品。⑤钱俶不敢拒绝这些赏赐，因为一旦拒绝，就会让赵匡胤误认为他有异心。

有意思的是，这件事随即传到宋朝大臣耳中，就在钱俶一家人受封的第二天，有臣子给赵匡胤提意见说："自古以来，就没有封异姓诸侯王的妻子为妃的先例。"赵匡胤却不以为然，对这个提意见的臣子说："既然你说没有先

---

① 《续资治通鉴长编》卷十七。
② 《续资治通鉴长编》卷十七。
③ 《续资治通鉴长编》卷十七。
④ 《续资治通鉴长编》卷十七。
⑤ 《吴越备史·补遗》。

例，那这个先例就从我朝开始施行，赏赐贤德之人，何必要学古人呢？"赵匡胤的话，顿时将提意见的臣子噎住了，不知道如何回答，只能红着脸退回到自己的班位上去了。①

接着，当然还是宴饮。赵匡胤继续设宴，招待钱俶。在这次宴会上，看着眼前的舞姬舞姿婀娜，钱俶心里不是个滋味儿。毕竟他到开封已经快一个月了。赵匡胤说好的要放他回去，可迟迟不见赵匡胤松口。钱俶趁着酒劲儿，当场为赵匡胤献词一首，聊表心意。钱俶的词中有这样的句子："金凤欲飞遭掣搦，情脉脉，看即玉楼云雨隔。"②

听到钱俶的词句，赵匡胤当即就明白了，钱俶这是提示自己应该放他回去了。"看即玉楼云雨隔"不就是表达要回去的意思吗？只是钱俶表达得很委婉。赵匡胤站起身，走到钱俶身边，礼节性地在钱俶的肩膀上拍了拍，对钱俶说："朕今天立誓，绝不杀你，绝不夺你的国。"闻听此言，钱俶悬着的心终于放下来了。钱俶当即表示吴越将一直会是宋朝的附属国。赵匡胤叹息了一番，对钱俶继续说："尽我一世，尽你一世。"赵匡胤这话要表达什么意思呢？当然，直接翻译过来，就是我这一生，都不会灭你们吴越国。赵匡胤为何如此说？是不是赵匡胤已经预示到什么了，以至于他没有把话说死？按照赵匡胤的能力，他完全可以给后世的君王立一条铁律：大宋一朝，不得消灭吴越国。但是赵匡胤并没有这样说，感觉他像安顿后事一样。即便这样，已经让钱俶感激涕零了。钱俶绝对猜不到，几个月以后，赵匡胤就去世了。

这样的聚会不会很多了，因为赵匡胤不久之后要西巡洛阳，没有时间来招待钱俶了。赵匡胤想让钱俶回国，可是钱俶也动了感情，请求陪着赵匡胤西巡，等西巡回来之后，再回吴越也不迟。赵匡胤看着钱俶，心里感慨万千，最终赵匡胤留下了钱俶的小儿子钱惟濬陪着他到洛阳西巡，而拒绝了钱俶的随行。③这个做法既可以让钱俶放心，也能让赵匡胤放心：钱俶可以

---

① 《吴越备史·补遗》。
② 《宋人轶事汇编》卷一。
③ 《吴越备史·补遗》。

回吴越治理国家，钱惟濬则作为"人质"留在宋朝。

几天后，赵匡胤又在讲武殿招待了钱俶，为他饯行。这次宴会上，赵匡胤依旧赏赐了钱俶一些财物。在宴会接近尾声时，赵匡胤对钱俶说："天气马上就要暖和起来了，南北之间气候差异较大，你还是赶紧回到吴越去吧，我这里就不再留你了。"钱俶再次跪谢赵匡胤。① 钱俶听到赵匡胤这样体谅自己，感动得眼泪稀里哗啦往下掉，并表示以后将每三年到开封来一次，看望赵匡胤，同时汇报吴越的情况。赵匡胤对钱俶说："不必了，吴越距离开封路途较远，朕不找你来时，你就好好在吴越待着吧！"钱俶再次拜谢。②

宴会结束后，赵匡胤又秘密送给钱俶一个包袱，并对钱俶说："这个包袱别着急打开，等你往回走，上了路之后再打开。"钱俶既惊奇又担忧，战战兢兢接过了包袱，再三感谢赵匡胤。③

次日，钱俶带着王妃一行人到宫中辞行，赵匡胤又赏赐了钱俶很多财物。④

钱俶一行离开之后，赵匡胤又派出使臣翟守素将钱俶一行送到睢阳（今河南商丘），随后又赐给钱俶夫妇很多礼品。⑤

有宋朝陪送人员时，钱俶一直没有打开赵匡胤送给他的包袱。直到宋朝的送行人员离开之后，钱俶才好奇地打开了包袱。这不看不要紧，一看吓一大跳。原来整个包袱里面装的全是宋朝大臣们给赵匡胤上的札子，札子上面的内容也都是大臣们建议将钱俶留在东京。钱俶看到这些札子后，除了吃惊，剩下的就是对赵匡胤的感恩戴德。⑥

钱俶感受到赵匡胤对他的格外照顾。等回到吴越国之后，钱俶在功臣堂办公的时候，命人将座位搬到偏东的位置。他对臣下解释说，开封在我们的

---

① 《吴越备史·补遗》。
② 《续资治通鉴长编》卷十七。
③ 《吴越备史·补遗》。
④ 《吴越备史·补遗》。
⑤ 《吴越备史·补遗》。
⑥ 《续资治通鉴长编》卷十七。

西北方向，我要时刻保持做臣下的戒惧之心。他吩咐属下制作了很多精美的物件，摆放在殿外，焚香祷告后再派遣使者送往开封。①

几个月后，当赵匡胤从洛阳返回时，还对钱俶赏赐了一番。

5. 晋王赵光义

钱俶走了，李煜继续在东京战战兢兢，如履薄冰。赵匡胤则开始筹备洛阳祭祖事宜。这一次，赵匡胤亲力亲为，并没有让弟弟参与。这就让人疑惑不已。从赵德昭接待钱俶，到确定回乡祭祖，似乎这些最重要的事情，赵匡胤都绕开了他的左膀右臂赵光义。

这背后到底隐藏着怎样不为人知的内情呢？在弄清楚这个问题前，需要先把赵光义的生平做一下梳理。

宋太宗赵光义的形象在宋朝时已经被修改过多次，被改得面目全非，因此《宋史》里记载的赵光义与他本人的实际情况并不相符。河南大学教授王立群老师曾经提出一个观点，说赵光义的前半生是被重构的，这个观点非常贴切。我们只能在历史的重构中去寻找真实的赵光义。

赵光义是赵弘殷的第三子，原名为赵匡义，后来为了避讳赵匡胤的名字，改名为赵光义。赵光义和赵匡胤是同父同母。②赵光义最早的这一段记载是没有任何疑问的。但是后面的记载，就出现了各种神编纂。

这是赵光义继承君位后，对自己人生洗白的结果。首先是天上的太阳转世说。据说杜氏有一天晚上梦见天神给了她一个太阳，然后杜氏就怀孕了。当时的赵弘殷还是个军官，他们一家人都住在军营当中。赵光义出生时，天有异象，红光漫天，香气扑鼻。③

---

① 《续资治通鉴长编》卷十七。
② 《宋史》卷四。
③ 《宋史》卷四。

赵光义的出生情景，与他哥哥赵匡胤非常相似，赵匡胤出生时就是红光漫天，赵匡胤还香了三天三夜，因此得名香孩儿。而赵光义出生时也是这样，只是程度没有赵匡胤那么深而已，但既然出生时两人天象一样，换句话说，他们以后都会当皇帝。这种被重构的人生经历，多被后世诟病。

　　接下来的记载，真真假假，难以搞清。据说赵光义小时候不合群，有孤僻症状，其他的孩子都害怕他。"帝幼不群，与他儿戏，皆畏服。"[1] 这或许是真的，因为赵光义出生在军人家庭，他的父亲骁勇善战，是五代时期的大将。在这种环境下长大的赵光义，应该受父亲赵弘殷影响较大，一些性格的养成，也来源于此。领导家的孩子，大多天生具有领导才能。这不是宿命论，而是一种生活环境潜移默化的结果。现实生活中，可以找出很多类似的例子。

　　随着赵光义不断长大，他的富贵相就出来了。"隆准龙颜，望之知为大人。"[2] 高鼻梁高额头，一看就有帝王的面相。平日里也总是一脸严肃，不苟言笑，端庄肃穆。在中国的面相学当中，有"隆准龙颜"面相的人，都有"帝王命"。据传，汉高祖刘邦就是这样的面相，当然，刘邦的相貌只能凭借历史资料去想象，赵光义亦如是。

　　赵光义从小就喜欢学习，《宋史》中用一个"性嗜学"来形容赵光义对学习的痴迷程度。赵光义喜欢读书应该是真的，因为他自始至终都是以儒士的身份来参与国政大事。由赵光义喜欢读书还衍生出一系列的故事，为他儒士的身份做"证据"。据说赵弘殷率军在淮南征战时，有一次打了胜仗，缴获了很多财物都没有要，只将古书都拿了回来，交给了儿子赵光义。而赵光义也正是靠研读这些古书，不断增强自我修养。[3]

　　不过这种说法并不可靠，因为类似的做法在赵匡胤身上也有。由此猜测，从前线拿回书的人可能是赵匡胤，而不是赵弘殷。况且周世宗征讨淮南时，赵弘殷已经去世，到哪里去收集民间的书籍呢？很多史料不能自圆其

---

[1]《宋史》卷四。
[2]《宋史》卷四。
[3]《宋史》卷四。

说。赵光义几乎是比着太祖赵匡胤的事迹来编撰自己的人生履历。

赵匡胤幼时热爱学习的记载几乎找不到，倒是当了节度使后，觉得少年时代没有好好学习，经常在打了胜仗之后，开始收集书籍，学习知识，弥补少年时代荒废学业的遗憾。据说有一次，赵匡胤打了胜仗以后，就命人拉回去几个大箱子，别人以为这是赵匡胤擅自做主开的小金库。于是，就有人将此事报告给了周世宗。周世宗听后非常生气，命人打开赵匡胤的箱子，结果发现里面全是书籍。① 只好让赵匡胤将书籍都带走了。

这大概是故意将赵匡胤的事迹，移在了赵弘殷身上，目的就是突出赵光义。

后来，随着赵匡胤的官越做越大，弟弟赵光义自然也就进入后周的官员系统当中，跟着哥哥一起谋个好前程。

起初，赵光义不过是一个供奉官都知。"仕周至供奉官都知。"② 这是柴荣要求赵匡胤组建的殿前军的军官名字，按照《宋史·职官志六》记载："诸班有都虞候指挥使、都军使、都知、副都知、押班。"或许赵光义这时候正好跟着哥哥赵匡胤，在他手下担任都知。

而殿前军是后周最精锐的禁军队伍。这时候，赵匡胤将弟弟带进了殿前军，说明赵光义不仅仅有儒士的一面，军旅生涯也锻造了他的毅力。

也是跟随赵匡胤的这几年，让赵光义视野得以开阔，对世间事有了新的认识。他在军中结交朋友，扩大影响力，逐渐显露头角。

然后，就是陈桥驿兵变。根据《宋史》《续资治通鉴长编》等史书的记载，陈桥驿兵变就是赵匡胤、赵普和赵光义策划的一场政变。不过，在王禹偁撰写的《建隆遗事》当中，赵光义压根儿就没有参与陈桥驿兵变，而是自始至终都待在开封。但根据后世考察，《建隆遗事》里面记载的事情错误较多，怀疑并非王禹偁所作。因为王禹偁是宋初有名的士人，也是宋代新文化

---

① 《续资治通鉴长编》卷七。
② 《宋史》卷四。

的先锋，如果他要写这样的一本书，一定是在详细考证之后，才会落笔。①那么，以《建隆遗事》中的记载来说明赵光义没有参加陈桥驿兵变的说法，就存在疑问了。另外，根据司马光的《涑水记闻》记载，陈桥驿兵变之前，赵匡胤已经将家里人安置在了一个叫定力院的地方。②而此时的赵光义已经成年，不可能跟着家里人去定力院，他一定会跟着赵匡胤去发动兵变。

赵匡胤即位之后，赵光义曾经担任过一段时间的殿前都虞候。"太祖即位，以帝为殿前都虞候，领睦州防御使。"后来李筠、李重进叛乱，赵匡胤亲征，赵光义坐镇东京，替哥哥守家。不久，赵光义就成了晋王外加开封府尹，执掌首都的一切事宜。"征太原，改东都留守，别赐门戟，封晋王，序班宰相上。"③换句话说，从这一时期开始，赵光义的地位就位居宰相之上了。

不过《宋史·太宗本纪》的这段记载，隐去了赵光义在担任开封府尹期间的诸多事情。事实上，赵光义在担任开封府尹的十多年时间中，从一个小皇弟，逐渐成长为一个政治手腕强硬、作风硬派、培植党羽较多的开封府尹。赵光义已与最早时候的他完全不一样了。加上赵光义身边有贾琰、卢多逊等人为其参谋，他的势力不断壮大，隐约已威胁到皇权。

而赵普正是看到了这一点，才与赵光义有了隔阂。赵光义曾经试图拉拢赵普，但赵普坚决拥护赵匡胤，不想成为赵光义的追随者。其实，他们两个人的关系曾经也非常好，都是大宋朝的有功之人，有人还将他们跟赵匡胤称为宋初的"三驾马车"。

成不了朋友就会成为敌人。

接下来，就是赵光义与赵普的对决。不过这种交手是借力打力，他们不会直接上手。比如赵普不让赵匡胤给赵光义的岳父符彦卿兵权，这让赵光义很愤怒。后来，开封府有个推官叫姚恕，深得赵光义的喜爱。赵匡胤的舅舅杜审肇想当"一把手"，赵匡胤就让杜审肇去担任澶州（今河南濮阳）知州，

---

① 车吉心主编：《齐鲁文化大辞典》，山东教育出版社1989年版，第634页。
② 《涑水记闻》卷一。
③ 《宋史》卷四。

但赵匡胤清楚杜审肇不会打理朝政，必须给他派一个帮手，这时候，赵普就向赵匡胤推荐了姚恕。赵光义知道这是赵普故意针对自己，日后姚恕出错，赵普便可以借力打击自己。后来，姚恕果然因为工作失误，被砍了头，赵光义就将仇恨记在了心里。

当然，赵普与赵光义的这种较量，远不止这些事。他们总是在看似不经意间，动用各种资源展开对抗。但这样的对抗必然会影响到国家的运转，赵匡胤也意识到两人的斗争存在危险，试图调解他们的关系。而赵光义在忍耐的同时，也在着手反击。卢多逊、雷有邻[①]等人不顾一切扳倒赵普的幕后推手就是赵光义。在当时的情况下，如果赵普一直担任宰相，赵光义就无法轻易培植起那么多亲信。赵普的倒台，虽有他自身的原因，却也跟他与赵光义之间的斗争存在莫大关系。如果赵普一直两袖清风，约束手底下的人，卢多逊等人就不可能找到赵普的把柄。

赵普被扳倒之后，赵光义没有了对手，更加权倾朝野。他结交朝中大臣，培植势力，染指朝廷人事调整。

那么，对于赵光义做的这些事，赵匡胤难道一点儿都没有觉察到吗？答案是否定的。赵匡胤不仅意识到赵光义的崛起，还体会到丝丝的危机感，所以他让儿子赵德昭去接待钱俶。不久以后，赵匡胤又擢升小儿子赵德芳为贵州防御史。赵匡胤做这些事，很难说与赵光义的崛起有直接关系，但也不能说完全没有关系。此前很多年，赵匡胤都没有着意培养儿子，难道仅仅是因为儿子长大了，才想到重用他们吗？显然，赵匡胤就是为了应对弟弟的异军突起，才开始重视儿子们的身份地位的。换句话说，一旦到争夺帝位之时，赵匡胤得让自己的儿子有底牌。

当然，赵匡胤做这一切都是为了防患于未然。而且赵匡胤相信，弟弟尽管有些冒险的举动，但还不至于为了皇位而不择手段。接下来，赵匡胤决定带弟弟去祭奠父母，顺带给弟弟敲一下警钟。

[①] 《宋史》卷二百七十八。

第三章　西京祭祀

> 天地者，生之本也；先祖者，类之本也；君师者，治之本也。无天地，恶生？无先祖，恶出？无君师，恶治？三者偏亡，焉无安人。故礼，上事天，下事地，尊先祖而隆君师，是礼之三本也。
>
> ——《荀子·礼论》

1. 西巡洛阳

送走了钱俶，赵匡胤到西京洛阳西巡的事情也正式提上日程。

可能大家以为西巡最大的事就是赵匡胤到巩义（今河南巩义市）祭奠父母，顺便在洛阳南郊祭天。祭奠父母是人之常情，赵匡胤不是从石头缝里蹦出来的，他有生他养他的父母。至于说到洛阳南郊举行祭天仪式，那纯粹是为了彰显国威。皇帝是什么？是天子，也就是老天的儿子，作为天子，赵匡胤祭祀上苍，和祭奠父母其实是一样的。只是在巩义他是以儿子的身份祭奠亲生父母，而在洛阳他则是以天子的身份祭天。

按照旧的礼仪制度，皇帝要想举行郊祀大典，要先去太庙向祖先们汇报一下，这样才符合礼仪。①

赵匡胤穿着常服，乘坐皇帝的步辇，领着文武百官，进入太庙当中，对着赵氏列祖列宗跪拜、上香，向祖先的神灵汇报自己的行动。②

这场汇报活动，显得严肃而庄重，不喝酒，不行裸礼，一切都要符合礼仪。这时候，最忙碌的是礼官们，他们跑进跑出，尽着自己的职责，引导着皇帝和群臣。到太庙告祭后，赵匡胤还跟留守东京的人员交代，要在他出行之前，再次到宣祖灵位前告慰。③

向祖先们祷告完毕，赵匡胤怀着复杂的心情，回到后宫。这时候，赵匡胤还有一件事没做。那就是小儿子赵德芳的身份界定问题。此前，赵匡胤给了次子赵德昭一些代表身份的爵位，但没有给赵德芳爵位。赵匡胤似乎意识到一碗水要端平，不能厚此薄彼。于是，在临走之前，赵匡胤加封赵德芳为贵州防御使。"癸酉，以皇子德芳为贵州防御使。"④这个贵州防御使是个虚职，却是培养皇子的重要岗位，赵德昭也曾经受封此职。

对于赵匡胤加封赵德芳为贵州防御使之事，朝廷之上没有人发出不同的声音，因为这是皇家的私事。况且，这只是给赵德芳加封了一个虚职，没有加封赵德芳为亲王，其他朝臣能说什么呢？

一切都准备妥当了。西巡即将开始。这时候，留守东京的人选还没有确定。皇帝带着文武百官出行，一般需要一个月到数个月时间。所以每次赵匡胤到外地前，都会选一个人来做东京留守，而晋王此前多次担任东京留守，比如太祖亲征潞州、泽州时。那么，这次赵匡胤是否会让赵光义继续留守东京呢？

按说，理应由赵光义来出任东京留守——大概赵光义也是这么想的。但是，赵光义不能确定。按照惯例，赵匡胤会提前跟他交代留守事宜，但是这

---

① 《续资治通鉴长编》卷十七。
② 《续资治通鉴长编》卷十七。
③ 《续资治通鉴长编》卷十七。
④ 《续资治通鉴长编》卷十七。

次却没有。赵匡胤一反常态的做法，让赵光义心虚。而赵匡胤对此也不做解释。《续资治通鉴长编》也不见记载，宋代个人笔记中，也不见有记载这一过程的内容。因此，我们可以大胆推测：赵光义决定请示哥哥，顺便询问赵匡胤对留守东京期间的注意事项。于是，有一天赵光义进宫，找到赵匡胤。两人谈论起西巡之事，最后，赵光义把话题绕到了留守事宜上："皇上，这次你去多久，什么时候回来？"赵匡胤听完赵光义的询问，并没有立即回复，而是站在原地看着赵光义。而赵匡胤的这种注视，令赵光义局促不安。随即，赵匡胤才说："这次是祭祀祖先，你就和我一起去吧！"

不久，赵匡胤就任命宰相沈义伦为东京留守，全权负责赵匡胤西巡之后东京的一切事宜。①沈义伦是跟着赵匡胤打天下的人，是赵匡胤早期的谋臣之一，资历老、威望重。这时候，他终于熬到宰相的位置。这一次，赵匡胤让沈义伦担任东京留守，似乎是有意为之。

对此，赵光义可能也没觉得有什么不妥，宰相作为留守之人，也是历朝历代的惯例。

接下来的安排，则让赵光义震惊不已。因为在安排沈义伦为东京留守的同时，赵匡胤还做了另一项人员岗位调整。赵匡胤让左卫大将军（也有说是右卫大将军）王仁赡担任三司负责人，并让王仁赡兼知开封府。②虽然王仁赡只是临时主持开封府工作，但这背后是否另有隐情？

赵光义为什么坐不住了呢？因为此前一直都是由赵光义担任开封府尹，虽然挂职开封府尹头衔，开封府具体事务由知开封府处置，但这时候调整开封府长官，到底意味着什么？是不相信赵光义了吗？

一连串的疑惑，令赵光义无法心安，但他又毫无办法，因为这是赵匡胤做出的决策，他才是大宋朝的当家人，他有权力决定任何人的职位调整，而不受各种规矩的制约。

---

① 《续资治通鉴长编》卷十七。
② 《续资治通鉴长编》卷十七。

赵光义带着巨大的疑惑回到自己的府邸。赵匡胤最近的一系列举动，都出乎他的意料。他一边仔细思索最近发生的不同寻常的事情，一边等待着和赵匡胤一起到洛阳去祭祖。赵光义可能也预料到这是赵匡胤在试探他，因此在受了委屈后，他没有表现出任何不满情绪。

需要指出的是，这次除了将沈义伦和王仁赡留在东京，赵匡胤还将弟弟赵廷美以及两个儿子都留在了东京。

就这样，一切安排妥当之后，赵匡胤带着文武百官从东京出发了，他们的目的地是洛阳。①

这一路上，赵匡胤行进的速度不紧不慢，似有观看天下局势的意思。这也能理解，他们是巡游而不是打仗，没必要紧赶慢赶。几天以后，赵匡胤一行到达郑州。在郑州做了短暂停留后，直接前往巩义。这里有赵匡胤父母的祖陵。

赵匡胤往巩义走时，心里感慨万分。很多年来，他都计划着祭祀父母，重拾往日记忆，但总是被各种事耽搁。现在，终于到了这里。

走近祖陵，就走近了父母。赵匡胤脚步很沉重，一步步向祖陵走去，父母长眠于此。往事一幕幕展现在眼前，小时候跟着父亲在军营的经历，一家人在一起的情景，都如电影画面一般在他脑海中闪现。

王者也有七情六欲。向父母祖陵靠近的赵匡胤，此时完全变成了一个孩子。纵然他是九五至尊，也有着自己的悲伤与不幸：世上有那么多人父母健在，可以享受儿孙绕膝之乐，但他的父母，都早早舍他而去。此生，赵匡胤已再无机会孝顺父母。想起当年在滁州城外拒绝父亲进城的情景，赵匡胤悲从中来。

此时，跟在赵匡胤身后的臣子们，和弟弟赵光义全然没有发觉赵匡胤的情绪变化，似乎赵匡胤此次祭祖，不过是一种做给后人看的举动而已。

终于来到父母的陵前，赵匡胤按照礼仪，拜祭了父母，上香、奠酒、叩

---

① 《续资治通鉴长编》卷十七。

头。这时候，赵匡胤再也绷不住了，眼泪不由自主地流了下来。忽然，赵匡胤放声大哭，似乎要将这些年来对父母的愧疚全部都发泄出来。这种场面，让现场的人都震惊了，这完全出乎他们的预料，往日强势的皇帝，这时候宛如一个孩子。

赵光义也被感染了，他们兄弟俩从中年时期就一起打天下，现在回到父母的陵前，一切的钩心斗角暂时都被抛到了脑后。赵光义也放声痛哭。

跟在身边的大臣看到皇帝和晋王都这样了，他们也不知道该怎么做，受赵匡胤这种情绪的感染，很多人都悲从中来，有的似乎也想起了自己亡故的父母，有的也想起了自己事业上的不顺。所以在赵匡胤祭祀祖陵时，跟随者纷纷落泪，现场一度失控。①还是赵匡胤最先止住了哭声，尽管他很悲怆，但总不能哭个不停。赵匡胤对着父母的坟茔说："今生今世我恐怕再也无法到此处祭拜二老了！"②

赵匡胤的这个说法很值得玩味，为什么他说今后都无法到巩义来祭奠父母？换句话说，赵匡胤是否已经预料到了什么？后人并没办法去追究这两个疑惑中的缘由。只是结合几个月以后的烛影斧声来分析赵匡胤的话，似乎就有那么点不能说的意思。

之后，赵匡胤止住了哭泣，回复到宋朝皇帝的身份。

收拾好一切情绪之后，赵匡胤登上了父母陵寝的阙台，站在阙楼之上向远处凝望着。众人不知道皇帝想要干什么，也不敢打搅，只能看着赵匡胤。赵匡胤观望了一会儿之后，命人取来弓箭。身边的人还是不知皇帝意欲何为。只见这时候，赵匡胤拉满弓，向西北方向射出了一箭。射完箭，赵匡胤对众人说："我死后就葬于箭头落下的地方。"③

臣子们还是面面相觑，皇帝这是干什么，他才五十岁，刚刚到知天命的年纪，怎么就想起来为自己安排后事了呢？

---

① 《续资治通鉴长编》卷十七。
② 《宋人轶事汇编》卷一。
③ 《续资治通鉴长编》卷十七。

随即，赵匡胤下了一道诏令，免去河南之地一年赋税的一半，免守陵墓户一年的赋税。

祭拜完父母，赵匡胤在众人的陪伴下，出了宋皇陵。尽管祭拜父母是此次西行的重要行程，但赵匡胤还有更重要的事情要做，他要去西京洛阳看一看，实施他迁都前的实地考察。

于是，赵匡胤带领着群臣向洛阳而去。

2. 城南祭祀

不久之后，赵匡胤一行就到了西京洛阳。

赵匡胤在群臣的簇拥下，进入洛阳的行宫，映入眼帘的雄伟建筑，壮丽的宫殿，密植的树木，雕栏玉砌，亭台楼阁，仿佛置身于梦境中。赵匡胤对洛阳宫殿的建设非常满意，这里作为陪都，一直都有行宫建筑，现在看来，洛阳历届地方官都在逐渐完善，让这里与东京有了几分相似之处。

未至洛阳前，赵匡胤对洛阳宫殿的规模并不清楚，可能还有些担心，因为他这次是来考察迁都事宜的。现在，当他看到洛阳行宫的规模之后，内心的激动无以言表。迁都的念头，再一次在赵匡胤心中闪现。

赵匡胤先召见了知河南府焦继勋，当面嘉奖了他一番，并加封焦继勋为彰德节度使。①

焦继勋与赵匡胤是亲家，赵匡胤的小儿子赵德芳的夫人焦氏就是焦继勋的女儿，这次焦继勋果然没有让他失望，给焦继勋加官晋爵也就有了由头。②事实上，焦继勋是赵匡胤特意派到西京洛阳出任地方官的。西京洛阳作为陪都，在此之前的十多年都是宋朝安置朝廷退休大臣的地方，战略地位一直

---

① 《续资治通鉴长编》卷十七。
② 《续资治通鉴长编》卷十七。

没有显现出来。后来赵匡胤眼看无法收复幽云十六州，才有了经营洛阳的意思，焦继勋就被派到了洛阳。不过当初并非因为迁都，据说当年朝廷让一个叫向拱的官员管理洛阳，但向拱到洛阳后，纵情酒色，不理政务，导致洛阳政务废弛，百姓们怨声载道。甚至在洛阳附近还有盗贼出没，这些盗贼经常骚扰洛阳附近的居民。而洛阳政府里的官员们看到长官如此，也都不听指挥，向拱本人也对此充耳不闻。后来，赵匡胤得知此事，非常恼火，就派出了自己的亲家焦继勋到洛阳担任地方官。①

在上任前，赵匡胤特意召见了焦继勋，对他说："向拱在洛阳执政期间，搞得鸡犬不宁，现在我派你去，希望你好好治理当地，不要学向拱的样子。"焦继勋叩头拜谢，并表示一定将洛阳治理好。等焦继勋到洛阳后，就开始大刀阔斧地治理当地，很多向拱时代存在的弊病被焦继勋全都解决了，洛阳城也恢复了往日的繁华，盗贼也远去了。②

赵匡胤对此很高兴，就让焦继勋继续在洛阳任职。公元976年春，赵匡胤打算西巡时，曾派庄宅使王仁珪、内供奉官李仁祚等人先一步到洛阳，让他们配合焦继勋修葺洛阳宫殿，为西巡做准备。现在，赵匡胤看到洛阳行宫被修建得富丽堂皇，就将这些功劳都算在了焦继勋身上。但是，焦继勋也非完人，他看重钱财，囿于吝啬，经常削减府库中的各种支出，招致当地舆论的非议。③其实，吝啬一点也没什么不好，地方官就得管好钱财，不能大手大脚。

除了赏赐焦继勋，赵匡胤对他先前派出的两个协助修葺洛阳宫殿的官员也进行了嘉奖，给他们升了官。④

接下来的事情，就是要在洛阳南郊举行祭祀活动。赵匡胤先命人到开封去邀请宰相沈义伦，让沈义伦赶紧从东京到洛阳来，有些祭祀的事情需要宰

---

① 《续资治通鉴长编》卷十。
② 《续资治通鉴长编》卷十。
③ 《续资治通鉴长编》卷十七。
④ 《续资治通鉴长编》卷十七。

相来主持。同时，赵匡胤让王仁赡接替沈义伦，全权负责大内事宜，而将开封府的事宜交给开封府推官、左赞善大夫贾琰。①

有必要介绍一下这个贾琰，他是开封府的推官。推官是节度使、观察使、团练使、防御使、采访处置使等级下专门设置的官员，地位次于判官、掌书记，负责推勾狱讼之事，类似于今天公检法的领导。贾琰其人很有能耐，他的家族中兄弟们都先后离世，家里有很多子侄。贾琰主动担起了照顾家人的重任，通过努力一步步做到开封府推官，凭一人之力供养着一家一百多口人。赵光义担任开封府尹时，贾琰就是开封府的推官，成为赵光义的心腹，一直辅佐着赵光义。换句话说，贾琰和赵光义在一起工作有五年之久，而作为开封府"一把手"的赵光义对贾琰的器重也不是一般人所能比拟的。

这时候，赵匡胤忽然让贾琰担任开封府临时长官，赵光义有没有在其中做文章，不得而知。但此时，开封府还有判官、掌书记等官吏，按照制度，这时候即便将王仁赡调离，也应该由开封府判官或者掌书记暂时行使开封府尹的权力，可赵匡胤并没有这么安排，而是将这个推官提上来。或许是贾琰真有不同于其他人的才能，这才让赵匡胤对他格外垂青吧！

所以，赵匡胤让贾琰成了开封府的临时代理人。而如果赵匡胤不同意，贾琰怎么可能权知开封府事？

再说沈义伦到洛阳之后，赵匡胤就开始组织洛阳南郊祭祀之事。很多细节，需要与沈义伦等人商议。这种南郊祭祀活动本来也不常举行，尤其是在赵匡胤时代，到西京洛阳南郊举行祭祀的次数更是屈指可数。

这时候，老天似乎不作美，洛阳已经下了好长时间的雨，庄稼长势不太好，如果雨再不停，老百姓的苦日子就要来了。于是，赵匡胤先让身边的人到洛阳城中的祠庙去祈求天气晴朗。②

这期间，还有两件事值得一提。第一件事，赵匡胤到洛阳之后，先回了

---

① 《续资治通鉴长编》卷十七。
② 《续资治通鉴长编》卷十七。

一趟夹马营。赵匡胤感慨不已，他在这里出生，从这里离开闯事业，现在作为宋朝开国皇帝，故地重游，物是人非，自是别有一番滋味在心头。

回到夹马营之后，赵匡胤指着一个地方说："我记得小时候曾经得到过一匹石马，后来经常与巷子里的孩子们骑着石马玩，当时很多孩子们都想偷这匹石马。不得已，我就将石马埋在了此处，现在，不知道石马还在不在？"听到赵匡胤这么说，机灵的手底下人就赶紧去挖，果然在赵匡胤手指的地方挖出了石马。"太祖生西京夹马营。至九年西幸，还其庐驻跸，以鞭指其巷曰：'朕忆昔得一石马，儿为戏，群儿屡窃之，朕埋于此，不知在否？'斸之果得。"赵匡胤这时候感慨万千，他没想到几十年后，这匹石马竟然还在此处。于是，赵匡胤就对身边的人说："就将这个石马埋在我射箭的地方，那个地方是我为自己选定的陵墓。"臣子们惊恐不已。看到臣子们的眼神，赵匡胤又对大家说："我的陵墓就叫永昌陵吧。"① 当然，这个记载出自私人笔记，不见得确有其事。

另外一件事是由一个叫张齐贤的人引起的。据说某一日，赵匡胤和弟弟坐着车在洛阳街上视察，因为是天子车辇，周围人都被士兵们屏退到路边。赵匡胤自己也正在思索一些祭祀之事。此时，忽然从人群当中蹿出一个人来，当即就跪在了车驾之前，驾车的人立刻将马车停住。赵匡胤的卫士们马上把拦车之人控制住，等待赵匡胤的处置。要知道，这种迎面拦截圣驾的行为可是死罪，那些将士随时都可以处死这个不知死活的布衣。所幸的是，车辇里坐的不是一般人，而是宋朝的皇帝赵匡胤。他会随便处死一个拦驾之人吗？或许这个拦驾之人正是看透了这一点，才冒着生命危险来拦驾。此时，赵匡胤也好奇地召来跟前的随从，让随从前去查看到底发生了什么事情。随从来到马车前，发现一个衣衫褴褛的人拦住了车驾，就回来向赵匡胤报告。赵匡胤对随从说："想办法解决了。"当然，不是让随从去杀人，而是让随从给那个人一点钱财，打发算了。随从这才走上前去，给了这个人一锭银子，

---

① 《玉壶清话》。

让他把路让开。有意思的是，这个人尽管穿着破烂，却不要银子，也不让路。赵匡胤让人将这个人架起来，他们继续前行。否则在大街上被人如此拦驾，着实有些不雅。可当士兵们去架走此人时，这个人却大声喊着有治国之策献给皇帝。赵匡胤一听他说治国之策，就产生了好奇心，让士兵们将此人带到车辇之前。此人整理了一下自己凌乱的头发，对赵匡胤报了家门，自称张齐贤，是落魄的士子。赵匡胤说："你说你有治国之策，那就将治国之策说出来，我听听。"不料这人却说："我还饿着肚子呢。"赵匡胤当下就明白了，于是，赵匡胤让人将此人带回了宫中。①

回到宫中之后，赵匡胤就给张齐贤安排了一桌丰盛的菜肴，让张齐贤先吃。张齐贤也无惧眼前的皇帝，端起盘子，狼吞虎咽地吃起来。赵匡胤也不阻拦，饶有兴致地看着张齐贤，耐心地等着他说出治国之策。张齐贤一点也不畏惧，给赵匡胤提了十条关于治国的策略，从富民、封建、敦孝、举贤、太学、籍田、选吏、刑罚、惩奸等方面分别予以解释。②

赵匡胤对张齐贤说："你说的这些治国之策，朕认为也就只有四条有那么点意思，其他六条纯粹是废话。"听到赵匡胤这么说，张齐贤却不同意赵匡胤的看法。张齐贤表示自己所提的十条建议，都是根据眼前国家的各种弊病细细思考出来的，每一条对国家来说都是至关重要的，怎么能是废话呢？就这样，一介布衣张齐贤与宋朝皇帝赵匡胤杠上了，谁也说服不了谁。可是赵匡胤是谁？是宋朝的皇帝，岂能允许一个布衣如此放肆？于是，赵匡胤命人将张齐贤拖出行宫，扔到了大街上。之后，赵匡胤就对赵光义说："我这次西巡最大的收获就是发现了张齐贤这个人，但是我不会给他官做，以后你可以让他当你的宰相。"③

这是《宋史·张齐贤传》里记载的内容，是正史里的记载，真实性似乎有所保证。但显然这个记载是被技术处理了的。所谓赵匡胤对赵光义说"异

---

① 《宋史》卷二百六十五。
② 《宋史》卷二百六十五。
③ 《宋史》卷二百六十五。

时可使辅汝为相"的话是先入为主。这就是从侧面说明将来要将皇位传给赵光义吗？不过，依据此前赵匡胤拿掉了赵光义的开封府尹的官职，又不断提升自己两个儿子的身份地位来看，赵匡胤明显想立自己的儿子为储君，怎么会跟赵光义说这样的话呢？

显然，这种记载是为了让赵光义的皇位更加正统一些罢了。但是张齐贤在洛阳城大街上拦皇帝车驾之事，多种文献都有记载，此事当真实发生过。

在宋真宗时代，他还真当了宰相。但是张齐贤这个人不地道，担任了宰相之后，与另一位宰相李沆不合，最终被罢相。[1] 罢了相位之后，张齐贤还是不安稳，他与前宰相吕蒙正的儿媳柴氏联手，扳倒了另外一位宰相向敏中[2]。

再说回赵匡胤洛阳南郊祭祀之事。

在准备南郊祭祀的过程中，赵匡胤问礼官需要准备的事宜，礼官们为赵匡胤列出了一个清单，大致意思是说，一般宗庙宫殿祭祀时，需要设置三十组编鼓，郊社时设置二十组编鼓，如果在殿庭还得另外加设十二组编鼓。开宝四年（971年）郊祀时，用错了数字，这次应该纠正过来。赵匡胤听了礼官的建议后，觉得也不必完全按照礼制来，宋朝可以进行创新。于是，赵匡胤下了诏书，在这次郊祀时，还得再加十六组编鼓。[3] 皇帝同意礼官的建议，礼官们讨了圣旨，继续准备去了。

一切都准备妥当了，但此时天气还是不晴，淅淅沥沥的雨落在洛阳的每一个角落。由于下着雨，到处都是烂泥路，郊祀之事也无法举行。赵匡胤看老天没有变晴的意思，就带领着文武大臣到洛阳广化寺去参拜，祈求天气晴朗。有意思的是，赵匡胤祈祷之后，天气果然变晴。所谓心诚则灵，或许就是这个意思吧。赵匡胤很高兴。不久之后，他就在洛阳南郊举行了盛大的郊祀仪式，那些与宋朝有外交关系的国家，也都派出使臣参加了宋朝的这次郊

---

[1] 《宋史》卷二百六十五。
[2] 《宋史》卷二百六十五。
[3] 《续资治通鉴长编》卷十七。

祀活动。

祭祀完毕以后，赵匡胤回到洛阳，来到一个叫五凤门的地方，让人宣读了大赦天下的诏书，这自然是洛阳祭天后带给天下的福音。这时候，还有些献媚的官员趁机建议赵匡胤上尊号，但被他拒绝了。①

3. 是是非非说赵普

做完这一切之后，洛阳郊祀活动才算正式落下帷幕。赵匡胤此次西巡的事宜全部完成，按道理该回到东京，处置国家政务。令群臣不解的是，赵匡胤并没有表现出急着回去的意思，反而安安稳稳地住在了洛阳。

群臣也不敢劝谏，赵匡胤的强势他们早就领教过，违背皇帝意愿的事情，他们不敢做。赵匡胤没有向群臣表明暂住洛阳的意图，而是打算拜访已经闲居洛阳的赵普。赵普是赵匡胤昔日的老友，也是他曾经最器重的宰相。赵普对赵匡胤的影响，可谓深远，陈桥驿兵变是赵普等人一手策划的，杯酒释兵权也是赵匡胤最终听从了赵普的意见，宋朝先南后北统一天下的计划更是赵普提出来的……似乎赵匡胤这一生最重要的几件事，都是由赵普谋划的。赵普据说读书并不多，却坚持半部《论语》就能治天下。有些人满腹经纶，却只会纸上谈兵；有些人读书不多，却能很好地处理各种棘手问题。若非赵普与赵光义斗得厉害，可能赵匡胤也不会罢赵普的相位。赵普虽挂着节度使的头衔，但已在洛阳闲居了好几年。赵匡胤在郊祀完毕后，想要见见这位昔日的老友，也在情理之中。

不久以后，赵匡胤就去了赵普家里。对于赵普而言，赵匡胤到洛阳祭天，没有通知他参加祭天仪式，他是不能主动求见赵匡胤的，因为这样不符合礼仪制度。赵普觉得，如果赵匡胤还感念他，一定会来看他。事实证明，

---

① 《续资治通鉴长编》卷十七。

赵普的猜测是正确的。这也说明他对赵匡胤十分了解。

赵匡胤这次拜访赵普，衍生出了很多故事。据说，当赵匡胤走进赵普在洛阳的府邸时，看到赵普府邸的外围非常简朴，完全与赵普张扬的性格不符。赵匡胤非常纳闷：以赵普的为人，不应该这样低调，他怎么不为自己建一个豪华漂亮的宅子？对于已经没有实权的赵普而言，越是没有权力，他越应该努力显示自己的与众不同才对呀？可这时候的赵普竟然如此低调，真是士别三日当刮目相看。赵匡胤在疑惑中，走进了赵普家里。不过，进了院子以后，赵匡胤就发现自己刚才的猜测完全是多余，因为院子里面与外面截然不同，这个院子打造得极其讲究。赵普在客厅里放着十张椅子，样式古朴，座次分列，古色古香。①

看到这些之后，赵匡胤得意地笑了，这才是赵普。如果不进院子，谁又能猜出这是赵普精心装扮的家呢？赵普这时候也赶出来迎驾，赵匡胤笑着说："赵普这老小子总是这样不地道。"但是赵匡胤对赵普这样修建府邸还是满意的。赵匡胤怀着好奇心，边走边观赏赵普典雅的院子。这时候，赵匡胤看到有酒坛子陈列，料想是赵普珍藏的好酒。打开一看，果然是好酒，大概与今天的原酿差不多，因为这些酒已经呈浓稠状了，不能直接饮用，必须掺上水才能喝，口感非常不错。②这对君臣似乎又回到数十年前，他们也分不清是现实还是梦中。

之后，赵匡胤还将赵普带到洛阳行宫，畅谈这些年来两人联手创造的盛世。赵普也毫不忌讳，在洛阳行宫中随意走动。这时候，赵普看到赵匡胤身边的书架上有一个特别奇异的匣子，赵普就来了兴致，爱不释手。要知道，洛阳行宫中的每一个物件都是焦继勋等人专门为皇帝准备的，绝不是无缘无故放在那里的，也不是什么东西都可以放在洛阳行宫里的。赵匡胤看到赵普喜欢，就将它送给了赵普。"赵韩王从太祖至洛行宫，见架上一匣，取视皆

---

① 《宋人轶事汇编》卷四。
② 《宋人轶事汇编》卷四。

李氏父子墨也，因尽以赐王。"①在赵匡胤眼中，这个匣子尽管珍贵，终究不过是一件玩物罢了，送给赵普也没有任何损失，这些东西比起赵普为大宋朝做的贡献，渺小得不值一提。

等赵普回去之后，拆开木匣子发现里面装着一块墨。只是这块墨不是一般的墨，而是南唐李氏研制的墨。李氏墨是原南唐的旧臣李廷珪与父亲李超制造的一种特殊的墨。南唐灭亡之后，李氏也到了宋朝，一些他们研制的墨估计也带到了宋朝，焦继勋应该是从他们手中得到的这块墨。据说李廷珪制墨时，用料讲究不说，还非常挑剔，他在制墨的过程中，会将松烟、珍珠、玉屑、龙脑，和以生漆、鹿角胶、犀角、麝香等名贵药材几十种，命人捶捣十万次之后，才算成功。也因为投入的精力多，工序繁杂，所以李氏墨成色非常好，写的字永远不会失色，被当时的宋朝人称作"天下第一品"。宋朝官方也使用这种墨，而朝廷最高领导人所用的墨也都是李氏墨，这在一定程度上抬高了李氏墨的价值。有野史记载，庆历年间，一块李氏墨价值一万钱。即便如此，依然有人不惜重金购买李氏墨。

这次赵普得到这块李氏墨，自然如获至宝，放在家里不敢轻易使用。后来，听闻赵普的儿媳生病血晕，生命危在旦夕。郎中需要李氏墨来做药引子，赵普这才取出其中一小块，研成粉末状，命人给儿媳服用。据说，由于在药中加入这块墨，儿媳疾病得到缓解。"后王之子妇蓐间血晕，危甚，医求古墨为药。因取一枚投烈火，研末，酒服即愈。诸子各欲备产乳之用，乃尽取墨煅而分之。自此李氏墨世益少。"②

不过这块墨对于赵匡胤而言，显得无足轻重。重要的是，赵匡胤看望了老朋友赵普，两个人的情谊似乎还如以前那样融洽。然而，这次赵匡胤看望赵普时，两人的谈话内容，已经无可考证。那么，这里就有个疑问：赵匡胤既然还能与赵普相处融洽，为什么在看望赵普之后，没有再次起用赵普呢？

---

① 《宋人轶事汇编》卷四。
② 《宋人轶事汇编》卷四。

答案还得从赵普的为相经历中去寻找。

赵普，生于公元922年，字则平，幽州蓟县人。在五代十国时期，赵普不算幸运儿，但他家里三代为官，生活条件相对富裕。赵普的曾祖父于唐末任三河县令，祖父赵全宝曾经担任过澶州司马，父亲赵迥也担任过相州（今河南安阳）司马。不过这些官职都不是高官，只能养家糊口。后来，因为连年战乱，生活困苦，赵普的父亲就带着一家人从幽州向南迁居，最终，在洛阳安定下来。据说赵普年轻时很有才华，当地有个姓魏的大户看重了赵普，将女儿许配给了他。①

赵普志向远大，不安于现状。他这样的人不可能长时间待在家里，肯定是要外出寻找机会的，为实现自己的人生价值而努力。公元954年，赵普在后周永兴军节度使刘词身边做幕僚，当时与赵普一起做幕僚的还有楚昭辅和王仁赡。后来，刘词病重，去世前刘词将赵普推荐给了朝廷。

赵普与赵匡胤的相识也充满了传奇色彩。据说，赵普游历时，赵匡胤也在寻找机会，两人相遇之后，一见如故，谈了很多。后来，赵普就跟着赵匡胤一起共谋大事。赵匡胤在守卫滁州时，让赵弘殷在滁州城外冻了一夜。第二天赵匡胤将赵弘殷接进城之后，赵匡胤就被柴荣调走，把赵匡胤的父亲留在了滁州。这时候，赵普就在赵弘殷身边悉心照顾着，替赵匡胤尽孝。因此，赵弘殷就将赵普作为宗亲来对待，反正都姓赵，五百年前是一家。这也让赵匡胤对赵普愈加产生了好感。后来，赵匡胤职位不断提升，就让赵普担任他的掌书记。②

从此，赵普就一直留在赵匡胤身边，为赵匡胤出谋划策。后来，柴荣在征讨契丹时得重病去世，赵匡胤被小皇帝柴宗训加封为宋州节度使。就在这时候，作为赵匡胤身边的谋臣，赵普开始与赵匡胤一起谋划兵变之事。赵普在这场兵变中，几乎充当了主角。先是在兵变前制造各种异象。当时，是显

---

① 《宋史》卷二百五十六。
② 《宋史》卷二百五十六。

德七年正月初一，忽然从北方传来了契丹与北汉联合进攻后周边境的消息。朝廷高层经过商议之后，决定派出殿前都点检、宋州节度使赵匡胤率军北上抗敌。赵匡胤整顿人马，准备北上，临走之前，赵匡胤先将不是"自己人"的殿前副都点检慕容延钊等人支走，让其率领一部分人先行北上。赵匡胤打算正月初三早上出行。正月初二的晚上，京城却传出了惊人的流言："点检作天子。"这个消息弄得人心惶惶。这是第一个异象。正月初三早上，赵匡胤正常带兵出行，在大军行进的过程中，忽然有一个叫苗训的小军官发现天上出现了两个太阳。古代信奉天无二日国无二主，此时出现了两个太阳，自然预示着即将出现一个新天子。这是第二个异象。接着就是谋划正式兵变，正月初三的晚上，赵匡胤带领的大军到达陈桥驿，并在此处驻扎。当天晚上赵匡胤喝了一宿的酒，醉得不省人事。但赵匡胤手底下的将领们秘密商议拥立赵匡胤为皇帝。诸将将这个打算说给了赵光义和赵普，希望他们拿主意。第二天一早，赵普和赵光义最终率领诸将到赵匡胤的大帐前，将一件已准备好的黄袍披在了赵匡胤身上，就这样，赵匡胤在陈桥驿发动兵变，建立宋朝。①这是赵普为赵匡胤策划兵变的事情。公元960年年底，赵匡胤先后平定了李筠、李重进的叛乱，国家趋于稳定。这时候，赵匡胤对五代以来的武将叛乱非常担忧，害怕宋朝重蹈覆辙，征求赵普的意见。赵普为赵匡胤提出了削夺兵权、控制财政等方案，与赵匡胤所想不谋而合。半年后，赵匡胤在一次酒宴上，向众将领说出了自己的担忧，希望武将放下手中兵权，回家养老，为儿孙置办永久产业。这就是赵普为赵匡胤策划的杯酒释兵权。②

此后，赵普更加得到赵匡胤的器重，应该说，赵匡胤给赵普宰相做都不为过。只是那时候，赵匡胤为了安抚后周群臣，让后周的三位宰相继续留任。

建隆三年（962年），随着三位老宰相纷纷辞职，赵普终于登上了宰相

---

① 《宋史》卷二百五十六。
② 《续资治通鉴》卷二。

之位。① 那时候，宋朝国内基本稳定，赵匡胤开始思谋南北统一大事，但先南后北还是先北后南，他还拿不定主意。最终，在一个雪花飘飘的夜晚，赵匡胤带着弟弟走进了赵普的家门，与赵普一起吃肉喝酒，商谈统一南北计划。赵普分析了眼前宋朝面对的局势，觉得北汉一直有契丹撑腰，不宜先攻取北汉，应该将南方各个政权先行消灭，最后再对付北汉。赵普的计划再次得到赵匡胤的认可。②

于是，宋朝开始对南方各个政权用兵。随即荆湖、后蜀、南汉等政权顺利归入宋朝的版图当中。也是在这时候，赵普的权力到达巅峰，开始专权。当时很多江南的国家，纷纷拉拢赵普，希望通过赵普为自己的国家谋取利益。据说，公元973年的某一天，赵匡胤忽然造访，而此时，赵普刚刚收受了吴越的贿赂，还没来得及收拾装满金豆子的坛子。赵匡胤好奇地问赵普："这么多坛子，放在院子里干什么？"赵普回答说："这是吴越国王钱俶给我送来的海鲜，我还没来得及收拾。"赵匡胤听说是吴越国的海鲜，就来了兴致，随手打开了一个坛子。令赵匡胤吃惊的是，坛子里所装之物并非海鲜，而是金豆子。赵普这时候慌忙解释："钱俶说是一些海鲜，我压根就没看，怎会是金豆子呢？"对于赵普的这个解释，赵匡胤没有正面回应，他淡淡地对赵普说："宰相为了国家日夜操劳，是宋朝的功臣。既然是钱俶送来的金豆子，你就收下。"赵普也无法再解释，他清楚有些事情越描越黑。③

赵匡胤随即就离开了。但这件事让赵普与赵匡胤之间产生了罅隙，毕竟一国宰相，若只为自己谋私利就会让国家利益受损。这时候，赵光义捕捉到了赵匡胤与赵普"不和"的信息，也在搜集着赵普触犯各种律法的罪证。俗话说，不怕贼偷，就怕贼惦记，被赵光义授意的那些与赵普有嫌隙的人，绞尽脑汁地想办法扳倒赵普。

而这时候，赵普的一些失政行为，也就被人抓住了。尤其是赵普手底下

---

① 《宋史》卷二百五十六。
② 《宋史》卷二百五十六。
③ 《宋史》卷二百五十六。

的人，仰仗着赵普的权势，狐假虎威，骄横不已。当时赵普要装修房子，就派出一个下属到甘肃、陕西等地区收集木料。赵普修建房子之事，本来跟朝廷备过案。然而，赵普派出去的小吏到地方后，乱作为，他在给赵普准备好所需木料之后，又向地方官勒索了一些木料。回到东京后，赵府小吏如数向赵普家里提供了木料，又将剩余的木料偷偷在京城贩卖。而贩卖木料是违法的，不久之后，此事就被官员赵玭知悉，赵玭不敢直接上札子弹劾赵普，而是巧妙地将此事告诉了赵匡胤。听到这件事，赵匡胤非常生气，派出有司官员去调查，发现情况属实。赵匡胤当时就打算贬谪赵普。幸好此时，前宰相王溥从中劝阻，赵匡胤才放过了赵普。① 但赵普在赵匡胤心中的形象已经开始掉价。

此后，一直与赵普政见不合的卢多逊就不断查找赵普的失政行为（可能有赵光义的授意）。不久，卢多逊就找到一个可以扳倒赵普的杀招。原来，赵普装修房子是有原因的，他打算给儿子娶亲。赵普与枢密使李崇矩结成了儿女亲家，赵普的儿子赵承宗要娶李崇矩的女儿为妻。这件事表面上看起来没有什么不妥，儿女的婚配讲求门当户对。但卢多逊在这场婚事中发现了机会：赵普是宰相，李崇矩是枢密使。换句话说，宋朝两府的主要领导人结成儿女亲家，这意味着他们形成了政治联盟。赵匡胤起初并不在意赵普儿子的婚事，但听卢多逊分析后，就认为赵普与李崇矩之间确有结盟的嫌疑，非常不高兴。赵匡胤不允许这种情况在宋朝发生，在他的强制要求下，赵普儿子的婚姻只好作罢。②

当然，这件事背后的原因是赵匡胤在打压赵普专权，赵普应该也意识到了这一点，他也变老实了。不过，有些人一旦被权力浸染太久，让他放权反而会成为一种痛苦。赵普就是这样的人，他尽管意识到危机，却不由自主地再次专权起来。这就像某些习惯，一旦形成，不容易改掉，赵普继续通过各

---

① 《宋史》卷二百五十六。
② 《宋史》卷二百五十六。

种手段为自己牟私利。①

赵普的这些违规举动，都被卢多逊等人看在眼中。卢多逊经常在赵匡胤身边说赵普的坏话。赵匡胤起初或许认为这是卢多逊故意为之，想要通过扳倒赵普来实现自己当宰相的目的，所以并未在意。可时间长了，听到各种赵普的违规行为，赵匡胤就开始对赵普越来越看不惯，毕竟赵普专权，最终损害的是皇权，这是赵匡胤不能忍受的。至于说赵普贪腐，为自己牟些私利都可以忍受，唯独宰相专权这件事不行。

更要命的是赵普自从担任宰相以来，还时常顶撞赵匡胤，而赵匡胤很多时候，都选择了容忍。据说有一次赵普给赵匡胤推荐了一个人才，希望赵匡胤提拔重用，但赵匡胤觉得赵普推荐的这个人没有多少能力，不同意。赵普则仗着自己的权威，据理力争，要求赵匡胤使用这个人。赵匡胤无奈，只能同意了赵普的举荐。在卢多逊等人不断的诋毁下，再联想起之前的种种行为，赵匡胤就愈加不喜欢赵普了。

此后，赵普与赵光义之间的斗争，也非常激烈，而赵匡胤对此心知肚明。前文提到的姚恕事件就是一个很明显的例子，赵普想通过这样的办法打压赵光义，而赵光义也是以牙还牙。一个是位居高层的开封府尹，一个是大宋朝的宰相，他们两个人不管因为什么斗争，都将损害国家利益。这是赵匡胤所不允许的。更令赵匡胤气愤的是，这两人都在培植党羽，建立自己的团队，这种做法的背后，自然是对皇权的损害。最终，赵匡胤选择了弟弟，舍弃了赵普。

不久之后，卢多逊联合了一些人，揭发了很多赵普的"污点"。赵匡胤也意识到独相带来的问题，设立了参知政事，用来分化宰相的权力。也正是赵匡胤的这一举动，让赵普更加看重手中的权力。而赵普越是这样，自己的漏洞也就越多。卢多逊等人抓住了赵普更多的把柄，继续向赵匡胤检举揭发。赵匡胤终于下了决心，将赵普罢相，让赵普担任河阳三城节度使，挂宰

---

① 《宋史》卷二百五十六。

相头衔。①只是宋朝的节度使不过是一个虚名,真正掌权的是地方上的刺史、知州等官员,赵普其实没有多少权力,只能在洛阳闲居。

这一次赵匡胤到洛阳虽然看望了赵普,但考虑到赵普此前的种种作为,他断然不会再用赵普。

因此,赵匡胤只带着赵普到洛阳行宫游玩,赏赐了赵普李氏墨,但绝口不提对赵普的重新安排。赵普似乎也意识到这个问题了,不敢有多余的想法。或许在赵普看来,赵匡胤时代,他不可能再次进入宋朝领导核心层了。于是,赵普也认命了,不就是继续在洛阳闲居吗?对赵普而言,这种小日子虽然寂寞,却也难得清净。赵普只希望在未来,他的儿子能够进入宋朝高层,干出一番大事来。

4. 流连三藏塔

在洛阳期间,赵匡胤还去了洛阳龙门的广化寺。赵匡胤听说广化寺有一座叫作"三藏塔"的佛塔,里面放着高僧善无畏的真身,多年不化,而且据说向善无畏真身祈祷,一定会灵验。这一传说,引发了赵匡胤的好奇心,他要去看看善无畏的真身。"辛卯,幸龙门广化寺,开无畏三藏塔。"②

那么这个善无畏到底是什么人呢?

据说,善无畏生于公元637年,卒于公元735年,印度人,梵名 Śubhakara-simha,是印度乌荼国王甘露饭王的后裔。

传闻说善无畏在十三岁时就继承了乌荼国王位。他在位期间,广施仁政,得到乌荼国老百姓的拥戴。③

后来,善无畏的兄弟看到他将国家治理得如此好,国内发展也相当迅

---

① 《宋史》卷二百五十六。
② 《续资治通鉴长编》卷十七。
③ 《大唐东都大圣善寺故中天竺国善无畏三藏和尚碑铭并序》。

速,就产生了要夺取王位的想法。于是,一场潜在的叛乱即将爆发。而善无畏也对兄弟的不轨之心早有耳闻,只是他并不相信自己的兄弟会与他争夺王位。

然而,不久之后,王位争夺战还是爆发了。善无畏的兄弟起兵作乱,自立为王,打算将善无畏赶下台,自己当王。善无畏作为乌荼国的国王,自然不能任由这种叛乱长期存在下去,那样受伤害的终将是国家和自己的子民。善无畏组织乌荼国军士平定兄弟的叛乱。

善无畏的兄弟虽然有自己的军事力量,但与一国兵力相抗衡还是有差距的。最终,叛乱被平定下去,善无畏捉住了兄弟。按照当地的法令,起兵叛乱的人要被处死。但善无畏念及手足之情,并没有处置兄弟,而是善待了兄弟。

善无畏虽然平定了叛乱,但他看到战争给国家带来的伤害,开始对国王这个职业产生了厌倦心理。即便是国王,依然难以让国家长久安定团结。思来想去,善无畏觉得他不适合当这个国王,起码他给不了子民美好的生活。最终,善无畏将王位让给了叛乱的兄弟。或许当时他的兄弟还很诧异:你怎么不早点把王位让给我呢?如果你早点让位,我就不会带兵反抗了。

至于善无畏让出王位的矛盾心理,后世已经无法考证。善无畏让出王位之后,就出家修行了。这个故事大概与金庸先生《射雕三部曲》中的大理段氏差不多,他们两家的帝王都喜欢出家。[①]

善无畏出家以后,就开始钻研佛法,在佛法中寻求精神解脱。学习了一段时间后,善无畏已经掌握了一些基本的佛教教义,那些小寺院已经无法满足善无畏了。于是,善无畏开始在印度各个佛教寺院求教。比如,他曾到过那烂陀寺去求学。那烂陀寺是印度佛教的滥觞之地,几十年前,大唐有一个叫玄奘的高僧曾经不畏艰险,偷渡出国,求学于那烂陀寺。玄奘在那烂陀寺师从戒贤法师,学了很多佛教经典。后来玄奘还参加了印度佛教的大辩论,

---

① 《大唐东都大圣善寺故中天竺国善无畏三藏和尚碑铭并序》。

并在辩论中胜出，一时间声名远播。那时候，可能有印度人不知道大唐，但一说到玄奘的名字，没有人不知道。玄奘在印度学成以后，开始踏上东归之路，并为大唐带回了数百部大乘佛教经典。

善无畏也听说过大唐的玄奘法师。在那烂陀寺求学时，善无畏见到很多大唐的器物和食物，由此对大唐产生了浓厚兴趣。

此后，善无畏就一直在那烂陀寺求学，将珍藏在那烂陀寺的佛学经典逐一学习领悟。通过几十年的学习，善无畏的佛学造诣已臻化境。此后，那烂陀寺的住持达摩鞠多授予善无畏总持瑜伽三密教，善无畏开始传法。据说善无畏传法时，经常能够看到有神龙的影子在他身边围绕，当时成为奇谈。后来，善无畏被授予"三藏"法号。① 然而，佛学精深的善无畏并没有满足，而是继续学习佛法，最后通达了密教经典奥义。

学成之后，善无畏继续在印度游历，到处弘扬佛法，劝导世人。一时间，善无畏的名声在整个印度传播开来。②

到8世纪初，已经快八十高龄的善无畏，游览了印度所有佛教之地，开始将目光转移到印度北方的中国。于是，善无畏踏上了去往中国的道路。

善无畏沿着当年玄奘走过的路，从西域进入中国。在西域诸国，善无畏得到各国国王的热烈欢迎，并受邀在西域诸国弘扬佛法。

公元716年，善无畏到达长安。据说，在善无畏到达长安之前，唐玄宗曾经做了一个梦，梦见有一位印度高僧带着大批的经卷要到长安传法。唐玄宗当时没在意，但当善无畏到达长安后，唐玄宗才想起这个梦来。让唐玄宗吃惊的是，眼前站着的印度高僧竟然与梦中的那位高僧一模一样，这就让唐玄宗不得不认真对待眼前之人了。于是，唐玄宗为善无畏接风洗尘，并加封善无畏为教主，还专门设立了佛教道场，让善无畏弘扬佛法，一时间，长安佛法盛兴。③

---

① 《大唐东都大圣善寺故中天竺国善无畏三藏和尚碑铭并序》。
② 《大唐东都大圣善寺故中天竺国善无畏三藏和尚碑铭并序》。
③ 《大唐东都大圣善寺故中天竺国善无畏三藏和尚碑铭并序》。

后来，善无畏就在长安翻译佛经，并传播佛法。而善无畏翻译的密教经典，也对中国佛教密宗发展产生了重大影响。

七年后，也就是开元十二年，善无畏到达了洛阳。善无畏在洛阳居住了八年，开元二十年十月，善无畏圆寂于洛阳广化寺。[①] 据说，善无畏示寂后，全身不坏。当地的佛教僧众就将善无畏的真身供在广化寺三藏塔之内，此后历朝历代的信众，都到广化寺来上香祈福。有传闻称，只要诚心向广化寺善无畏祈祷，就能实现所求愿望。如此一来，广化寺的名气大大提升，官方人士也来参拜，尤其是有了天灾人祸时，统治者就到广化寺来祈福。

对于善无畏的这些故事，赵匡胤也听说了。他是怀着好奇心到广化寺来的。当然，赵匡胤对这些传闻并不相信，他始终都相信自己。比如，有一次赵匡胤去寺院，他问寺院住持："我用不用拜佛？"住持回答说："陛下您是现在佛，佛祖是过去佛，现在佛不拜过去佛。"赵匡胤大笑而去。所以赵匡胤这次拜访广化寺，应该与他的好奇心有关，也有向上苍祈求让大雨停下来的意思。[②] 因为这些天以来，大雨不止。

据说，赵匡胤在参拜善无畏时，还表示如果他作为天子参拜善无畏之后，天气还是不晴，就要毁塔，大有威胁佛教寺院的意思。这听起来很可笑，却反映出赵匡胤临时抱佛脚的心态。有意思的是，赵匡胤参拜之后，大雨逐渐变小，最终停了。第二天，太阳也出来了。当下就有人议论说："咱们这一辈人经历了很多战乱，没想到今日看到太平天子的仪仗队。"人们都纷纷哭了。[③]

雨停了，太阳露头。洛阳的景色宜人，赵匡胤的兴致也很高。赵匡胤从广化寺回来之后，还调发了一千余人，凿开了一条河道，做运粮专线。[④] 赵匡胤的这个操作，又让群臣疑惑不已：如此重视洛阳，难道要把洛阳打造成开封一样的大都市吗？

---

① 《大唐东都大圣善寺故中天竺国善无畏三藏和尚碑铭并序》。
② 《宋史》卷三。
③ 《续资治通鉴长编》卷十七。
④ 《续资治通鉴长编》卷十七。

群臣不解，赵匡胤也不解释。他在为心中的那个梦努力着，只要一切按照他的计划实施，迁都不过是水到渠成的事情。

可能是在为迁都做准备，一些要紧的政事也被暂时搁置了。这时候，赵匡胤忽然叫停了当年的科举考试。"是春，权停贡举。"① 这是铁了心要迁都吗？

5. 迁都争议

有一天，赵匡胤在洛阳广寿殿摆下盛大宴席，招待这次跟着他到洛阳的满朝文武。为迁都之事做预热，不过在这次宴会上，出于种种原因，赵匡胤并没有提出迁都的想法。

之后，赵匡胤先擢升了王全斌和崔彦进两位大将的官职，让王全斌担任武宁节度使，崔彦进为彰信节度使。赵匡胤还对王全斌解释说："当时你平定后蜀之后，我考虑江南还没有平定，担心给你加封官职后，其他将领有想法，不遵守纪律，如今江南已经平定，朕才给你加封节度使，这让你等了好几年，才实现了建节理想，希望你能够理解。"王全斌能说什么呢？皇帝想要什么时候给他加封，不过是皇帝一句话的事情。但王全斌还是叩头感谢皇帝没有忘记他。赵匡胤给王全斌赏赐了很多的财物安抚他。"癸卯，以崇义留后王全斌为武宁节度使，昭化留后崔彦进为彰信节度使。上谓全斌曰：'朕顷以江左未平，虑征南诸将，不持纪律，故抑卿数年，为朕立法。今已克金陵，还卿旄钺。'仍加厚赐。"② 这似乎又是一种信号，但也让人无法猜测赵匡胤的真实意图。

事实上，在没有到达洛阳之前，赵匡胤并不知道洛阳行宫的修建情况。他亲自视察后，觉得洛阳行宫宏伟壮观，一切都准备妥当，拎包即可入住，

---

① 《续资治通鉴长编》卷十七。
② 《续资治通鉴长编》卷十七。

这坚定了他的迁都想法。"上生于洛阳,乐其土风,尝有迁都之意。"①

这时候,赵匡胤思考的是怎样跟群臣说这件事。毕竟迁都不是一般的事务,涉及人口多、波及面广,需要群策群力,才能商量出具体可行的措施。

于是,赵匡胤召集群臣在洛阳行宫商议这件事。

事实上,早在这次商议迁都前,赵匡胤就曾表达过迁都洛阳的意思,想看看群臣的反应。有意思的是,当赵匡胤提出想要迁都之后,诸位大臣面面相觑。群臣各怀心思,他们思考着赵匡胤这样说的原因。但总有些城府浅的人,要先表达自己的意见。这一次先跳出来说话的人叫李符,职位是起居郎。那么起居郎是什么职位呢?身份多似皇帝的私人秘书,负责皇帝衣食起居各种事宜的记载,从六品。为什么是李符先表达了自己的想法,已经无从考证。但就是他先跳了出来,这令赵匡胤大吃一惊,朝中那么多臣僚,为什么偏偏是起居郎?尽管如此,赵匡胤还是耐着性子听完了李符阻拦迁都的全部理由,李符从八个方面,陈述了不宜将国都从开封迁到洛阳的原因。第一,洛阳凋敝;第二,行宫修建不完整;第三,郊庙没有修建;第四,官员不够;第五,洛阳居民困顿;第六,军队粮草储备不足;第七,边防没有修筑工事;第八,军队行动不便。"京邑凋弊,一难也。宫阙不完,二难也。郊庙未修,三难也。百官不备,四难也。畿内民困,五难也。军食不充,六难也。壁垒未设,七难也。千乘万骑,盛暑从行,八难也。"②听到李符提出的这八条理由,赵匡胤用眼神秒杀了李符的振振有词。他说的这些情况洛阳或许真的存在,但这不是可以阻止迁都的原因。赵匡胤懒得跟李符解释,他只是一个起居郎,懂什么国家大事?赵匡胤很不高兴,其他臣僚也都不发表意见。赵匡胤见此,也只能将迁都之事暂时搁置。

之后,赵匡胤带领群臣完成了郊祀活动。

如今,赵匡胤重新召集群臣,还是为了迁都洛阳之事。"既毕祀事,尚

---

① 《续资治通鉴长编》卷十七。
② 《续资治通鉴长编》卷十七。

欲留居之，群臣莫敢谏。"① 果然，赵匡胤将迁都之事作为一件重要的事项来廷议。

群臣都在等待着赵匡胤发话，因为有些人已经预料到皇帝的意图。于是，赵匡胤直截了当地表示，他打算迁都洛阳，还将迁都的好处陈述给了臣僚。群臣依旧面面相觑，等待着第一个发言的人。

赵匡胤似乎也在等待着第一个发言的人。这时候，文臣集体失声，却有个武将跳出来发言，这个人是铁骑左右厢都指挥使李怀忠。他表明自己不同意迁都，当然他更多的是从军队的不便方面来劝阻赵匡胤的："开封有四条漕运的便利，我们每年都能从江南调来粮食数百万斛，以此养活开封人。开封还有数十万大军驻扎，都要依靠开封的漕运供给。官家您现在要迁都洛阳，到时候这些大军势必也要迁到洛阳来，试问洛阳没有漕运之便，如何解决军民粮食供给的运输问题？最重要的是，如今这些士兵的家眷们都在开封居住，如果将他们迁到洛阳来，与家人分离，这些士兵们的内心也不安。所以我认为迁都之举实在不是最明智的选择。"听罢李怀忠的话之后，赵匡胤还是觉得他的话有些牵强，明显是为了武将们的利益阻拦迁都。其实只要能够顺利迁都，就可以将那些驻守在开封的将士们分到各个地方和边关去，洛阳可以依靠地理位置来减少驻兵，这样一来也可以解决粮食问题。所以，李怀忠阻拦迁都的理由并没有说服赵匡胤，赵匡胤自然也就不会接受他的意见。②

只是赵匡胤有些恼火，他两次提出迁都，两次都有人反对，这些臣僚心中的小算盘他是清楚的，他们不过是为了保住自己在开封的家业，担心国家迁都洛阳会让他们积攒的财富化为乌有。赵匡胤不愿意向这些臣僚屈服，而迁都也是为了国家长远利益考虑。所以，赵匡胤否决了李怀忠的建议。

群臣开始窃窃私语，之前李符的意见被赵匡胤否定，现在李怀忠的意见还是被赵匡胤否决。由此发出这样一种信号：皇帝铁了心要迁都。满朝文武

---

① 《续资治通鉴长编》卷十七。
② 《续资治通鉴长编》卷十七。

似乎不敢再有人站出来反对。

这时候，现场一度陷入冷场，没有人发表意见，官员们都在权衡利弊。不过，臣僚们大概已经想到，总会有人站出来反对皇帝迁都之举，毕竟阻止了皇帝迁都，实际上就保住了所有人在开封的家业。群臣都在看着谁出这个头，因为从感情上讲，没有人愿意迁都。很多人几代都生活在开封，现在迁都无异于要在洛阳重新建立家业，对臣僚们而言无疑是一次动荡。

果然，不久之后，大人物出现了。这个人就是赵匡胤的弟弟晋王赵光义。此次西巡，赵光义似乎一直在忍耐着，从没说过什么话。积极参与祭奠父母、祭祀上天活动，对赵匡胤的一切举措也表示支持与遵从。赵匡胤要做某件事，赵光义也全程陪同，只是这一段时间以来，赵光义对任何事都不表达自己的意见，一副局外人的样子。

不过迁都这样的大事，与巩义祭祀父母，或者到洛阳南郊祭祀完全不一样，这是牵一发而动全身的事情。城市怎么布局？人口如何安置？国家机关设在哪里？由此会引发一系列的问题。当然，最重要的是，一旦迁都一切都将是"新的"，赵匡胤会在洛阳重新组建一班人马，但赵光义在开封府培植的那些人将完全失去作用。这种情况下，赵光义经营多年的关系网就可能遭到破坏，这是赵光义无法忍受的。

赵匡胤决定听一听弟弟的高论。这一次赵光义表现出了从未有过的善辩之才。赵光义对哥哥详细述说了不便迁都的种种原因，摆事实讲道理，绘声绘色。而赵匡胤则耐着性子听着，毕竟赵光义是他的弟弟，对待赵光义也不能像对待其他臣子一样。"晋王又从容言曰：'迁都未便。'"①

就这样，赵光义口若悬河、滔滔不绝地陈述了很多不能迁都的原因。等到赵光义一口气说完，赵匡胤并没有反驳弟弟的观点，而是对赵光义说："你可能没听明白，你在这里列举了很多，只是强调迁都洛阳的不便，实际上洛阳只是我迁都的初步设想，如果条件成熟，我还打算迁都长安。"赵匡胤表

---

① 《续资治通鉴长编》卷十七。

露出了真实意图。"迁河南未已,久当迁长安。"① 很显然赵匡胤这样的计划,超出了赵光义的预料。迁都洛阳,赵光义就已经不同意了,迁都长安赵光义想都没想过。

赵光义跪倒在赵匡胤的眼前,磕着头,脑袋与地面碰撞的声音传进了赵匡胤的耳朵里。赵光义一面磕着头,一面大声喊着:"不能迁都啊!"史称"王叩头切谏。"② "切"是程度词。

说实话,赵匡胤看到弟弟这么做,并没有发火,或许弟弟真是为了大宋江山着想,所以赵匡胤耐心地对赵光义解释说:"我迁都没有其他方面的原因,不过是想利用险要的地势解决开封囤积大军的问题,效仿周、汉时期,为天下的安定做打算罢了。"赵匡胤对弟弟说了他迁都的真实原因,"吾将西迁者无它,欲据山河之胜而去冗兵,循周、汉故事,以安天下也"③。

毫无疑问,站在事后诸葛亮的角度上来分析赵匡胤的话,就会发现赵匡胤的谋划无疑是具有前瞻性的。他出身行伍,对于都城的位置比赵光义要看得长远。洛阳这个地方周围有山,也曾是前朝国都,北边的契丹不能轻易进来。长安地处关中平原中部,素有"金城千里""天府之国"的美誉,北部是黄河和陕北高原,南边是巍峨的秦岭山脉,西面是陇山天险,东有潼关、函谷关这样的险要之地。这样的地方,天生的就是定都的最佳之地。赵匡胤作为马上打天下的人,对选国都有着清醒的认识:长安才是宋朝长治久安的绝佳之地。只是赵光义也会这么想吗?

问题就出在赵匡胤给弟弟解释迁都的原因上,赵匡胤的解释一出来,气势上完全落于下风。因为赵匡胤是开国皇帝,他想做什么都是合情合理的,这时候,赵匡胤完全可以不顾弟弟的劝阻,一心一意迁都洛阳,届时赵光义也将毫无办法,只能服从。可赵匡胤这样一解释,就给赵光义留下了话柄。

听完赵匡胤的话,赵光义缓缓抬起头,对哥哥说出了"在德不在险"五

---

① 《续资治通鉴长编》卷十七。
② 《续资治通鉴长编》卷十七。
③ 《续资治通鉴长编》卷十七。

个字，让赵匡胤登时不知如何回答。赵匡胤被这五个字镇住了，什么叫在德不在险？赵光义的话，直白点说就是只要皇帝施行仁政，就一定能够保住国家，而不在于国都在哪里。

赵光义的话，唬住了赵匡胤，让赵匡胤找不出任何理由来反驳。赵匡胤问自己：我没有施行仁政吗？但是没有人回答赵匡胤。而此时的赵光义则以一种胜利者的姿态，用话镇住了赵匡胤。随即，赵光义行了礼，退出了宫廷。

赵光义提出的这五字真言分量很重，赵匡胤无可辩驳。看着弟弟走出宫廷的身影，赵匡胤对身边的人说："晋王的话虽然没有错，但必须看到这样一个事实，如果继续定都开封的话，不出一百年，天下的民力就尽了。"[1]赵匡胤说这话时，赵光义已经走了，这话说给谁听呢？

计划好的迁都之举，就这样被晋王的"在德不在险"拦住了。诚心说，如果赵匡胤打算迁都，是没有人能够阻挡得了的。但是此时，他为什么被这五个字吓住了呢？这算不算赵光义向赵匡胤示威呢？

可能赵匡胤想得太多，总之，这一次赵匡胤向弟弟和大臣们妥协了。

既然连弟弟都"切谏"，想尽一切办法反对迁都，迁都之举只能作罢。赵匡胤最希望干的事情没干成，心里多少有些遗憾。不久以后，赵匡胤下旨，准备回开封。离开洛阳之前，赵匡胤最后一次在洛阳会节园招待了群臣。在这次宴会上，赵匡胤不再说迁都之事。群臣也猜不透皇帝的心思，只能痛饮。宴会结束后，赵匡胤将洛阳的地方官叫到一旁，对他们说："洛阳的街道有些窄，秩序也有些乱。"地方官很快明白了皇帝的意思：洛阳的街道需要拓宽。随即，赵匡胤让太子太师王溥和百官们先回开封，准备接驾事宜。[2]

就在赵匡胤从洛阳动身返回开封时，传来了一个让他难过的消息：一直跟着他的官员吕余庆去世了。吕余庆是跟随赵匡胤打天下的人，在后周三位

---

[1] 《续资治通鉴长编》卷十七。
[2] 《续资治通鉴长编》卷十七。

宰相权力交割后，他就和赵普一起进入中书门下，为赵匡胤出谋划策。杯酒释兵权、先南后北统一等国策的制定，吕余庆都参与其中。吕余庆的优势在于，藏拙又不失主见。赵匡胤很喜欢他。

西巡前，吕余庆身体欠佳，上书致仕，赵匡胤调整了他的岗位，让他担任尚书左丞。这次西巡时，赵匡胤曾想带着吕余庆一同前往，但他因为身体不适，没有跟着赵匡胤到洛阳来郊祀。没想到赵匡胤还没有回到开封，吕余庆就去世了。吕余庆很早就追随赵匡胤了，是赵匡胤当禁军将领时期的幕僚。当年王全斌灭亡后蜀之后，纵容手下将领们烧杀抢掠，引起了蜀中起义，一时间蜀中大乱，赵匡胤就派吕余庆到四川去稳定局面……① 这一切往事似乎就像发生在昨天一样。

吕余庆去世后，赵匡胤辍朝一日，来纪念这位忠心的臣子，并给吕余庆追赠镇南节度使荣誉称号，让有司衙门负责吕余庆的丧事。"尚书左丞吕余庆卒。余庆始罢政，上欲授以旄钺，会其疾，不果。于是赠镇南节度使，辍一日朝，遣中使护丧事。"② 需要做一点补充的是，这个吕余庆还有个厉害的弟弟叫吕端，他会成为真宗朝"大事不糊涂"的名相。

不久，赵匡胤正式从洛阳出发，启程返回开封。这一路上，皇帝情绪不高，因为他想要办成的事情并未办成。赵匡胤与之前去洛阳时的心情截然不同，说不上开心，也说不上不开心。"丙午，车驾发洛阳宫。己酉，次郑州。辛亥，至东京。"③

---

① 《宋史》卷二百六十三。
② 《续资治通鉴长编》卷十七。
③ 《续资治通鉴长编》卷十七。

第四章 江南后续

> 林花谢了春红，太匆匆。无奈朝来寒雨晚来风。胭脂泪，相留醉，几时重。自是人生长恨水长东。
>
> ——（南唐）李煜《相见欢（林花谢了春红）》

1. 江州之乱

赵匡胤刚回到开封，稳定的天下大局又开始暗流涌动：原南唐江州的两个将领拒不降宋，与宋朝大将曹翰展开了持久的较量，为宋朝彻底统一制造麻烦。曹翰尽管奋力围攻，但江州（今江西九江）的抵御依然很顽强。

曹翰深知责任重大，他在继续平叛的同时，将最新战报上报给了朝廷。得到战报的赵匡胤显得很平静，毕竟亡国对于武将而言是耻辱，他自己也是武将出身，理解江州目前的处境。但理解归理解，天下人心浩荡，归一的期盼已久，绝不是一个江州能阻挡得了的。

当然，江州不降亦不能迁怒于李煜。李煜已被安置在开封，他到开封前也曾给南唐各地下诏，要求归降宋朝，但江州的守将就是不降，李煜能有什么办法？

赵匡胤思考良久，没有更好的办法。眼下，只有强攻。因为此时江南还未臣服的地方，也在关注江州局势。若江州能"独立"出去，或者抵抗住宋朝的进攻，那其他地方一定会效仿。因此，不管用什么代价，都要平定江州。

赵匡胤秘密授意曹翰不管用什么办法，要尽快把江州打下来。

那么，曹翰能顺利平定江州吗？还有，为什么江州不愿意臣服宋朝呢？

在回答这两个问题之前，我们先对曹翰做一下介绍。

曹翰，大名府人，字号不详。据说曹翰年轻时，在地方上担任小官，但盛气凌人，一度被乡里人所不齿。后来，曹翰被后周太祖郭威发现，将其重用擢升。数年后，又将曹翰送给了养子柴荣。自此，曹翰一直追随周世宗，鞍前马后，得到周世宗的赏识。[1]

后来郭威病重，眼看不久于人世。传位疑云在后周朝野大肆渲染，而最有资格继承君位的柴荣，却还在澶州处置各种政事。后周朝野暗流涌动，危机重重。曹翰也意识到危机，他"闯宫"找到柴荣，对柴荣说："如今皇上病重，您作为储君，不在皇宫当中侍奉，却跑到外面来处理政事，您将要让天下人失望了。"柴荣一听，恍然大悟，当下就从澶州赶回开封，进宫去侍奉郭威。[2]这种记载固然有夸大曹翰作用之嫌，但也不失为一种观点。

不久之后，郭威去世，柴荣即位，是为周世宗。周世宗鉴于曹翰的勇武，对他更加信赖。高平之战时，曹翰也追随周世宗到战争最前线。这次战役当中，曹翰没有像赵匡胤、张永德、李重进等人一样冲锋陷阵，但也奋勇杀敌，立下了一定功业。

再后来，周世宗征讨契丹，夺回关南之地，有收复幽云十六州之雄心。奈何天不假年，周世宗在北征时忽然病倒，不得不放弃北征。班师回朝前，周世宗将曹翰留在刚刚攻打下来的瓦桥关，也就是宋代历史中多次提及的雄州（河北雄县）。[3]雄州地理位置非常重要，宋辽订立澶渊之盟后，曾以此地

---

[1] 《宋史》卷二百六十。
[2] 《宋史》卷二百六十。
[3] 《宋史》卷二百六十。

为双方交割岁币的边界点，由此也能看出周世宗对曹翰的器重。

周世宗弥留之际，曾给三位宰相留下了遗旨，希望在他去世后，三位托孤宰相可以任命曹翰等人居要职，并明确指出要让曹翰担任宣徽使。而在后周宋初之际，宣徽使是武职中的高官之一，北宋开国大将曹彬、潘美等人都曾出任此职。由此亦能窥见周世宗对曹翰的赏识。遗憾的是，宰相王溥觉得曹翰为人太过狡诈，不适宜出任要职，就藏了遗旨，改任曹翰为德州刺史。①

半年后，赵匡胤在陈桥驿发动政变，代周立宋。曹翰作为边防军守将，没有效仿李筠、李重进对抗宋朝，而是顺应时代潮流，投靠了宋朝。赵匡胤将识时务的曹翰从边境上调回。之后，曹翰跟随赵匡胤南征北战，得到赵匡胤的信任，为宋朝立下诸多战功，职位也不断晋升。②

接下来，我们再说为什么江州不愿意臣服宋朝。

公元974年，已相继剪灭南平、后蜀、南汉等势力的赵匡胤，将消灭南唐正式提上日程。赵匡胤制订了详细的作战方案，以曹彬作为主帅，带领大军进攻南唐。曹翰作为历经百战的骁勇之将，南唐战场自然少不了他的身影。他也受曹彬指挥，"改行营先锋使"，率领本部人马攻打南唐，并很快占据了池州。由此，宋朝各路人马会集南唐，向南唐各处发起了进攻。

后来，曹彬围困金陵，李煜选择了投降。随后，曹彬一方面押送李煜及其宗室到开封报到；另一方面又将一部分将领留下来，负责接手归附宋朝的南唐各地城防事宜，也顺带剿灭那些不愿归附宋朝的地方。此时，并非所有南唐守将都愿意降宋，前文提及的南唐将领卢绛，依然坚持着战斗。与此同时，江州两个将领，也坚决不降宋。这两个将领还不是主将，而是牙将，一个叫宋德明，一个叫胡则（《宋史》中记载为胡德，《南唐书》《十国春秋》《梦溪笔谈》等著作里为胡则，今取"胡则"）。③

事实上，南唐灭亡后，当李煜的诏书传到江州时，江州的刺史谢彦宾就

---

① 《宋史》卷二百六十。
② 《宋史》卷二百六十。
③ 《宋史》卷二百六十。

将诏书给身边的将领和谋臣们看了,希望大家共同决策。当时很多人主张随大溜,投降宋朝,谢彦宾更是力主降宋,为大家谋个好前程。①

从谢彦宾的做法来看,他看清了现实和背后的危机。作为地方最高领导人,在国家灭亡后,他劝大家降宋,也是为大多数人谋求一个好归宿,颇有些领导人的风范。当然,重点是即便他们有一腔热血,但在时代潮流面前,终不能改变什么,这才是可悲之处。因此,认清现实,接受现实才是最佳之策。

但刺史是文官,虽大权在握,可国家都亡了,谁还拿刺史当回事?尤其是那些手握重兵的将领们,更不会将文官当回事。或许这时,恰恰是他们"独立"的最佳时机。比如,在商议是否归附宋朝问题上,偏将胡则就认为降宋不妥。他甚至对谢彦宾鼓动大家降宋的建议,很不以为然。由此,胡则开始在心中酝酿一个大计划。

胡则回到军营,就召集了心腹,并对他们说:"我胡氏几代人受李氏大恩,如今国家危亡之际,我怎可辜负这份大恩而只想着为自己谋前程?再者,宋军围住金陵很长时间了,我们谁都不能确认这封书信的真假。刺史在没有调查清楚事情之前,竟然就想将城池献给宋朝,实在让人匪夷所思,我想问问大家,你们能跟着我誓死守卫江州吗?"众将领一听,面面相觑,不敢自作主张。②

其实这是一种怂恿,对于绝大多数将士而言,并没有思考和预判危险的能力,他们如同一条河流中的鱼,只能被裹挟着,无法离开河流。因此,主将说什么,他们就应什么,无头苍蝇一般,任人摆布。中国历史上,多次大规模起义都没有成功,也是因参与者多是乌合之众。

胡则看到将士们听从自己的建议,就继续煽动,激发这些人的怒火。胡则的说服工作很有感染力,经过他的策划与怂恿,跟随他的将士们群情激

---

① 《南唐书》卷八。
② 《南唐书》卷八。

愤，誓死不愿投降宋朝。

之后，胡则联合一位叫宋德明的将领，准备在这个"绝佳时机"做一番大事。

一切周密部署后，胡则、宋德明二人带领着部众，向刺史府发起了攻击。谢彦宾得知内幕后，当下就慌了。对于文臣而言，面对手握重武器的军士，有理也说不清。

再者，这些人既然敢围攻刺史府，就没有留余地，化解矛盾显然不太现实。谢彦宾比谁都清楚，接下来他将会面对什么样的结局。慌乱之中的谢彦宾只有一个念头：逃命。

于是，谢彦宾选择从侧门逃亡。遗憾的是，他还未跑出多远，就被胡则、宋德明的人捉住。

胡则在将士们面前列举谢彦宾投敌卖国的恶行，将其杀害，用他的头颅祭旗。也就是从这时候起，江州的情形发生了变化。五代以来，那种武将称霸、嗜杀成性的风气又转了回来。随即，将领们推举胡则为江州刺史，公开与宋朝叫嚣。一时间，江州城内安定了下来，没有人敢违逆胡则的命令。①

据说胡则跟随南唐大将刘仁赡打过几次仗，从刘仁赡身上学到不少带兵打仗的本领。他在江州"独立"期间，日夜检阅兵士，整肃队伍，江州城里的将士们士气大振，誓死与江州城共存亡。②

胡则的这种做法，看起来是为南唐鸣不平，但其实也有自己的私心：他不想成为宋朝的一个小偏将，要做一个独立的"诸侯"。其行径如五代之初朱温治军一样，凭借着凶狠和残忍治理军队，而他麾下的军队，也必然会残忍和凶狠，视民众为草芥。

之后，胡则在江州自立的消息传到曹彬耳中。胡则此举无疑如曹彬嘴里飞进一只大苍蝇一样，令人作呕：你的主子李煜都投降了，你还据守一个小

---

① 《南唐书》卷八。
② 《十国春秋·胡则传》。

小江州较什么劲？

曹彬命曹翰镇压江州。

2. 曹翰攻江州

但是，曹翰攻打了数月，江州依然岿然不动。直到赵匡胤西巡结束时，江州的战争还在持续中。曹翰也不敢再隐瞒，只能将一切如实汇报。

赵匡胤此时因迁都决议被群臣阻拦，心中多有愤懑。江州的问题，又让他内心不得安宁。

赵匡胤给曹翰密诏：尽一切手段，攻下江州。

为什么要这样做？因为若江州城不破，即便李煜身在开封，南唐人心不服，如胡则一样的武将还会想东山再起。

曹翰接到命令后，抓紧组织宋军将士攻城。这时候，曹翰已经没有了顾虑，他甚至可以用一些当初不敢用的攻城办法。于是，开宝九年春月，江州城外的宋军如蚂蚁一般，一番又一番地冲击江州。

江州守将们亦孤注一掷，坚守城池。胡则本人更是登上城楼，犒赏军士，鼓舞士气，令宋军无法撼动江州。①

曹翰一看强攻不行，就打算招安。于是，曹翰给胡则送去了劝降信，希望胡则认清形势，不要再做困兽之争。但胡则既然敢反抗，就没想过归附，他坚决不投降。曹翰只能命人再次攻城。然而，即便宋军如何猛烈攻城，江州守城将士依靠地理优势，重创攻城宋军，曹翰部损失惨重，死伤无数。战报传至赵匡胤耳中后，他给曹翰下督战诏书，命宋军将士立即攻克江州。而此时，江州城也危在旦夕，粮草短缺，武器也奇缺，人心已到崩溃边缘，而城外还不断有宋朝援军赶来。江州大势已去，即便如此，胡则依然顽强抗争

---

① 《十国春秋·胡则传》。

着。不久，宋军向江州发起了一轮强大冲击，江州城破。①

曹翰这场攻城战，持续了数月，才传来了江州城破的消息。"江州城险固，翰攻之不克，自冬讫夏，死者甚众。"②

不过，据沈括的《梦溪笔谈》载，胡则据守江州之后，宋朝三年没有攻破江州。沈括在《梦溪笔谈》中还记载了一则小事，以此来证明当时胡则与曹翰对峙了三年：时有厨师做鱼手艺不佳，未做出符合胡则口味的鱼，胡则大为恼火，打算将厨师杀掉，其妻说："士卒们已坚守两三年，到处都是白骨，人心疲惫，你怎么能在这时候杀一个还帮着你做饭的士兵厨师呢？"胡则听了妻子的话，放了士兵厨师。事后，厨师用绳子翻越城墙，溜出城去，投奔了曹翰，并将城内情况全部告诉给了曹翰，于是曹翰连夜攻城，才将江州攻破。

沈括的记述多有难以自圆其说之处。历史上三年围攻一座城池之事多有发生，但这样的城一定是要地，比如公元前259年秦军围困邯郸，也围攻三年，但邯郸是赵国都城，城防牢固，赵、魏、楚联军同仇敌忾，秦军才未能攻克。现在，宋军已攻克全国绝大多数城池，江州只是一个小城池，如何能够抵抗宋军三年的进攻呢？不说其他，仅就江州城里的粮食，也绝对不可能支撑三年。胡则吃鱼的情节，多是沈括所"造的故事"。本书遵从《宋史》等文献记载。

城破后，宋军登上江州城楼，守城的南唐军开始向内城撤去。宋军追击，双方在里巷展开激烈战斗。据说城破时，胡则正生病在床，并不知道城已破。当曹翰带人冲进胡则的住处时，发现了躺在床上的胡则。曹翰命人绑了胡则。与此同时，宋德明也被抓住。曹翰斥责胡则坚守江州，令多少人命丧黄泉。胡则毫不屈服，大声对曹翰说："你我各为其主，有什么大惊小怪的？"曹翰本就因长时间未攻破江州而怒火难消，听了胡则的话之后，命人

---

① 《十国春秋·胡则传》。
② 《续资治通鉴长编》卷十七。

将胡则腰斩，又命人诛杀了宋德明。①

为了泄愤，曹翰还命人将江州城墙向下拆除七尺，使得江州城为半截城墙，没办法再进行驻防。②

至此，事情还没完。曹翰放纵士兵们烧杀抢掠，很多人家遭到宋军的侵扰。这就引发了新的矛盾。在曹翰破城前，赵匡胤曾颁布一道人事任命，委派一个叫张霁的官员知江州，意在让张霁在曹翰破城后，迅速稳定江州的局面，恢复百姓生活生产事宜。

数日后，遭受宋军掠夺财物的江州百姓找到张霁，状告宋军不听指挥，恶意抢夺民众财产，甚至威胁江州人民的生命安全。张霁得知这件事后，严惩了烧杀抢掠的士兵。

可能张霁在严惩乱纪的士兵前，未曾与曹翰沟通。因此，得知张霁杀了自己的手下，曹翰暴跳如雷。曹翰严厉斥责张霁，张霁强忍着不快，向曹翰解释为何要处置那些烧杀抢掠的士兵。张霁表示这是皇帝的意思。曹翰一听张霁拿赵匡胤来压他，怒火中烧，他给将士们下了一道命令：屠城。

张霁苦苦相劝，希望曹翰不要纵容手下做出越格之事。而此时，曹翰已经因愤怒而丧失理智，哪里听得进去。

张霁火速将此事报给朝廷，请求朝廷处置。事实上，赵匡胤也知道曹翰的脾性，担心曹翰进城之后屠戮百姓，早已派出人员前往江州给曹翰送密诏。但赵匡胤派出的使者到独树浦时，因刮大风，船只不能过河，耽搁了几天。

于是，在各种原因的作用下，一场屠城的惨剧开始上演：只见曹翰的士兵冲入江州城的百姓人家，不问青红皂白，一顿乱砍。这些在死人堆里爬出来的士兵，早已将杀人当成了游戏。一时间，江州城里哀号遍地，死了数万人。曹翰命士兵们将这些尸体投入江州城里的水井中。据说后来井里面也装

---

① 《续资治通鉴长编》卷十七。
② 《十国春秋·胡则传》。

不下尸体，曹翰就命人将尸体扔进江水中。①

数日后，使者到达江州城时，整座城里的多数百姓已死于非命。②使者斥责曹翰鲁莽，坏了朝廷的名声。

曹翰可能此时也意识到问题的严重性，但为了不承担责任，曹翰将此事嫁祸给张霁。由于曹翰的陷害，使者调查的结果也是张霁纵容宋军屠城。赵匡胤得知后大怒，将张霁贬到饶州。

通过曹翰屠城这件事，能看出他凶残和奸诈的本性。难怪后周宰相王溥说曹翰太过奸诈，用史书的话说就是"翰饰诈而专"。不过，其实赵匡胤并不认为这是张霁所为，他也预料到是曹翰所为，但为了不将事态扩大化，还是在明知张霁无罪的情况下，让他替曹翰背了黑锅。

曹翰屠城后，又成功转嫁责任，自己则坐收渔翁之利，城里数以万计的财宝，也都被曹翰获得。

当然，这些财宝曹翰自己不敢私吞。若他私自贪污了这部分财宝，皇帝追究下来，那可是要杀头的。于是，曹翰命宋朝士兵上庐山，将庐山东林寺的五百罗汉像全部都搬了下来，装在了船上，船舱里则都是从江州搜刮的钱财，因此人们也将那些铁罗汉像称为"押纲罗汉"。

以上就是曹翰攻江州，然后屠城的全部经过。

不过曹翰之事还有后续。按照正史记载，曹翰在宋朝混得风生水起，最终于公元992年寿终正寝。③

然而，在一本叫《历史感应统纪》的书中，作者饶有兴致地记述了曹翰晚年的一则故事，讥讽曹翰屠城是害人害己。

因为这是一本记述因果报应的书籍，记载不一定真实，权供诸君一乐。

据说曹翰在江州屠城后，继续跟着赵光义打天下。但上天对他在江州的恶行已"记录在册"。后来，曹翰寿终正寝，鉴于他在江州的所作所为，十

---

① 《续资治通鉴长编》卷十七。
② 《续资治通鉴长编》卷十七。
③ 《宋史》卷二百六十：淳化三年，卒，年六十九，赠太尉。

殿阎罗判定他世世代代都会转世成猪。很多年后，到了明代，当时有个苏州人叫刘锡元，曾经在某一地担任地方考试的主考官。在他回乡时，途经荆湖地区，并住在荆湖地区的一个旅馆当中。当天晚上，刘锡元做了一个梦，他在梦中见到一个人，这人自称是宋朝大将曹翰，因在攻下江州后屠过城，种下了业障，导致世世代代转世为猪。来人还说刘锡元现在住的地方有一佃户，靠着养猪来维持生计，距离此处不远的渡口旁边有个屠宰场，明天早上第一个被杀的就是曹翰变成的猪，请刘锡元发发善心，救救他！刘锡元被这个奇怪的梦惊醒。曹翰当年攻打江州的事迹，他是知道的。于是，第二天，刘锡元怀着好奇心来到渡口，果然发现有个屠宰场。就在这时，屠夫们已将一头猪拎了出来，打算杀掉，刘锡元生了恻隐之心，就将这头猪买了下来，带回到苏州放生了。据说这头猪与苏州当地的人共生存，只要有人叫一声曹翰，这头猪就摇头摆尾，好像能听懂似的。①

当然，这种记载是带有警示色彩的杜撰。但曹翰当年江州屠城之事，曾经名动一时，在宋代就被人诟病。战争各为其主，城破之后，百姓何其无辜，为什么要将气撒在他们头上？

曹翰平定江州后，赵匡胤体恤群臣，特意下了一道圣旨，表示朝廷暂时没有大事处理，让官员们轮岗休假。②

之后，朝廷又给许仲宣一干人等升了官。这些人都是因为转运物资有功而被朝廷嘉奖的。比如这里面就有之前反对赵匡胤迁都的李符。③

另外，在平定江南时屡建奇功的左赞善大夫、知汉阳军李恕也得以升官。④

---

① 《历史感应统纪·宋史》卷四。
② 《续资治通鉴长编》卷十七。
③ 《续资治通鉴长编》卷十七。
④ 《续资治通鉴长编》卷十七。

3. 一些有意图的举措

随着曹翰平定江州，天下一统的格局逐渐形成。当然，这与汉唐时期的统一还有所区别：北方草原游牧民族的兴起，让长城防线以北的地方，无法收回。赵匡胤曾带兵亲征太原，有意收复"故土"，终究未能实现。

不过，这也意味着赵匡胤终结了五代十国（一说十一国）乱局，让中原地带的人们不再遭受战乱之苦。

赵匡胤借着曹翰平定江州，专门在讲武殿设宴，招待近臣和节度使，与他们把酒言欢。"是日，宴近臣及节度使于讲武殿。"①

赵匡胤设宴招待群臣，在宋初一度成为一种风尚。这与赵匡胤从武人转变为国君有着密切关系。赵匡胤性格豪爽，嗜饮成性。据说，他有时会在晚上出门到大臣家中，商议国家大事。当初杯酒释兵权、先南后北统一等国策，就是雪夜造访赵普时思想碰撞的结果。

赵匡胤身上有很多宫廷内院长大的君主所不具有的品性，比如，喝酒这种事，他身上还带有浓烈的武人性格。而这次聚会，没有更多议题，只是招待跟随他西巡的臣僚。宴会之后，大家意犹未尽，都在谈论着佳酿的口感，以及让人难以忘怀的佳肴。这些东西，会让大家好好回味几天。

数日后，可能鉴于宋朝平定南唐，大食国派出使臣，到宋朝出使，带来了大批的财物。大食国就是阿拉伯帝国，该帝国存在于公元7世纪中叶到13世纪中叶，前后相继持续六七百年，是中世纪伊斯兰教国家。

宋朝统一南北时，他们怀着好奇心，派出使者不远千里与宋朝建交。一方面为窥探中原帝国的情况，另一方面可能也希望获得更多的利益，毕竟此时，中原王朝已成为雄踞东方的庞大帝国，创造的财富令其他国家眼红，先进的文明令外界向往不已。尤其中原王朝生产的香料、丝绸、陶瓷等，都诱惑着世界各地的人们。大食国在中亚之地，早就是丝绸之路上的重要枢纽，

---

① 《续资治通鉴长编》卷十七。

也是各种物资的中转地。五代十国时期，中原战乱不息，大食国逐渐与中原失去了联系。所以，当他们听说赵匡胤再次统一了中原之后，就更希望与赵氏王朝建交。

四方来朝曾是李唐盛世的标志之一，各种史料、诗文中多有记载。赵匡胤为了扩大宋朝的国际声誉，也乐于促成宋与大食国的交往。当然，其中可能还有更为复杂的原因：丝绸之路因战乱而受阻，与西方世界的贸易自唐末五代以后趋于沉寂。要彰显国威，建交也是一种手段。这在赵匡胤处置宋朝与大理等国的外交上，可见一斑。

大食国的使者得到宋朝重视，有结伴使带领他们游览开封名胜、体验丰富多彩的宋朝市井生活、感受宋朝文明的熏陶……

总之，大食国使者不虚此行，他们还会将宋朝的景象传播到更远的地方。而赵匡胤则继续处置政务。

五月初，天气渐暖，夏风习习。偶有清闲，赵匡胤也会信步大内，寻得片刻内心安宁。有一天，赵匡胤专门去了一趟开封东面的水磨坊，实地考察百姓生活情况。在水磨坊，赵匡胤看到一番忙碌景象，民众来来往往，熙熙攘攘，足见开封的繁荣。

赵匡胤兴致很高，由着性子在开封到处溜达。不经意间，赵匡胤再一次来到飞龙院。赵匡胤在飞龙院查看了一番，觉得一切都令人赏心悦目。随即，赵匡胤还到金水河河畔看了一阵钓鱼的人。[1]

赵匡胤观看钓鱼和到水磨坊视察，可能是随意之举。但他到飞龙院，似乎并非无心之举。三个多月之前，赵匡胤曾带着契丹使者去过一趟飞龙院，给契丹使者看了宋朝所养战马，展示宋朝军事实力。当时，赵匡胤的态度是高高在上的，他是想让契丹使者看到宋朝的实力，意在让其回国后将宋朝情况广而告之。

而这次赵匡胤自己来飞龙院，他没有上一次"端着"的心态。他看了战

---

[1]《宋史》卷三。

马，了解了武器装备的储存和生产情况。

那么，问题来了：这是否预示着不久后，宋朝会与契丹有一次较量？

赵匡胤仔细看，认真听，但他并没有表示什么，像正常巡查一样。

然而，数日后，赵匡胤再次去到讲武池。"庚辰，幸讲武池。"结合之前飞龙院之行，隐约能发现，赵匡胤这些"异常"视察背后，可能藏着出兵的"秘密"。

那么，讲武池是什么地方？这是宋朝训练水军的地方。此地规模盛大，里面有巨型水池，也有战船，专门供宋军平时训练。按照《续资治通鉴长编》里记载："乾德元年，'募诸军子弟数千人，凿池于朱明门外，引蔡水注之，造楼船百艘'，习战池中。初名教船池，开宝六年改名讲武池。"①

那么，赵匡胤先到飞龙院，再到讲武池的动机是什么？

可能敏锐的臣僚已有所预见：朝廷将会有大动作。而此时，南唐已灭国，朝廷如果真出兵，会剑指哪里？其实，这个大动作不用猜就能想到：消灭北汉。因为眼下，似乎只有北汉成为没有被消灭又不愿意臣服宋朝的割据政权。

只是谁也想不通，这一次皇帝为何这般着急。按照往常惯例，赵匡胤在平定一个地方之后，总会出台一系列政策，让被平定的地方百姓和官员彻底心悦诚服后，他才会想办法再次进行扩张战争。眼下南唐各地看起来都已臣服，但南方人心服了吗？答案是否定的。

那么，皇帝着急到飞龙院，又到讲武池，到底几个意思？或许皇帝天生就是让人猜不透的。

同一天，赵匡胤还到一个叫玉津园的地方观察了庄稼的长势。②这是个既定动作，因为这个玉津园里面有大面积的皇家试验田，皇帝可以在此处播种，开启每年的春播。皇帝也会在夏天时，到这里观看试验田里的工作人员

---

① 《续资治通鉴长编》卷四。
② 《续资治通鉴长编》卷十七。

割麦子。这时候，玉津园就是一个浓缩了的社会，赵匡胤在此处可以预估天下粮食的收成。

当然，玉津园是多功能园林综合体，不只是国家试验田。它是宋代四大官方园林之一，宋朝的开封四大名苑分别是：琼林苑、金明池、玉津园、宜春苑。这四个园林各有侧重。

玉津园在开封的南薰门外，此处原来是后周时期的皇家园林。宋朝立国后，对其进行了扩建，面积较之前有了大幅度增加。与琼林苑、宜春苑、金明池不同的是，玉津园虽也是皇家园林，但里面的建筑却少，玉津园以植被茂密著称，园内曲径通幽，有"青城"的雅称。《东京梦华录》有记载："收灯毕。都人争先出城探春。州南则玉津园外。"

这里环境非常优雅僻静，是一个让人修心养性的地方。赵匡胤非常喜欢此处，心情不好时，赵匡胤喜欢在这里寻找内心的宁静。赵匡胤一生当中，曾三十几次到过玉津园。即便赵光义这样一生都醉心于权术的帝王，也去过十多次玉津园。

当然，也不是说玉津园只有植被，在玉津园的东北角，还留有一个"动物园"，里面养着奇珍异兽。这些奇珍异兽都是地方或者外国使臣来拜访时，带来的珍贵物种。朝廷为了安置这些物种，专门在玉津园修建了这个动物园。每年春天时，玉津园定期向百姓开放，供老百姓游览。

玉津园也深得文人墨客的青睐，很多文人在游览了玉津园之后，留下了诗篇或者墨宝。活跃于神宗、哲宗时期的北宋大文豪苏轼在游览玉津园后，曾经作过一首叫作《玉津园》的诗："承平苑囿杂耕桑，六圣勤民计虑长。碧水东流还旧派，紫坛南峙表连冈。不逢迟日莺花乱，空想疏林雪月光。千亩何时躬帝藉，斜阳寂历锁云庄。"苏东坡先生用五十六个字，传神地勾勒出玉津园的特点。

此时，赵匡胤看到玉津园的麦子颗粒饱满，试验田里的人们喜悦地收割着麦子，赵匡胤自己也高兴起来了。只要玉津园里的庄稼收成好，其他地方的庄稼也就差不到哪里去。这也预示着又是一个丰收年，百姓们可以过上舒心日子。

赵匡胤兴致不错。然而，不久之后，一个消息破坏了皇帝的兴致。赵匡胤曾经任职的宋州的地方官给朝廷上了一道札子，说：由于近期天气异常，到处刮大风，宋州受灾严重，四千六百多间官舍民居都被风损毁。① 赵匡胤立即降旨，命三司使派人调研，准备灾后修复或者重建。

赵匡胤对宋州有着特殊的感情，在政策上也就格外照顾。

在此之后的一段时间里，天下安定，国家没有多少重大事务。赵匡胤处置的也都是些鸡毛蒜皮的政务。比如，朝廷将申州（今河南信阳浉河区）从州级降了一个层次，变成了义阳军。②

不过在这些鸡毛蒜皮的政务中，有些事看起来依然是"别有用心"。比如，这时候，朝廷派出了官员，出使契丹，与契丹建立邦交。③

这看起来是在契丹使者出使宋朝后，宋朝方面的"回礼"。但实际情况可能更为复杂，因为恰巧这时，晋州（今河北晋州市）地方官上了一道札子，陈述抓住了北汉的一些地方官，请求上交给朝廷处置。④

那么，这些北汉的地方官为什么会被抓？是他们故意窥探宋朝内幕，还是宋朝方面主动出击？

看起来都是小事，但这些小事背后暗流涌动。

政局似乎越发复杂。不久后，发生的一件事让赵匡胤忽感朝堂内的不平静。引发这种不平静的因素，是扈蒙与卢多逊之间的斗争。

赵匡胤对扈蒙非常器重，因为他是有名的"文化人"，处置政务也多有手段。年初时，皇帝在乾元殿接受朝拜。当时就是扈蒙呈上了言辞精美的《圣功颂》，并对着群臣朗诵了颂文。赵匡胤很高兴，赏赐了扈蒙。而卢多逊也是文化人，曾一度受到赵匡胤的赏识。但卢多逊为人多钻营，他嫉妒掌权

---

① 《续资治通鉴长编》卷十七。
② 《续资治通鉴长编》卷十七。
③ 《续资治通鉴长编》卷十七。
④ 《续资治通鉴长编》卷十七。

者，赵普的倒台，与他有很大关系。总之，这个人在宋朝官场名声并不好。不过，他也多有智慧，依旧在宋朝官场混得风生水起。扈蒙的受宠，遭到卢多逊的敌视。卢多逊作为掌权的平章事，在想着法儿整扈蒙。① 最终，卢多逊抓住了扈蒙的小辫子，扈蒙遭到官员弹劾，被赵匡胤外放到荆南府任职。② 而卢多逊则没有受到影响，可见其受宠程度。

然而，扈蒙的事情处理完，卢绛反叛的事情，又烦恼着赵匡胤。

4. 卢绛死亡之谜

曹翰平定了江州后，赵匡胤命曹翰继续在颍州任职。似乎赵匡胤也意识到南唐刚刚亡国，还有很多不稳定因素，所以需要曹翰这样的"狠角色"驻扎在已归入宋朝的原南唐疆域上，形成震慑效应。

曹翰这样的人本就有震慑作用，他在江州屠城的事也成为他的"劣迹"。本可用怀柔政策的宋朝，却选择了重压。之所以这样做，是因为赵匡胤在密谋出兵北汉，他需要南方稳定。

然而，稳定只是表象。此时，另一位南唐将领也在与宋朝做着最后的抵抗，他就是卢绛。

在本书第二章时，曾介绍过卢绛的一些事迹。眼下，整个南唐基本已经投降，胡则、宋德明等人也都被曹翰诛灭，按说，在这样的大趋势下，卢绛本应顺应形势，主动投奔宋朝，避免生灵涂炭。遗憾的是，卢绛盘踞在歙州，坚决不投降。当时李煜刚刚投降，赵匡胤并不想大动干戈，他派卢绛族弟卢袭到歙州劝降，遭到卢绛驱赶。

可能赵匡胤早已预料到这种结果。十多年前，宋朝初建，后周重臣李

---

① 《宋史》卷二百六十九。
② 《续资治通鉴长编》卷十七。

筠、李重进不服先后反叛，赵匡胤都采取的劝降政策，先礼后兵。这次赵匡胤也打算先礼后兵，劝降卢绛，结果遭到卢绛的抵制。

劝降不成，只能出兵征讨。赵匡胤给歙州附近的宋军驻兵下了命令：在尽可能损失小的情况下，攻下歙州。负责平定歙州的，还是曹翰。于是，在曹翰的指挥下，宋军黑压压一片，扑向歙州。卢绛也早有准备，宋朝虽然发动多次进攻，但歙州岿然不动。

为什么会出现这种情况？这就要说说歙州的地理位置。这个地方也很有特色，依山傍水，城郭就在江边。由于地理位置特殊，历来都是府州治所。另外，比起江州的武夫胡则，卢绛显得颇有谋略和战术。所以，当宋军扑向歙州时，卢绛凭借着水栅优势，击退了宋军一次又一次进攻。

情况非常棘手，接下来是强攻还是智取呢？这难住了攻城的宋军帅臣。但他们清楚，剪灭卢绛势在必行。因为此时的整个南唐，只有卢绛一人还在与宋朝对峙，灭了卢绛，实际也就浇灭了南唐人继续抗争的内心火焰。

歙州被宋朝包围，他们围而不打，等待着歙州城内人心涣散。

宋军最终是如何破城的已无从考证，不过可以大胆推想一下：歙州不会坚持多久。而卢绛的结局主要有两种：一种是在歙州城破时英勇殉国，另一种是被宋军俘虏。本书猜想，卢绛应该在城破后被俘。有民间笔记记载，卢绛被俘虏后，被押送到开封。据说卢绛被押送至京城后，赵匡胤曾经斥责卢绛不识时务，但卢绛却据理力争表明自己是南唐大臣，受南唐李氏之恩，自然要与宋朝周旋到底，结果赵匡胤被卢绛激怒，命人将卢绛杀掉，卢绛还被诛灭九族。

《南唐书》载卢绛主动投降宋朝："太祖使绛弟袭招绛，初欲杀袭，以明不屈，已而卒降。"① 另据《芦塘卢氏族谱》之《世系》记载，卢绛是被俘虏的，被押送至开封，赵匡胤本有劝降之意，奈何卢绛坚决不降，最终被杀。

那么，这里就有几个问题需要探讨一下：其一，卢绛到没到过开封？如

---

① 《南唐书》卷十四。

果到了开封,是投降还是被俘?赵匡胤为何要杀了卢绛,甚至诛杀了他的九族?其二,如果卢绛没有到开封,那么他到底是怎么死的呢?

先来探讨第一个问题,卢绛到没到过京城。从现有的资料来看,有说卢绛是主动投降的,也有说是被俘的,还有说卢绛投降后,到开封面见赵匡胤,被赵匡胤授以冀州团练使的职位。

据《江南野录》载:曹翰攻破歙州后,卢绛被俘虏,然后由曹翰押送着到开封。进了京城以后,赵匡胤劈头盖脸责问卢绛:"你的主子李煜都投降了,你为何还不臣服?"卢绛当即表示,即便人主投降,他作为南唐旧臣不愿背信弃义,要坚持抗争到底。赵匡胤看到卢绛忠勇,打算给卢绛授予冀州团练使的职务,但这一决定遭到卢绛的拒绝。恰巧此时,正好有被卢绛杀死的龚慎仪的侄子龚颖实名举报,说卢绛曾杀害自己的叔叔,要向卢绛索命,而曹翰也觉得卢绛不宜留,赵匡胤无奈之下才将卢绛杀死。①这里卢绛之死似乎是众人一致的意见,赵匡胤不得已为之。

还有一种记载,出自《南唐书》。

据说赵匡胤为了让卢绛投降,答应给卢绛以誓书铁券,向对待柴氏一族一样对待卢氏。这样一来,卢绛不愿再抵抗,主动到开封之后,被赵匡胤授予团练使。当时龚颖给赵匡胤上书,要求卢绛给叔叔偿命。此时,已被提拔为枢密使的曹彬觉得卢绛有才略,可留下来,只要好好培养,将来可能会是一个非常出色的将领。赵匡胤觉得卢绛长得与侯霸荣很相似,不能留,于是就命人将卢绛斩于西街闹市。这里还需简单介绍一下侯霸荣,此人是五代时期北汉的官员,鉴于北汉皇帝刘继恩软弱,他就将刘继恩诛灭。而赵匡胤非常讨厌这种以下犯上的弑主之人,所以赵匡胤命人将卢绛杀了。据说卢绛被杀之前大声呼喊:"你难道忘了答应给我的誓书铁券了吗?"②

《南唐书》里的记载尽管有细节,但这些细节也漏洞百出,很难自圆其说。

---

① 节选自《全宋笔记》中《江南野录》里面记载。
② 《南唐书》卷十四。

比如，赵匡胤认为卢绛与侯霸荣相貌酷似，所以将其斩杀，没有说服力。卢绛在被杀前大声呼喊，也与其性格不符。若卢绛贪生怕死，为何要举兵反叛？

通过以上两则记载分析，发现这些记载多不实。不过，卢绛确实死了。那么，这里实际上就牵扯到第二个问题。事实上卢绛也没有投降，他多半死于宋军的攻城战中。面对宋军一轮又一轮的进攻，最终，歙州寡不敌众，城破，卢绛英勇殉国。

这里还有最后一个问题：赵匡胤是否诛其九族？根据各种资料综合分析，赵匡胤的确灭了卢绛九族。那么，赵匡胤到底有多么愤怒，才会命人诛其九族？答案一目了然，卢绛拒不投降，让宋军付出了惨重代价，赵匡胤才对卢绛及族人进行这么严厉的惩罚。这是赵匡胤从未使用过的刑罚，可见当时赵匡胤对卢绛多么愤恨。据说，在卢绛被捕后，他的一些族人为了躲避宋朝追杀，从此隐姓埋名，到别处生活；还有一些人则改为钟姓，继续生活在当地。所以，在当地至今都流传着这样一句话：一夜之中，毁掉一座炉（卢），造出一口钟。

当然，这些都无从考证，也可能卢绛投降了宋朝，还做了团练使。他的很多事迹只是后人渲染的结果。

5. 和岘江南采访

卢绛被杀后，江南再无反叛宋朝的地方势力。但江州、歙州的反叛，让赵匡胤似乎对南方不再放心，尤其是对"文化"底蕴深厚的南方士子不放心。让江南时刻处在宋朝的监督之下，成为宋初数十年的一种常态。

虽然宋朝推行重文政策，但不重用江南士子，似乎也成为一种国策，太祖、太宗朝，鲜有南方士子做到宰相的职位。

这些被奉为"祖宗之法"的圭臬，仿佛紧箍一般，套在江南士子头上。直至真宗时代，宰相寇準和南方士子王钦若、陈尧叟等人的斗争，再次引发南北方士子争宠问题。最终，王钦若利用寇準的短处，让宋真宗罢了寇準宰相职务，将寇準赶出了中央。宋真宗虽喜欢王钦若，却也不敢重用他，而让德高望重的王旦担任宰相。①

当然，这都是很多年后的事，只是说明政策的影响，会持续很多代，影响很多人。但是眼下，赵匡胤想的却是怎样让南唐域内的臣民真心降服。

那么，怎么做才能让江南人臣服？

赵匡胤有自己的办法，毕竟这种事，他也不是第一次做。早年间在平定其他地方时，赵匡胤早就有过安抚臣民的举措。比如朝廷利用免税、大赦等策略，让被宋朝覆灭的地方接纳宋朝。这次，赵匡胤并未直接颁布各项惠民政策，而是决定先走访调查民意，收集民间的一些问题，然后将其梳理出来，再找出解决办法。这样颁布的政策就会实际、奏效，江南百姓自然就会认可宋朝。

当然，朝廷还可以利用走访调查，对南方各个地方官员的履职情况进行考察、监督。

办法研究出来了，得有个人去执行。这就需要朝廷派出钦差大臣，到地方去考察、采访。当然，这里的采访并非今天意义上的新闻报道采访，而是调查官情民情。

问题的关键是选谁去呢？事实上，历经十六年官吏培育，宋朝能臣颇多，似乎选谁去都可以。只要赵匡胤钦点，就会有人来完成这件事。不过，也正是这个原因，选谁去江南推行采访，令赵匡胤犹豫不决，皇帝的眼花了。

这时候，就需要外人的建议，来引导皇帝选人。恰巧就有臣僚给赵匡胤推荐了一个官员。赵匡胤一听，恍然大悟，这才确定了这次朝廷派遣之人。

这个人叫和岘。

和岘，字晦仁，开封人（一说须昌人）。和岘出生于后唐长兴四年（933

---

① 《宋史》卷二百八十一。

年）。和岘家世较好，他出生时，其父和凝就已是后晋翰林学士。和凝曾经担任过后晋的宰相，后又被加封为太子太傅、鲁国公等。①

优渥的环境决定了和岘的成长过程顺风顺水，世家大族的背景决定了他会比同一时代的人起点更高。

据说和岘出生时，其父曾跟人夸赞说："我生平最期待的三件事同时实现了，那我就给这个孩子取名为三美。"和岘七岁时，因为父亲在朝为官，受到朝廷额外照顾，恩荫得官左千牛备身，升为著作佐郎。后来，朝廷就不断给他迁官。到十六岁那年，和岘已经被授予著作郎。②

赵匡胤建立宋朝后，和岘也顺利进入宋朝为官。起初被授予太常博士，在建隆初年，和岘跟着赵匡胤到南郊祭祀，辅助赵匡胤做一些郊祀礼仪之事，得到赵匡胤的赏识。③这种类似于私人秘书的职位，让和岘不断地在赵匡胤眼前晃动着，赵匡胤也就更加看重和岘。

此后，赵匡胤郊祀时，都带着和岘，让他帮忙做一些礼仪之事。赵匡胤还下旨，让和岘修订宋朝礼仪制度，在很多礼仪制度的敲定上，赵匡胤大多听取了和岘的建议。④赵匡胤的武人特性逐渐退却，身上的"文气"越来越浓，他也更加重视文化人，和岘愈来愈受重用。

现在，有人提起和岘，赵匡胤忽觉和岘是朝廷派到江南采访的不二人选。

于是，朝廷下了一道诏令，让和岘担任江南道采访使。这个采访使本身是唐代设立的官职，由皇帝或者中央直接任命，也对皇帝和中央直接负责。其主要的工作任务是考察州、县官吏政绩，后兼理民事等。唐朝时，天下的行政区域划分主要是州、县两级，在州县上面有道（并非一级行政机构），唐代将天下划分为十五道。⑤宋初基本沿袭了这一划分，继续沿用州、县二

---

① 《宋史》卷四百三十九。
② 《宋史》卷四百三十九。
③ 《宋史》卷四百三十九。
④ 《宋史》卷四百三十九。
⑤ 《新唐书·百官志四》。

级制，但在州县之上设立路。因南唐刚刚归属宋朝，故而长江以南还在继续沿用着江南道的说法。所以，这一次和岘就以江南道采访使的身份，开始到江南各地督查官场、了解民意。①

实际上这里的江南道，泛指整个长江以南，也就是南唐那片地域。这里基本包括领润、常、苏、湖、杭、睦、歙、婺、越、台、括、建、福、宣、饶、抚、虔、洪、吉、袁、郴、江、鄂、岳、潭、衡、永、道、邵、朗、澧、辰、巫、施、思、南、黔、费、夷、溱、播、珍等州。

和岘勇挑大梁，风尘仆仆到南方各地实地考察，了解民意。不过，和岘有没有监察出赵匡胤需要的结果，史籍中并无详细记载。而据史料记载，和岘喜欢敛财，并不是一个好官。很多年后，他终因敛财丢了官。② 所以，初步分析，他这次到江南采访时，一定收受了不少好东西。

当然，他也不敢与地方官往来太密切，毕竟南方人心尚不服，一旦因他收受贿赂引发矛盾，那必将带来更大的问题。

和岘在考察中不断敛财，但南方也逐渐稳定下来。

这时候，还有个重要人物的赏赐问题摆在了赵匡胤面前。他就是曹翰。从表面上看，曹翰在平定江州时，虽有屠城之举，但也是为了宋朝能够拿下江州而不得已为之。赵匡胤心里是赞同曹翰这么做的。这就是为什么在平定江州后，赵匡胤继续让曹翰在颍州任职的原因。不过鉴于当时的特殊情况，曹翰并未得到朝廷的加官晋爵，赵匡胤反而命曹翰继续剿灭卢绛。

现在，江南逐渐稳定，对曹翰的封赏，也当提上日程。派出和岘之后，赵匡胤觉得可以给曹翰加封官职了。于是，朝廷下了一道任命书，将曹翰的武阶由颍州团练使擢升为桂州观察使，继续在颍州任职。"六月己亥，以颍州团练使曹翰为桂州观察使，仍判颍州，赏平江南之功也。"③

---

① 《宋史》卷四百三十九。
② 《宋史》卷四百三十九：岘性苛刻鄙吝，好殖财，复轻侮人，尝以官船载私货贩易规利。
③ 《续资治通鉴长编》卷十七。

第五章

暗流涌动

史称帝服浣濯之衣,毁奇巧之器,却女乐,戒畋游,绝远物,抑符瑞,闵农考绩,讲学劝谏,彬彬至治,成康文景,亦曷尚兹?独天显内亏,贻几大德。假令尧戮帝挚之后,舜驱丹朱于死,《尚书》二典,不作久矣。又怪帝好直言,鲠士满朝,若田锡、王禹偁者流,铺陈治道,何以独缺五伦?秦王之狱,赵普进而卢多逊窜,帝所伤心,路人知之,群工左右,宜默默也。天下大物,与子大经,德昭终存,岂容再误?惜不得其死耳。

——（明）陈邦瞻《宋史纪事本末》

1. 兄弟情深还是历史失实?

　　江南平定后,赵匡胤不再过多关注江南。不过,人无远虑必有近忧,赵匡胤依然被各种困惑烦恼着。正如已故杜太后所言:"吾闻'为君难',天子置身兆庶之上,若治得其道,则此位可尊;苟或失驭,求为匹夫不可得,是吾所以忧也。"

而困惑赵匡胤的事情，可能与赵光义势力的不断扩张有关。赵匡胤似乎已意识到这些问题，他也正在想办法解决。

开宝九年（976年）六月，赵匡胤为赵光义拉"自来水"事件，不妨看作一个开端。

事情的经过大概是这样的：在江南平定后，有一段时期，赵匡胤兴致很高，他总想找人谈论政务，弟弟赵光义就成为陪谈。有一次，他临幸赵光义家里——赵匡胤经常会到大臣、弟弟家里"串门子"。等赵匡胤进入弟弟家后，发现赵光义家使用的水存在问题：可能因逐年扩建，周围地势较高，原先引导的水，不能流入赵光义家里。由此，导致赵光义家里长期缺水，家里使用的水，都要外出挑运，给赵光义一家的生活带来极大不便。①

既然晋王家里用水系统出现问题，赵匡胤就不能坐视不理。于是，赵匡胤召开"专题会议"，研究了这件事，形成了统一意见。最后，赵匡胤下诏，命人在赵光义家中修建了一个大型蓄水池，又组织人疏通了一条晋王家的"用水专道"，引金水河的水入赵光义家。

据说，赵匡胤还担心水的质量问题，在施工期间，多次造访赵光义家，亲自督工。"庚子，步自左掖门，至其第，遣工为大轮，激金水河注第中，且数临视，促成其役。"史料中用"且数临视"来表示赵匡胤对修建蓄水池的重视。

以上这些记载，都出自重要文献史料《续资治通鉴长编》。不过这些记载，多存在漏洞，很难自圆其说。且容我们略作分析。

其一，晋王家里的饮用水真出现问题了吗？要知道赵光义可是晋王，在宋朝一人之下万人之上，他还兼任开封府尹，握有大权。只要他愿意，随便动用一些人，就能给自己家修一条专门的供水系统。这种事还需要赵匡胤来帮着解决？或者说赵光义清正廉洁到无以复加的地步，以至于家里吃水出现问题他都不愿意用"公费"办私事？显然，这两个问题都很难自圆其说。

---

① 《续资治通鉴长编》卷十七。

其二,"且数临视,促成其役"是真的吗?赵匡胤是谁?是大宋朝的皇帝,他每天都有各种政事要处理,全国各地每天上的札子几乎要看整整一天,他哪有那么多时间,为赵光义家里饮用水工程来回督查?显然,这些问题也难以自圆其说。

其三,李焘写这段历史的背后,到底隐藏着什么?或者说,李焘采纳的原始资料来自哪里?

当然,第三个方面并非困惑,实际是为引出这段历史真伪辨析做的铺垫。

李焘是南宋人,他写的《续资治通鉴长编》补充了很多细节,是研究宋朝历史的重要史料,为后世更加靠近真实的宋代历史提供了丰富素材。但李焘在为这本书取材时,其实也多有无法解决的矛盾之处。

就以赵匡胤为赵光义拉"自来水"事件来辨析。或许李焘在写这段历史时,也觉得有诸多问题,因此,在接下来的记载中,他就开始了解释。在李焘看来,赵匡胤之所以为了这么一件小事,三番五次到赵光义家里督查,是因为这兄弟二人关系好,他们甚至能为彼此奉献一切。

现存的各种宋代史料中,对赵光义这个人的描写都出奇地一致:非常仁义孝道,孝顺父母,爱护家人,尊敬师长。总之,就是那种很孝顺也很仁义的人。赵光义的这种品性,让赵匡胤很喜爱,用史书上的话说就是"上雅钟爱"。另外,从政府方面的记载,也能看出赵匡胤喜欢赵光义。据说赵光义在担任开封府尹的十几年间,各项政务都很出色,赵匡胤也对赵光义很放心。

基于以上两点原因,赵光义不断得到赵匡胤的宠幸,赵匡胤也曾多次到赵光义的府上,给赵光义赏赐各种财物。①

为了更加全面地表达赵匡胤对赵光义的喜爱,还有两则故事需要细细品味。其中一条是李焘在《续资治通鉴长编》中的一段史料:

---

① 《续资治通鉴长编》卷十七。

> 尝疾病，殆不知人，上亟往问，亲为灼艾，王觉痛，上亦取艾自灸，自辰及酉，王汗洽苏息，上乃还。疾良愈，复往视之，赐以龙凤毡褥。①

这段话的大意是：有一次赵光义得病，昏睡不省人事。赵匡胤得知后，亲自到赵光义府上看望赵光义。当时，医生正在为赵光义艾灸，但因赵光义处于昏迷之中，不能感知艾草灼烧的程度。赵匡胤就亲自为赵光义上艾草药物。艾草点燃后，赵光义感觉到疼痛，赵匡胤看出赵光义的难受，就先将艾草取下来，放在自己身上试验，直到感觉艾草灼烧程度在能忍受的范围之内后，才给赵光义重新敷上。就这样，赵匡胤照顾了赵光义好几个小时，直到赵光义醒来，赵匡胤才拖着疲惫的身子回宫去了。后来，赵光义痊愈后，赵匡胤再次到赵光义家里探望，并给赵光义赏赐了龙凤毡褥。

赵光义痊愈后，赵匡胤还邀请赵光义到宫中来宴饮。赵光义喝醉了以后，成了一摊烂泥，不能骑马，赵匡胤就亲自将赵光义送到殿外平地上，为赵光义披好衣服，让手下的人将其送回去。当时，赵光义有一个叫高琼的手下等候在殿外，给赵光义牵马执镫。赵匡胤看见以后，就给高琼赏赐了很多衣服和器物，让高琼将赵光义安全送回晋王府。②赵光义出宫后，赵匡胤对陪着的近臣说："晋王走起路来龙行虎步，而且出生时天象有异，一定会成为太平天子，他的福德是朕无法达到的。"

另外一段史料，则是宋朝历史学家蔡惇在他的《夔州直笔》里的一则细节：

> 太祖以晋王尹京，对罢，宣谕曰："久不见汝所乘何马，牵来一观。"遂传呼至殿陛下御马台，敕令晋王对御上马。太宗惶惧辞逊，乃密谕曰：

---

① 《续资治通鉴长编》卷十七。
② 《续资治通鉴长编》卷十七。

"他日汝自合常在此上下马,何辞焉?"太宗骇汗趋出。命近侍挽留,送上马。遂再拜,乘马驰走,回旋于殿庭而出。太祖示继及之意也。按太祖继及之意,盖先定于昭宪榻前矣。

这段话大意是:当初赵匡胤让赵光义担任开封府尹,偶尔邀请赵光义进宫对饮。这次赵匡胤与赵光义对饮后,赵匡胤说:"好长时间不见你所骑之马,你将马牵来一看。"于是,赵光义就命人将马牵进宫。赵匡胤让赵光义骑上马走一圈。赵光义不敢上马,因为上马之地叫御马台,是皇帝骑马的地方,赵光义是臣子,怎么可以在这种地方上马呢?赵匡胤就对赵光义说:"将来你自己也会在此处上下马,现在为什么要推辞呢?"赵光义就战战兢兢地上了马,骑着马离开此处。由此也能看出,赵匡胤早就将赵光义作为继承人培养了。

不管是李焘的《续资治通鉴长编》,还是蔡惇的《夔州直笔》,都是先入为主,表示赵匡胤已经打算将皇位传给弟弟,才有了这样的安排。《续资治通鉴长编》中,可能李焘也存在疑惑,表述得还较为委婉,隐晦地指出赵匡胤与赵光义兄弟情深,才打算将皇位传给赵光义。尤其是那句"必为太平天子"不就是要表示传位给赵光义吗?而《夔州直笔》里构造的第二个故事,更多是蔡惇个人的"故事构造"。赵匡胤让赵光义在御马台上马,又表示"将来等你当了皇帝,不就经常要在此处上下马吗?现在权当提前练习"。

显然,经过简单分析,本书认为,事实并非李焘和蔡惇构造的这样。这只是赵光义当皇帝后,对各种太祖时期的史料进行了"修正",把与自己形象有关的史料全部修改完善,所以留在史料中的赵光义,就是一个仁义道德的君子。

由此,也能窥探出,在开宝九年六月时,宋朝高层其实早就暗流涌动,有些问题已经凸显出来。可能赵匡胤为弟弟拉"自来水"是真的,但赵光义扩张自己的势力也是真的,而赵匡胤也感受到弟弟的威胁,曾在西巡前让王仁赡担任知开封府,后来又任命贾琰权知开封府事。这足以说明,赵匡胤已意识到弟弟迅速崛起,给他的皇权带来了威胁。

当然,更为深入的探讨,等讲述到烛影斧声时,再详细分析。

不久,吴越王钱俶派出使者再次到宋朝进贡,感谢赵匡胤放他们一家子回国,钱俶还表示以后将与宋朝一直保持和平友好关系。①

有意思的是,李焘为了使他的叙述更具真实性,又记载说,七月赵匡胤再次临幸赵光义家,查看赵光义家里蓄水池入水情况。②

只是这些过多表达赵匡胤、赵光义兄弟"情深义重"的句子,反而显得欲盖弥彰,无法令人相信。

2. 将帅多亡故

除了应对赵光义的崛起,令赵匡胤感到无助的还有,先前跟随他打江山的将军们也在逐渐故去。这些将军是他创建宋帝国的根本,也是维护他权威的根本。他们的去世,让赵匡胤感到无助与伤心。其中,王全斌的暴毙,就令赵匡胤悲愤不已。

事实上,在赵光义家里拉"自来水"时,赵匡胤已得知王全斌病危的消息。为了救回这员大将,赵匡胤派出御医去会诊。遗憾的是,御医也束手无策。

赵匡胤有些伤感,不仅仅是为王全斌。这一年已接连死了好几个人,后续还会有大臣去世。已到知天命年纪的赵匡胤,对生死之事,徒生了一种真切感。

不久,王全斌还是死了。在此之前,赵匡胤刚给王全斌加封武宁节度使头衔。③

---

① 《续资治通鉴长编》卷十七。
② 《续资治通鉴长编》卷十七:"秋七月戊辰,幸晋王第,观水入新池。"
③ 《续资治通鉴长编》卷十七。

赵匡胤对王全斌有一种特殊感情，他不是嫡系武将，纯粹是后周嫡系将臣。赵匡胤建立宋朝后，他主动臣服，得到赵匡胤的信任。赵匡胤即位之初，李筠、李重进等人先后举起反抗大旗，李筠向全国发布了檄文，希望煽起后周旧部对赵匡胤的仇视，进而颠覆赵宋王朝。王全斌作为后周旧部，手握兵权。他在观望事态发展。赵匡胤也担心王全斌反叛，果断给王全斌发了调令：请你配合慕容延钊等人前去平定李筠。

看到赵匡胤的诏书，王全斌不能无动于衷，毕竟赵匡胤建宋时，授予他高位，允许他继续成为宋朝大将，王全斌也曾表示出要臣服于宋朝。若他再伙同李筠反叛，言行不一，不仅会遭人耻笑，还会给赵匡胤诛灭他留下口实。王全斌综合考量各种因素后，带着自己所部到潞州镇压李筠叛乱。后来，赵匡胤亲自带兵到潞州，彻底镇压了李筠叛乱。王全斌也因此被赵匡胤擢升为安国军节度使。[①]

李筠被平定后，王全斌的心也稳住了。公元963年，赵匡胤在与赵普谋定后，决定实施先南后北的统一大策。于是，宋朝将攻打的目标定在荆湖地区。与此同时，为了预防北汉乘宋朝南下统一江南诸国时，偷袭宋朝，骚扰宋朝北方边境，赵匡胤又遣王全斌与洺州防御使郭进等将领率宋军到北方边境戍边，试探北汉虚实。王全斌、郭进等人带着宋军进入太原境内，打了一仗，俘获数千人才撤了回来。[②]

鉴于王全斌的勇武，在第二年消灭后蜀时，赵匡胤就任命王全斌为西川行营前军都部署，让他带着三万宋军南下讨伐后蜀。[③]同时，为了掩护王全斌，朝廷还派出了刘光义、曹彬等将领带领水军两万，从长江以东沿江而上，两面夹击后蜀。

众所周知，成都平原素有"天府之国"的美称，物产丰富，人杰地灵。川蜀有诸多天然屏障，很多关隘一夫当关万夫莫开。也正是因为地势险要，

---

① 《宋史》卷二百五十五。
② 《宋史》卷二百五十五。
③ 《宋史》卷二百五十五。

此地一直可以独立于中原王朝之外。古蜀国以此为根据，创造了灿烂的三星堆文明。刘邦、刘备等均以此为根据地，逐渐壮大，成就帝业。五胡十六国、五代十国时期，这里都是独立政权所在地。

摆在宋朝眼前的后蜀，就是以此为根据地的割据政权。面对这些阻碍，宋军能否轻易进入川蜀，其实存在疑虑。王全斌自然也清楚他所面临的困难。但赵匡胤的决定不容置疑，他必须迅速突破各种天然屏障，消灭后蜀，占领成都。于是，王全斌带着自己的人开始南下。按照当时的入川条件，供王全斌选择的路线不止一条，不过赵匡胤要求从凤州路进攻后蜀。所谓凤州路，其实就是从陕西凤县进入四川，到达兴州（今陕西略阳）。当然，这也是非常明智的选择，说明赵匡胤很善于策划军事行动。

王全斌沿着赵匡胤部署的路线图步步推进。同年冬月，由王全斌率领的宋军，一路南下，先后攻下了乾渠渡、万仞燕子等寨子。随即，王全斌命人向兴州开拔，兴州随即落入宋军手中。王全斌带领七千余人组成的先锋队，击败了后蜀守军，抢到四十多万斛粮草，为后续战事推进，带来极大方便。随即，后蜀石圌、鱼关、白水等二十几座营垒（寨）被宋军夺取。

到嘉陵江以后，宋军被汹涌的江水困住。过江只有一座木桥，被后蜀军死守，硬攻损伤太大。王全斌与诸将商议过江的办法，最终决定兵分几路同时进攻，夺下木桥。于是，宋军顺势攻取了重要战略据点。

接下来的战斗虽然艰苦，但宋军在王全斌的指挥下，一路大捷，先后攻破了后蜀的驻防力量。到公元965年正月，王全斌带着宋军进入成都，孟昶投降，后蜀灭亡。孟昶等人被押解到开封，而王全斌顺势接手后蜀所有军务。赵匡胤给王全斌下了诏书，凡有需要决议的事情，一定要召集诸将商议，不可执行决断。[1]

成都受降后，赵匡胤念及成都还驻扎着大量的后蜀军，打算将这些后蜀军安置到开封，只要愿意到开封的，每人赏赐钱财十千，不愿意也不要紧，

---

[1] 《宋史》卷二百五十五。

领了钱可以直接回家务农。

有意思的是,王全斌却不想送这些人到京城去。为什么呢?因为这是一份出力不讨好的工作。王全斌便拖着不办。与此同时,另外两位长官崔彦进和王仁赡也不护送后蜀兵士去开封。王全斌等人的此举,引起了后蜀军的不满。最后,王全斌看别人都不管这事,只好派出一些牙将送这些后蜀军到开封。这些牙将耀武扬威,不把后蜀军当人看,后蜀军心里一直憋着怒火。因此,在经过绵阳时,后蜀军忽然反叛,杀死押送他们的宋军牙将,推选当地一个叫全师雄的官员为后蜀军主帅,建立起了一支叫"兴国军"的后蜀大军,公开与王全斌对峙。① 据说全师雄本人并不想当叛军首领,但迫于这些将军的威胁,只能答应。

只是全师雄万万没想到,他们在绵阳的起义,最终会演变成一场四川地区的大灾难。因为随着全师雄在绵阳起义,很多后蜀军纷纷响应。全师雄也被簇拥着到四川各地去招兵。

而此时,王全斌才意识到事态恶化,派出官员米光绪前去绵阳招抚全师雄。令人气愤的是,米光绪到绵阳后,没有采取柔性招安策略,而是简单粗暴地抓了全师雄家人,并公开将他们全部杀死,还霸占了全师雄的女儿。而原本不打算与宋朝继续对抗的全师雄在米光绪的这一系列操作下,不由得不反,他开始主动召集人马,反叛宋朝。②

全师雄带领着叛军攻打彭州(今四川彭州市),驱逐了彭州刺史王继涛,杀死了都监李德荣,开始以彭州为据点。此时,四川有十个县区纷纷响应全师雄的起义。随即,全师雄自号"兴蜀大王",效仿宋朝,建立起幕府,设置官员。③ 一股与宋朝抗衡的力量正式生成。

这是赵匡胤没有想到的,更是王全斌等人没想到的。或许在王全斌看来,他们入川不过是克扣了一点安置费,没有亲自送后蜀大军去开封而已,

---

① 《宋史》卷二百五十五。
② 《宋史》卷二百五十五。
③ 《宋史》卷二百五十五。

怎么会酿成这么大的祸端？

但问题产生了，就得去解决。王全斌比任何人都清楚，他不能指望朝廷派大军来镇压起义军。到时，赵匡胤轻则罢了他的兵权，几十年喋血生涯换来的荣誉就此了结，重则直接杀了他。王全斌明白赵匡胤派他到四川，是让他来收复四川的，不是引发更大的起义。

随即，王全斌就组织人开始镇压全师雄的起义军。在王仁赡等将领联合围攻下，全师雄还是被镇压下去了。当然，由王全斌平蜀引发的叛乱，情况可能更加复杂，《丁晋公谈录》里记载了一系列的经过，这也不妨当作一种时人的猜想。①

王全斌回到开封后，赵匡胤大发雷霆，四川的暴乱是完全可以避免的，却在王全斌的不作为下，导致四川地区乱了好久。王全斌对自己的罪行供认不讳，请求朝廷予以处置。官员们商议的结果是诛杀王全斌，以此震慑武将。赵匡胤动了恻隐之心，他出身武将，对他们的这些做法也深有体会和理解。于是，王全斌被贬黜到随州（今湖北随州）安置。

此后，王全斌就一直在随州被"冷藏"。直到开宝九年春，赵匡胤西巡时，才想起这个被冷落的人。于是，赵匡胤就将王全斌召到跟前，语重心长地对王全斌说："老王啊，绝非朕不愿意提拔你，关键是你当年干的那事，让大家都看着，朕也不好意思提拔你，现在你已在随州任职很多年，没有再犯错误，此时朕重新给你荣耀，加封你官职，其他人也就不会再说什么。"

可刚刚加封了王全斌，他就死了。这让赵匡胤有诸多伤感。

---

① 《宋人轶事汇编·丁晋公谈录》：王全斌、曹彬等收西蜀，全斌杀降兵三千人，曹不从，但收其文案，不署字。王、曹等回，太祖传宣后殿，责曰："如何敢乱杀人？"又曰："曹彬退，不干汝事。"曹不退，但叩首曰："是臣同商量杀降兵，臣合首诛。"太祖见曹如是，皆原之。忽一日，宣曹彬、潘美曰："命汝收江南。"又顾曹曰："更不得似西蜀时乱杀人。"曹徐奏曰："臣若不奏，恐陛下不知。曩日西川元不是臣要杀降，臣见收得当日文案，臣元不曾署字。"太祖令取呈览之，谓曰："卿既商量未下，何以对朕坚自伏罪？"曰："臣与全斌同奉委任，若全斌获罪，独臣清雪，不为稳便。"太祖曰："既自欲当罪，又安用此文字？"曰："臣初谓陛下必行诛戮，留此文字令老母进呈，乞全母一身。"太祖尤器遇之。

王全斌去世后，赵匡胤对王全斌进行了追赠和加封。史料也对王全斌的一生做了最后的总结：王全斌这个人仗义疏财，不求家世显赫，不求别人的赞誉，对待人也非常宽容，将士们愿意为他所用。后来，谪居外地十几年，过得怡然自得，人缘也不错。① 算是以官方的名义，给王全斌盖棺论定。

仁宗朝的宰相富弼曾高度赞扬赵匡胤处置王全斌事宜的做法，夸赞赵匡胤的驭人之术。富弼说：王全斌有大功，可掩盖他的罪孽。太祖皇帝当初因江南其他国家还没有平定，担心武将们恃功自傲，所以就以王全斌为打击对象，以正国法。等这件事风头过去后，太祖皇帝就对王全斌进行了追赏，这真是驾驭英雄的本领啊！②

王全斌去世后不久，赵匡胤又遇到臣子病危的情况。

得病之人叫折御勋，是宋朝西北地区防务总负责人折德扆的长子，职务是永安军留后。

其实，折御勋在赵匡胤西巡洛阳时，病情已非常严重。他曾给朝廷进言，希望解除他的兵权，让他回家去养老。但当时赵匡胤被迁都之事困扰着，并没有将折御勋的札子当回事。直到王全斌病逝，赵匡胤才意识到，不久前折御勋也曾给他打过辞职报告。

于是，赵匡胤就改任折御勋为泰宁军留后，又提拔折御勋的弟弟折御卿为闲厩副使、知府州，有意培养折御卿，将来接替其兄。赵匡胤这么做也非常有道理，折家在西北地区声势煊赫，即便折御勋将来撒手而去，也得让折家人来继续执掌西北地区防务工作，这样一来西北才能安定。③

说起折御勋，大家肯定有点陌生，毕竟他在宋初时，功业并不显著。不过，传闻说他有个妹妹叫折赛花，在中国人的心中有着光辉的形象。据说折赛花嫁给了一个叫刘继业的人。很多年后，赵光义伐灭北汉时，刘继业降宋，改回杨姓，人称无敌将军杨继业，也叫杨业。折赛花就是各种文学、影

---

① 《续资治通鉴长编》卷十七。
② 《宋史全文》卷二。
③ 《续资治通鉴长编》卷十七。

视剧中的佘老太君。折赛花与杨业的儿子杨延昭重创辽军，在河北战场上留下赫赫战功。其孙杨文广，也将在宋朝西北战场建功立业。后世文人墨客在各种野史演义中，将杨家将的故事不断扩展，衍生出了杨门女将等故事。

杨家将的故事众所周知，但折家军的故事，被后人熟知的情况远不如杨家将。事实上，一直在宋朝西北地区防御的折家军，就其功业，远比杨家将大得多。折氏家族曾是山西云中地区的大户，颇有势力。他们有自己的家业，也有自己的武装，后来，逐渐形成了"内屏中国，外攘夷狄"的折家宗旨。

唐末以来，战乱不息，折家开始从云中迁往内地。现存的史料中可以查到折家有名有姓的祖先叫折宗本。折宗本的时代，正好是五代乱局时代，当时北方最大的势力就是河东李克用集团。李克用任河东节度使时，就曾对折家这一大家族人尤为看重，李克用更是对折宗本托付大事。①

之后，尽管中原地区政权不断更迭，经历梁唐晋汉周五个朝代；但这些朝代更迭，并未彻底影响折氏家族的发展。他们在时代的夹缝中求生存，势力不断发展壮大。等到后周时期，已成当地驻守边关的大家族。周世宗自然继续许以高官，让折家军驻守在西北。赵匡胤兵变后，折家军顺势成了宋朝的折家军。

到开宝九年时，折家为宋朝戍边已历三世。折氏家族也由折御勋和折御卿兄弟二人主持家业，掌管地区防务。如今折御勋得了重病，赵匡胤就将折御勋身上的担子传给其弟折御卿。折御勋在弥留之际，不断给弟弟传授着治理地方、戍边守关的经验。次年，也就是公元977年，折御勋病逝。此后，折家继续培养了一大批优秀子孙，为守卫宋朝边防鞠躬尽瘁死而后已。到宋徽宗时期，还会有折家将军折可适到开封勤王的先进事迹。

此时的折御勋已无法为宋朝效力，加之王全斌去世，令赵匡胤有些伤感。不过，赵匡胤没有过多沉浸在伤感中，国家还有各种政务需要他去处

---

① 《折可适墓志铭》："知太山公可付以事，收隶帐下，凡力所不能者，悉命统之。"

置。他代表着国家，而非他个人。赵匡胤可能有时候会感觉力不从心，但他对弟弟赵光义不断培植势力感到失望，也逐渐对赵光义失去信任。这时候，赵匡胤开始有意无意地培养新的帮手。

这个帮手，就是他的四弟赵廷美。

3. 两次看望赵廷美或另有隐情

培养赵廷美，可能是赵匡胤的权宜之计。或许在他从洛阳返回开封时，心里就已萌生了培养赵廷美的想法。因为就在朝廷调整折御勋岗位的同一天，赵匡胤又去了一趟弟弟赵廷美家。

遗憾的是，史料中并没有详细记载赵匡胤临幸赵廷美家的经过，两人谈论了什么，也就成为不解之谜。

当然，如果赵匡胤单纯临幸赵廷美家，其实也无可厚非。这是他的同母胞弟，和赵光义一样，自从宋朝建立后，就备受赵匡胤的宠幸。不过，按照礼仪制度，即便是皇帝的亲弟弟家，皇帝也不能经常临幸。

令人疑惑的是，两天后，赵匡胤又去了一趟赵廷美家，商议内容也不见于史料。[①]

赵匡胤的这种做法，愈发令那些"敏感"之人不安。赵匡胤与赵廷美做了什么？他们商议的核心又是什么？这里面有多少不为人知的秘密？

联想之前赵匡胤在洛阳时坚持迁都，赵光义坚决反对的事情。是否意味着赵匡胤要舍弃赵光义，而选择培养赵廷美？或者说，赵匡胤要给赵光义培养一个对手，让他们搞内耗，削弱彼此势力，让他的君权得到巩固与进一步加强？

这是本书的一种猜测，但不妨作为一种可能性去解析。毕竟，在赵匡胤

---

① 《续资治通鉴长编》卷十七。

登基这十多年里，他更多与弟弟赵光义在一起，即便传说中的雪夜会赵普，陪伴他的人也是赵光义，而非赵廷美。这么多年来，赵匡胤也没有格外关注过这个四弟，只是有时候召集他做一些力所能及的事情而已。

可见在最初的时候，赵匡胤的确将弟弟赵光义当作助手来培养。而直到洛阳商议迁都被否决后，赵匡胤才隐隐觉得弟弟已经树大根深，远不是简单的晋王、开封府尹这些头衔所能概括。

那么，赵匡胤在三天内连着去了两次赵廷美家，到底为了什么？这是最根本的问题，也是无法回答的问题。史料对这两次忽然临幸赵廷美家，记载也模糊不清。

为了寻找蛛丝马迹，只能将现有历史往回倒。开宝九年年初时，有一件被忽略的小事，可能与此有关。

这件小事就是赵廷美迎接李煜一行人等。

当时，曹彬、潘美等人已将南唐都城金陵攻陷，李煜已经投降。赵匡胤知道消息后，派出弟弟赵廷美到江南去犒赏军士。在此之前，这么重大的事情，赵廷美从未参与过，但是哥哥交代的事情，即便没干过，他也必须干好。所幸的是，赵匡胤给了他几个得力的助手，可以帮他完成一些他无法完成的工作，也能及时给他提供意见。就这样，赵廷美带着犒赏的财物上了路。等赵廷美到汴口后，与曹彬等人相遇，赵廷美代表赵匡胤犒军。此事完成之后，赵廷美并没有急着回来，而是先会见了江南国主李煜，并与李煜有过一次促膝长谈。不过两个人谈了什么，已经无从考证，但可以肯定的是，这一次赵廷美与李煜的谈话，非常融洽。

这种安排的背后，到底掩藏着什么样的权力斗争？为什么不是能力出众的赵光义去犒赏大军，对接李煜回开封的事情，而是没有经验的赵廷美？

谁都知道，这些年来赵匡胤一直将赵光义当作副手来培养。即便赵光义与赵普之间明争暗斗已影响朝政，但赵匡胤依然选择了保住弟弟，舍弃赵普。

但随着赵光义不断受重用，他为自己培养了一大批党羽。如果赵光义要干一件惊天动地的大事——宫廷政变，即便赵匡胤能阻挡，也势必会给宋朝带来巨大创伤。赵匡胤已有了一丝丝危机感，毕竟皇位对天下任何人而言，都有巨大诱惑，历朝历代以来，为了皇位，父子、兄弟之间兵戎相见之事屡见不鲜。

综合各种因素，本书认为，在开宝九年年初，赵匡胤的一系列反常举动，其实都是有意培植四弟赵廷美，用以制衡赵光义的势力。不过，遗憾的是，赵匡胤尽管如此重视赵廷美，却没有给赵廷美相应的职权，比如说，给赵廷美授予开封府尹。当然，这样会直接引发赵光义与赵廷美的矛盾，而赵匡胤并不想将矛盾公开化。所以，看似风平浪静的背后，是更为复杂的权力斗争。

当然，这里还有一个问题，即赵匡胤这样频繁到四弟家里，赵光义做何感想呢？如果赵光义真有"谋大事"的打算，赵匡胤这样频频对四弟示好，赵光义一定会有所行动的。

但奇怪的是，在此之后的一段时间里，宋朝表面上风平浪静，似乎什么事也没有发生一样。赵匡胤继续做君主，赵光义、赵廷美恪守臣子本分。一切都是美好的样子。

不久，地处漳泉地区的割据势力负责人陈洪进，遣儿子陈文颢入开封，参拜赵匡胤。赵匡胤对陈洪进的识时务很开心，赏赐了陈文颢很多东西。而陈洪进也希望赵匡胤给他点自己的空间，让漳泉地区的百姓们不要紧张。

陈洪进有这样的想法也是有原因的。不久前，钱俶应诏带着家人到开封进贡，最终被赵匡胤放了回去。赵匡胤还表示，终其一生都不会负钱俶。陈洪进作为五代十国残存的割据势力，当然希望和钱俶一样。只是令陈洪进纠结的是，自始至终，他都没有接到过赵匡胤让其到开封觐见的诏命。

在这种情况下，陈洪进由坐立不安，变得急躁。他已经垂垂老矣，无法与强大的宋朝抗衡。最终，陈洪进先遣儿子陈文颢到开封给赵匡胤问安，试探宋朝对漳泉地区的态度。他还通过儿子的嘴，表示自己将在之后，亲自到开封请安。赵匡胤善待了陈洪进的儿子，也允许陈洪进到开封来。

陈洪进得到赵匡胤允许他到开封的消息后，便踏上了北上之路。只是，这一路他在内心的纠结中走走停停，却没能见到赵匡胤最后一面。①

陈文颢可能被留在了开封。赵匡胤则继续处置各种棘手问题。此后，他没有继续加大对赵廷美的扶持，也没有过度宠信赵光义。一切似乎又回到平和（平衡）中。不过这种平和也是暂时的，只要有变量，平衡状态很快就会被打破。

4. 张佖、李符纠纷

七月底，一件重要政务摆在了赵匡胤面前。这项政务不是复杂的人事，也非朝廷内部斗争，而是一件牵扯民生的大事——盐税。

盐是历朝历代的专卖品，生产、出售权在朝廷手中。与酒这种专卖品不同，盐是每个家庭的必需品。私造盐会受到朝廷严厉打击；偷偷贩卖盐，也会遭到打压。这看起来是朝廷控制了市场，但依然有顶风作案的商人和官员，利用盐的生产、出售环节的漏洞获取私利。

这时候，朝廷的盐税就出现了问题。很多地方的民众买不起盐，导致盐产品积压。即便如此，有些地方还是按照原来朝廷的制度，在给市场调配盐。基本政策是："先是，令诸州卖盐，斤六十钱者减为五十，四十者为三十。"也就是说，地方出售盐时，有六十钱一斤卖的，也有五十钱一斤卖的，还有四十、三十钱等不同价格。可能在有些官员眼里，这种政策会扰乱市场秩序，也给民众带来不便。他们给赵匡胤上札子，请求朝廷适当调整政策。

赵匡胤素来以"爱民"著称，命有司草拟政策：各地出售的食用盐要降价到四十文。不过这一政策太过泛化，朝廷最初将市场上盐价固定在每斤

---

① 《续资治通鉴长编》卷十七。

四十四文，最后又以每斤四十文为基准价，稳定市场。①

这看起来是一件小事，不就是为了稳定朝廷的盐价制定的一个临时措施吗？但给盐降价的背后，却是专卖制度与市场结合的一次尝试。由此也能窥见，商业贸易在开宝九年时，已初见端倪。市场已对国家专卖物品造成了影响，以后这种影响将会持续下去。后来，在宋仁宗、神宗、哲宗、徽宗时期，还会对盐业专卖制度进行改革，激活盐业贸易。

盐业政策调整后，国家继续处于稳定发展中。赵匡胤这时候可能在心里酝酿着大计划。

不过眼下，他又面临一个难题：这段时间以来，开封阴雨连绵，可能会影响秋种。赵匡胤心里多有不安。看着秋雨如此绵延不绝，赵匡胤本人很焦急，他命人到京城附近的寺庙上香祈福，请求神仙们眷顾开封百姓，让天变晴。

或许是上苍感受到了赵匡胤的虔诚，不久，天就放晴了。

天下开始忙碌起来。开封的繁华自不必说。

不久，赵匡胤又下了一道诏令，命全国各地要对历代帝王的庙祠进行维修加固。"丁亥，诏新修历代帝王及岳渎祠庙与县镇相近者移治所就之。"②。

这与之前的祈雨、调整盐税等事宜一样，都是让人称颂的事情，赵匡胤喜欢适时出台一些令天下称颂的政策。

然而，就在这时又发生了一件官员之间的纠纷事件，让赵匡胤震怒。

参与事件的主角一个叫李符，此人前文介绍过，赵匡胤第一次提出打算迁都洛阳时，就是这个李符提出了反对意见。另一个人叫张佖，身份是南唐降臣。

据说张佖素有大志，一生清廉，在南唐为官时，克己奉公，上上下下有口皆碑。南唐灭亡后，他随李煜到开封，受到赵匡胤的重视，授予官职。张

---

① 《续资治通鉴长编》卷十七。
② 《续资治通鉴长编》卷十七。

佖由此进入宋朝官场，继续克己奉公，为宋朝效力。

不过张佖的这种性格，在官场做事是有缺陷的。可能南唐时期，风气较好，他能顺风顺水。然而，赵宋王朝是新兴王朝，与南唐完全不一样，宋朝的官员也多是北方官员，与南方的人习性完全不同。张佖进入宋朝官场后，并没有改变自己往日的行事风格。

他们的嫌隙，来自一次制度改制。在此之前，"右赞善大夫张佖判刑部，比部员外郎李符判大理"。按照旧制："天下刑狱大理寺详断，刑部详覆"，即分开办公，也单独向皇帝汇报。而不久前，朝廷颁布了诏命："令两司参议同奏"，令两部门联合办公，矛盾就产生了。[①]

这个制度改革看起来并没有特别之处，问题的关键是，这两个部门都是司法部门，有工作上的交集，这实际上就将李符与张佖这两个毫无交集的人，通过工作联系建立了关系：按照旧的制度，大多数案子都要大理寺先将整个案件调查清楚之后，再将卷宗等一应交于刑部，由刑部官员来审核案子调查是否证据清晰、有无错误等等。[②]

这种职能上的划分，也是为了更好地确保国家司法公正。赵匡胤在建立宋朝时，十分重视文化因素，有意文治。但历朝历代治国的核心是法治，儒家不过是为了掩盖法治的一个幌子而已。这种背景下，司法部门就扮演着重要角色。

按说这是一种成熟的机构设置，因为宋承唐制，大理寺与刑部只需要相互配合，共同维护司法公平即可。但两个部门之间的合作形式，也多体现在"一把手"的行事风格上。张佖和李符两人配合出了问题，因工作问题产生了纠纷。

赵匡胤为什么忽然间会改变制度，让两个部门负责人共同汇报工作，原因不得而知。但就是这种政策调整，让李符和张佖两人产生了严重意见分

---

① 《续资治通鉴长编》卷十七。
② 《续资治通鉴长编》卷十七。

歧。不久，张佖给朝廷上了一道请求外调的札子，赵匡胤才意识到两人已势同水火，无法在同一系统工作。

经了解，赵匡胤才发现这两人因案件审理问题产生过很多矛盾。李符性格强硬，在审理案件时，在量刑上很随意，每次当大理寺将案子转交刑部后，张佖会根据实际予以矫正。[①] 李符认为张佖这是故意和自己过不去。因此，每次张佖要求重新审查的案子，李符就压着不报，久而久之，双方因此嫌隙愈深。

面对李符的挑衅，张佖深知自己"南唐旧臣"的劣势，因此上札子请求将自己外调，离开刑部。[②]

当赵匡胤收到张佖的辞职报告后，陷入了沉思。他清楚张佖的为人：张佖之所以被李符这样排挤，主要还是因为张佖是江南人。朝臣也都清楚，江南士子不会受到朝廷重用，赵匡胤自己也不相信南唐人。这是赵匡胤自己确定的"政策"，自然不能自己推翻自己的决策，尽管赵匡胤清楚张佖对工作非常认真负责，但在"不重用南人"政策下，赵匡胤也只能妥协。于是，朝廷下诏，让张佖权知荣州（今四川荣县西）。[③]

从心理上说，赵匡胤不愿意放张佖走，但是朝中有一股排斥南唐官员的势力，让南唐官员无所适从。张洎、徐铉不都是不受待见的南唐高层官员吗？

朝廷下达张佖外调诏命后，按照朝廷制度，官员在外调任职前要进入皇宫，向皇帝辞行。皇帝会和即将到外地任职的官员进行岗前谈话，警示他们不能做贪污腐败和违法乱纪之事。[④]

不过张佖是个清廉的官员，所以当他进宫向赵匡胤辞职时，赵匡胤语重心长地对张佖说："让你到外地任官，朕很放心，朕也没有什么可交代的。"

---

① 《续资治通鉴长编》卷十七。
② 《续资治通鉴长编》卷十七。
③ 《续资治通鉴长编》卷十七。
④ 《续资治通鉴长编》卷十七。

张佖也看出赵匡胤的无奈，暗暗下了决心，一定要在地方上干出一番事业，不负众望。等张佖到地方以后，果真将荣州治理得井井有条。"及佖辞，上谓曰：'惟汝不必朕言，方擢用汝。'佖在州，果有善政。"

张佖之事可看作北方官员与南唐旧臣之间的较量，虽然是两个小官员之间的交手，但足以反映出当时的政治生态。

赵匡胤不愿意改变自己的决定，依旧不重用南方士子。一国之君的心思如此，即便江南有才人，也很难进入北宋政治核心，为这个国家的兴盛做出贡献。不过，也正是这个原因，让南方士子们在艺术领域创造了非凡成就。他们钻研典籍，拓宽文学艺术领域，逐渐引领一个时代。

当然，这都不是赵匡胤关注的重点，比起天下大业，一个小小官员的调动，不足以引起朝廷多大的重视。此时的赵匡胤还在为统一的梦想努力着。闲暇时，他总会站在皇宫中，久久向西北方向观望。那里还有一个小割据政权苟延残喘着，这个政权就是北汉。然而，北汉虽然孱弱，可它身后的契丹却不容小觑。这些年来，北汉倚仗着契丹，一直在叫嚣着。

5. 宋军伐北汉

赵匡胤生平最大的遗憾应该是未能攻下北汉。事实上，在先南后北消灭各个政权时，从公元963年开始，赵匡胤曾先后三次组织兵马进攻北汉，试图消灭长城防线以南的割据政权。公元969年，第三次进攻北汉时，赵匡胤还曾亲征。[①] 但是由于北汉每次都能得到契丹的支援，宋军的三次讨伐都以失败告终。

这让赵匡胤愤怒不已。眼下南唐已灭，就剩下北汉还没有臣服，赵匡胤再次将目光转向北汉。征讨北汉已成为定局。

---

① 根据《宋史》《续资治通鉴长编》等资料整理所得。

这里其实还有个问题：以往赵匡胤在消灭一国后，都会沉淀一段时间，等被灭之国完全臣服后，才会发动新的征讨战争。现在，赵匡胤在南唐还未完全臣服的情况下，为何要对北汉发动进攻呢？难道是他要继续创建功业，压制势力逐渐强大的弟弟？

不管出于何种原因，赵匡胤都决定讨伐北汉。

鉴于之前的讨伐没占着什么便宜，赵匡胤这次做了全面的准备。如此，所有器械、粮草等物资都在调运。而赵匡胤本人也在这段时间里，先后拜访了好几座寺院，有祈福的意思。比如，他先去了一趟新龙兴寺，又去了开宝寺，查阅了一些藏经。没过几天，赵匡胤又去了一次等觉院。

频频临幸佛教寺院，可以看出赵匡胤内心正处于矛盾之中。

在赵匡胤的一生中，与佛教有着不解之缘。据《十八家拳祖姓名》载，赵匡胤年轻时，曾经在少林寺学习拳法，并自创了一套三十二式的拳法，被后世称为太祖长拳；而他正是凭借着这套拳法，从一个小小兵卒，一步步干到大宋开国皇帝的。陈桥驿兵变前，赵匡胤曾将自己的家人藏到一个叫定力院的地方。[①] 他当年游历时，对人生没有规划，不知道人生之路在何处。当时他打算南下碰碰运气，结果被一位上知天文下知地理的老僧拦住，老僧对赵匡胤说："如今南方安定，国家富庶，去南方找前途不可取；北方混乱不堪，乱世才能出英雄。"赵匡胤当即改变方向，去了北方。最终他投在了后汉枢密使郭威的门下，成了一名士兵，并逐渐崭露头角。[②]

当然，有的时候，赵匡胤也会产生一些奇怪的想法，透露出他对佛教并不虔诚。按照欧阳修《归田录》里所载，有一次，赵匡胤到大相国寺视察，曾向僧官赞宁询问他和佛祖谁大的问题。

> 太祖幸相国寺，至佛像前烧香，问："当拜与不拜？"僧录赞宁曰：

---

① 《涑水记闻》卷一。
② 《宋史》卷一。

"不拜。"问其故。曰:"现在佛不拜过去佛。"上微笑而领之,遂以为定制。①

综合来看,赵匡胤并不完全崇信佛教。但他在进攻北汉之前,又频频出入佛教寺院,寻找心灵慰藉,矛盾的内心展露无遗。

同时,赵匡胤还去了东染院,给正在作业的工人们赏赐了钱财。之后,赵匡胤又去了控鹤营,观看士兵们操练骑射,并给亲兵赏赐了财物。②

以上种种,无不透露着赵匡胤要实施大动作的迹象。果然,不久之后,征讨北汉事宜正式被提上日程。赵匡胤召开御前会议,与重臣们商议具体征讨办法。枢密院和中书门下的领导相互陈述利弊,制订征讨北汉的计划。

当准备工作进行到一定程度后,一个周密的计划正式形成:赵匡胤决定兵分五路,北上伐汉。从这份计划来分析,这是结合之前三次进攻北汉失败的教训制订出来的计划,充满了朝堂高层的集体智慧。

计划制订好之后,按照既定部署,开始调兵遣将。不久,一份征讨北汉的高层人员名单产生。朝廷命侍卫马军都指挥使党进为河东道行营马步军都部署,宣徽北院使潘美为都监,虎捷右厢都指挥使杨光义为都虞候,带领宋军北上征讨。③从公布的这几个领兵出征的将领来看,赵匡胤这次是下了血本。他们都是追随赵匡胤多年的将军,任何一个人都战功赫赫。现在朝廷将他们集中在一起,足见赵匡胤消灭北汉的决心有多大。

就这样,五路兵马正式形成。④"丙辰,遣使率兵分五道入太原。"⑤来看

---

① 《归田录》卷一。
② 《续资治通鉴长编》卷十七。
③ 《续资治通鉴长编》卷十七。
④ 《宋史》卷四百八十二。
⑤ 《宋史》卷一。

这五路大军的配备情况①：

第一路，由西上阁门使郝崇信与解州刺史王政忠出汾州（今山西汾阳）。

第二路，由内衣库副使阎彦进与泽州刺史齐超出沁州（今山西沁县）。

第三路，由内衣库副使孙晏宣与濮州刺史安守忠出辽州（今山西左权）。

第四路，由引进副使齐延琛与晋、隰州巡检，汝州刺史穆彦璋出石州（今山西吕梁市离石区）。

第五路，由洛苑副使侯美与郭进出忻、代两州（今山西忻州、代县）。

五路将领似乎都是新面孔，他们在宋朝各类战争中并没有取得多么惊人的战绩。事实上，如果仔细分析，就能发现这些将领都是西北边境上涌现出的新一代将领，他们会是未来宋朝军事力量中的中流砥柱。

尽管领兵出征的将领是新面孔，但负责这次征讨战役的高层领导都是老将，他们身经百战，经验丰富。主帅党进参加过两次征讨北汉的战役，对北汉的情况较为熟悉。潘美也是老将，宋朝消灭南汉时，潘美是主将，在消灭地方割据政权方面，潘美经验丰富。杨光义就更不用说了，他是赵匡胤"义社十兄弟"②之一，一直跟在赵匡胤身边，虽然在前期的战役中，杨光义不像他的几位结拜兄弟那样战功显赫，但他绝不是一般将领。

奇怪的是，这么重要的军事行动，赵匡胤却不打算亲征。按照惯例，他是会带兵出征的。可能鉴于此前攻打北汉失利，赵匡胤这次只想坐镇指挥。将军们临走时，到都城与皇帝拜别，赵匡胤给将军们赏赐了戎服、金带、鞍

---

① 《续资治通鉴长编》卷十七：丙辰，诏分兵入北汉界，西上阁门使郝崇信与解州刺史王政忠出汾州，内衣库副使阎彦进与泽州刺史齐超出沁州，内衣库副使孙晏宣与濮州刺史安守忠出辽州，引进副使齐延琛与晋、隰州巡检，汝州刺史穆彦璋出石州，洛苑副使侯美与郭进出忻、代。

② 《宋朝事实》卷九《勋臣·太祖义社兄弟》："太祖义社兄弟，保静军节度使杨光义，天平军节度使、同平章事兼侍中石守信，昭义军节度使兼侍中李继勋，忠武军节度使、同平章事、中书令、秦王王审琦，忠远军节度使、观察留后刘庆义，左骁卫上将军刘守忠，右骁卫上将军刘廷让，彰德军节度使韩重斌（赟），解州刺史王政忠。"

马、铠仗。① 赵匡胤在阵前做了动员讲话，表示自己等着将士们凯旋。

一切看起来都在朝着赵匡胤期待的方向发展。那么，宋军能拿下太原吗？

开战之前，所有结果都不好预测。北汉虽弱，可北汉的靠山——契丹是强大的对手。契丹人的先祖耶律阿保机、耶律德光都不是一般人。即便眼前病恹恹的耶律贤，也时刻想着扩大地盘，带领契丹人走向复兴。

这种背景下，这场宋朝消灭北汉的战争背后，却是宋朝与契丹的博弈。这也是战争前，赵匡胤不断到寺庙去祈福的原因。

一切都需要战争去印证。

宋朝调集大军的消息也传到北汉皇帝刘继元耳中，当他得知宋朝兵分五路准备攻打太原时，再也不能泰然自若。为了摸清宋军部署，刘继元派出间谍，深入宋朝境内的晋州了解宋军推进的情况。有意思的是，刘继元派出的间谍被宋军前线的将士发现，将其俘虏后，押解开封，请赵匡胤处置。赵匡胤不但没有杀北汉间谍，还赏赐了间谍衣裳和食物，将其放了回去。

赵匡胤这个做法，似乎是为了彰显国威：咱们大宋不怕你们派间谍渗入。但结合战前他的一系列准备工作，这个操作着实令人看不懂。或许作战就是真真假假，让对方猜不透自己的意图。

之后，宋朝的五路大军向太原集结。这种大军团出动的消息，很快被北汉边境斥候发现。战报再次传至北汉高层耳中。毫无例外，刘继元马上派出使者向契丹求救。

北汉的使者马不停蹄到达契丹，对辽景宗耶律贤讲述了宋朝兵分五路进攻北汉的事实，请求契丹出兵援救。耶律贤没有立即发兵，他安顿好北汉的使者后，召集契丹高层商议对策。

事实上，对于北汉的求援，早有契丹高层持反对意见。毕竟一旦战争打响，就会有流血牺牲，契丹将士也非铜头铁脑。再者，这些年来，北汉实际上并没有给契丹带来多少好处。当然，契丹方面也有支持支援北汉的声音。

---

① 《续资治通鉴长编》卷十七。

契丹朝廷之上，形成了两种意见：一是支持援助北汉，一是反对援助北汉。在听了众人的意见后，耶律贤力排众议，决定援助北汉。对支援北汉，耶律贤有着清醒的认识：一直以来，契丹与宋朝之所以没有发生过正面冲突，都是北汉的缘故。即便有些局部战争，北汉也都充当了"缓冲地带"。一旦北汉被宋朝灭亡，契丹就要直面宋朝，必然会生出很多龃龉。

于是，耶律贤派遣契丹南府宰相耶律沙和冀王耶律敌烈支援北汉。①

所以，当五路宋军向太原开拔时，契丹方面的援军也由北向南，朝太原而来。只是宋军的行动更加迅速。据说宋军一路势如破竹，很快就攻破北汉的一些市镇，直逼北汉国都太原。而主将党进更是身先士卒，击败了北汉兵马数千人，缴获了战马千余匹，还得到三万余北汉子民。②

坐镇开封的赵匡胤不断收到各种振奋人心的战报，可能此时的赵匡胤武人气概再生，想到前线去观战，但宋朝内部的不稳定，分散了他的注意力。

6. 九月杂事很多

这时候，有几件事堆到赵匡胤眼前。

第一件事，牵扯到南唐。宋灭南唐后，原南唐袁州（今江西宜春袁州区）刺史刘茂忠③与吉州（今江西吉安）刺史（申）屠令坚④两人观察局势，寻找着摆脱宋朝的机会。史料载，这两人少年时恰逢乱世，落草为寇，烧杀抢掠，到处祸害老百姓。后来，因其勇敢，被南唐政府招揽当了军事将领。曹彬攻破金陵后，命李煜下令，让所有州郡都投降。此前，江州、歙州相继

---

① 《辽史》卷八。
② 《宋史》卷四百八十二。
③ 《十国春秋·申屠令坚传》：少亦为群盗，会赦书募盗为兵，茂忠出应募，且请擒盗自洗湔，乃诈亡命入盗中，自言工风云占，盗信之，乃密约吏为内应，悉擒戮无遗者。
④ 《十国春秋·申屠令坚传》：申屠令坚，山东人，少无赖，勇敢绝人。晋、汉间，常为盗，被获，因市酒，与守吏饮，乘守者醉，破械南奔。

叛乱时，他们选择了蛰伏。这时候，宋军五路大军出征，两人秘密商议后，决定抵御宋朝，死扛到底。然而，时隔不久，(申)屠令坚的忽然死亡，让两人密谋的这件事终止。刘茂忠孤掌难鸣，在监军侍其祯的劝阻下，选择臣服了宋朝。①

赵匡胤见到刘茂忠后，斥责刘茂忠看不清形势，故意与宋朝对抗。但刘茂忠耍了个心眼，他清楚赵匡胤是武人出身，赏识武将勇武，故意说："我是南唐旧臣，当然誓死效忠李氏。即便陛下您亲征，我也会战斗到最后一刻。"他的这个说法果然奏效，赵匡胤觉得刘茂忠还挺忠义，就将刘茂忠安置到登州当刺史去了。②

处理完刘茂忠的事情，赵匡胤做了个决定：废除原南唐设在各县的制置使。这是赵匡胤在李煜到达开封后，针对南唐旧地接二连三发生叛乱所给出的解决办法。从制度上废除南唐旧制，才能有效遏制他们再次反叛。这也是让南唐之地"大宋化"的一种策略。

这件事做完，南唐旧地果然稳定了。此后，少有叛乱发生。赵匡胤对这种处置很满意。

接下来的一段时间，攻打太原的战争还在持续，赵匡胤一面关注战况，一面处置内政。

几天之后，赵匡胤命枢密副使楚昭辅领宣徽南院事，右卫大将军、判三司王仁赡领宣徽北院事。也就是从这时候起，当宣徽使阙员时，就由枢密副使兼领南北院事。③

王仁赡此人前面已提及，此处对楚昭辅做一简单介绍。此人很早就跟随赵匡胤，且颇受重用。真正体现楚昭辅价值的是陈桥驿兵变，当时，赵匡胤带领大军行进时，后周大军中有个叫苗训的小军官，发现天上出现了两个太阳，就将此事告诉了楚昭辅，苗训还说："恐怕将要再出一个新天子。"楚昭

---

① 《续资治通鉴长编》卷十七。
② 《续资治通鉴长编》卷十七。
③ 《续资治通鉴长编》卷十七。

辅就在军中散布天上出现两个太阳的消息，为后面赵匡胤兵变制造舆论。随后，这种异象就在军队中流传开来。① 随后，赵匡胤就在陈桥驿发动兵变，建立宋朝。楚昭辅在官场也逐渐平步青云。

转眼到了九月。开封的天气已有了一丝凉意，落木萧萧。一天，赵匡胤忽然想要去绫锦院转一圈。绫锦院，顾名思义就是专门为宋朝皇室做衣服的地方。② 看着眼前的丝罗绸缎，赵匡胤满心欢喜，这些东西可都是货真价实的财物呀。

不久，开封府给赵匡胤上书，札子中写了这样一则消息：开封府最近没有发生案子，各个监狱里都空了。③ 这是天下太平的象征，赵匡胤非常高兴。当然，这也可能是有人在"粉饰太平"。

赵匡胤这段时间兴致更高，处置政务也得心应手。几天后，宰相制定了官员父祖忌日给假的方案，赵匡胤觉得非常人性化，同意宰相所奏。于是，朝廷很快出台了一项政策：朝廷刺史、郎中、将军以上的官员，在父祖忌日时，可以请假去祭奠。④ 在宋朝官职越大，就越没有私人的空间，一切都得以朝廷的利益为先。这项政策的出台，一定程度上体现了人文关怀。

不过赵匡胤是个善于集权的君主，他已从武将蜕变成帝王。驾驭臣子，是最重要的职责。比如，这时候，他对一个叫范旻的官员的任用，足见其智慧超群，被当时很多官员称赞。这个范旻是前宰相范质的儿子，颇有行政能力。朝廷平定南汉之后，就派遣范旻担任地方官，负责治理南汉旧地。范旻不负众望，将辖区治理得井井有条。⑤ 很快，淮南地区的治理又成为难题，赵匡胤这次又想起了范旻。

九月初，朝廷打算派专职人员到淮南地区任职，顺便"巡视"那一片地

---

① 《续资治通鉴长编》卷一。
② 《续资治通鉴长编》卷十七。
③ 《续资治通鉴长编》卷十七。
④ 《续资治通鉴长编》卷十七。
⑤ 《宋史》卷二百四十九。

域。库部员外郎范旻就成为最佳人选。不过赵匡胤的这一决定，并非所有高层都同意。赵匡胤不做解释，坚持让范旻担任水陆转运使，处置淮南各种事宜。①

按照制度，朝廷外调官员就任前，要向皇帝辞行，皇帝会给官员压担子。于是，在范旻进宫面圣时，赵匡胤对他说："我把这重担子就交给你了，你到淮南之后，除去民间疾苦、漕运、军需物资需要上报朝廷之外，其余的事情，你就看着办，不用一一回复给朝廷。朕听闻你家里条件不太好，若需朝廷帮忙，你尽可开口。即便官钱你也可以随便使用，不用上报给朝廷。"②这可不能简单地认为中央给地方官员放权，试问宋朝建立以来，有多少官员去地方任职前，皇帝能给出这么大的权限呢？

翻阅《宋史》，有一个实例可做对比：宋仁宗时期，有一个官员叫滕子京，他挪用公使钱被言官发现，遭到弹劾。滕子京为了躲避责任，毁灭账本。当时在中央任职的范仲淹也曾为其辩解。但滕子京挪用公使钱又烧账本之事无法就此掩盖过去，最终，滕子京被罢职。通过这件事，可以看出公使钱的使用有相当严格的制度，审计也非常严格。而赵匡胤却能给范旻这么大的权力，其中的驭人术令人折服。

范旻在听了赵匡胤的话后，非常感谢朝廷对他的照顾，并表示他暂时还能维持家业，等他到淮南以后，一定会将所有事宜都处置好。而赵匡胤所期待的就是范旻的这份"忠心"。

果然，等范旻到淮南后，政事处理得井井有条，大事小事也都上报给朝廷。时隔不久，范旻还在他任职的地方征集到百万石米粮运往京城，表示自己的忠心。③

不久之后，高丽的使臣到达宋朝，向宋朝上报了高丽光宗王昭去世，国政由王昭之子王伷全权负责的消息，并请宋朝正式册封王伷为高丽国王。高

---

① 《续资治通鉴长编》卷十七。
② 《续资治通鉴长编》卷十七。
③ 《续资治通鉴长编》卷十七。

丽如此重视宋朝，赵匡胤很高兴，同意了高丽的请求，并表示宋朝会一如既往与高丽保持友好的外交关系。①

事实上，高丽王国与宋朝很早就建立了外交关系。建隆三年（962年）时，高丽王昭就派出使臣到宋朝来朝贡。②之后几年，高丽持续派出使臣到宋朝进贡，与宋朝交好，为自己在契丹与宋朝之间，寻得一席之地。

赵匡胤处置着这些琐碎政事，也在关注着天下格局。有意思的是，赵匡胤在处置这些事务时，没有重用赵光义，也没有更加宠幸赵廷美，更没有重视两个儿子。可能原先他认为的一些危机，也在自己高超的手段下，逐渐平复。似乎，一切都在运筹帷幄之中。

7. 寻常事里的不寻常

朝廷稳定了，赵匡胤心里却不安宁，他还在挂念着北方的战事。不久前，赵匡胤赋予大将郭进重任，让他巡视整个战场，可根据战局做出相应战略调整。"辛亥，命镇州西山巡检、洺州防御使郭进为河东道忻、代等州行营马步军都监。"③

需要注意的是，此次进攻北汉的总指挥是党进，这时候赵匡胤又派郭进来，到底有什么意图呢？是他不相信党进这些将帅？

事实上，在郭进还未到达前线时，宋军在党进等人的指挥下，已相继攻到太原城下。

两军对峙局面很快形成。

党进命人在汾河之南列阵，准备攻打太原。战争胜负的天平逐渐偏向了宋朝。只要拦住契丹的援军，太原不日即可攻破。党进在寻找着最佳破城

---

① 《续资治通鉴长编》卷十七。
② 《宋史》卷四百八十七。
③ 《续资治通鉴长编》卷十七。

之法。

令人意想不到的是，就是在这种劣势下，在某一天的清晨，忽然从太原城里冲出了一伙北汉军，他们不计生死地攻击城外的宋军。这种做法着实惊着了城外的党进一行人。不过，党进历经百战，他迅速反应过来，指挥宋军拦截这伙北汉军。因宋军在数量上占据绝对优势，这伙北汉军很快被宋军包围。党进指挥宋军对其实施反击，北汉军被击溃，宋军夺得了不少战利品。[①]

宋军获胜的消息很快传至京城，赵匡胤在高兴之余，也不敢掉以轻心，因为契丹一定会援助北汉。他告诫前方将士们密切注视契丹方面的动向，如果契丹大军支援北汉，定要慎重对待。毕竟赵匡胤自己不在前线，无法指挥战争，这种心境外人无法理解。

不久，宋朝大臣刘熙古去世。这件事再一次让赵匡胤的心情跌到谷底，越来越多和他一起打江山的人离他而去。[②]

刘熙古不是赵匡胤义社十兄弟的人，却与赵匡胤有着密切的关系。当年周世宗去世后，国家陷入主少国疑之中，后周三位宰相将手握大权的人都派到地方去任职。当时殿前都点检赵匡胤的治所是宋州，而这个刘熙古就是宋州的判官。[③]两个人虽然只有半年一起供职的时光，却建立了深厚的感情。赵匡胤建立宋朝后，刘熙古主动维护赵匡胤的权威，得到朝廷重用。

如今，刘熙古去世，赵匡胤追赠刘熙古为右仆射。这已经相当于追赠为宋朝宰相了，对刘熙古家人而言，也是莫大荣耀。

之后，虔州通判杨澈给朝廷送来了一伙人，其中还有两个草寇首领，一个姓黎，另一个姓罗，具体名字不详。

按杨澈札子里的说法，这两人聚众野山落草，到处烧杀抢掠，扰乱地方安定。杨澈带领人去平寇，最终捉住了黎、罗二姓贼寇，将其送到开封，请

---

① 《续资治通鉴长编》卷十七。
② 《续资治通鉴长编》卷十七。
③ 《宋史》卷二百六十三。

求朝廷处置。①

杨澈很小就有才名，后周显德年间中状元，被后周朝廷重用。陈桥驿兵变后，赵匡胤开科取士，杨澈再次参加科考并高中进士，因工作出色而被赵匡胤注意到，专门叫到京城对其考核一番，擢升他为著作郎，出知渠州。②

南唐灭亡后，赵匡胤命杨澈领一部分兵力管理南唐各地。③当时，南唐一个叫郭载兴的节度使因手握重兵，有举兵反宋之嫌。杨澈得知后，一人一骑找到郭载兴，对郭载兴晓以利害，规劝郭载兴投靠宋朝。郭载兴被杨澈的胆识和气魄感动，决定投靠宋朝，听从杨澈的指挥。④杨澈将此事报告给了朝廷，希望朝廷能够宽大处理郭载兴。

再后来，朝廷任命郭载兴为海州（今江苏连云港）刺史。有意思的是，就在不久前，杨澈陪着郭载兴到海州，发现海州藏匿着大量的南唐将士。杨澈认为这些将士留在海州可能会成为不稳定因素，于是，杨澈命人将海州城中身体健壮的士兵以五百人为一纲，将他们送到京城。

九月庚寅日，赵匡胤兴致很高，打算出去透透气。他首先来到开封城南的池亭。游览了一番后，又到了礼贤宅。在年初时，此处招待过钱俶，往事历历在目，赵匡胤感慨万千。

赵匡胤并没有在礼贤宅长期逗留，他出宫不过是为了散心，想太多伤感之事无益。赵匡胤和随从在开封大街上信步走着，无意间来到晋王赵光义的家门前（可能也是有意）。赵匡胤随口说："既然都到了晋王家门口，不妨进去坐坐。"于是，一行人走进了晋王府。⑤

对于赵匡胤的突然造访，赵光义一家受宠若惊。遗憾的是，这次兄弟两人谈了什么，史料并无详细记载。

---

① 《续资治通鉴长编》卷十七。
② 《宋史》卷二百九十六。
③ 《续资治通鉴长编》卷十七。
④ 《续资治通鉴长编》卷十七。
⑤ 《续资治通鉴长编》卷十七。

在此之后，赵匡胤就一直待在深宫之中。

天气渐凉，转眼间到了十月。衰草枯杨，万物萧瑟。黄河已开始结冰，宋朝即将迎来一年中最冷的时刻。

在这样的季节里，赵匡胤牵挂着前线战况。数日后，定难军节度使李光叡派使者向朝廷汇报，他已率领所部驻扎于天朝、定朝两关，不日即可到达黄河边，等黄河结冰后，即带领人马进入北汉境内，与朝廷大军一起进攻北汉。[①] 赵匡胤对李光叡的积极表现十分满意，进行了褒奖。

接着，前线不断传来各种消息。

先是安守忠与孙晏宣两人率部从辽州路进军，一路进军顺利。不久后，二人巧遇洛罗寨兵马监押马继恩，他们合兵一处，商议下一步进军对策。几个人合计后，决定乘机率兵进攻北汉，即便杀不了多少人，也得抢一把北汉。于是，这路宋军攻入北汉境内，焚烧了北汉四十余寨，获得牛羊等牲口数千头（匹）。

接着，另一路的齐超也开始从沁州路进攻北汉，击败北汉军五百余人，俘虏三十人。

赵匡胤听到消息后很振奋，宋军能取得这些胜利说明契丹援军还没赶到，赵匡胤心里痒痒的，他多希望到前线去，来指挥这场决定北汉命运的战争。他似乎看到前线将士们奋勇杀敌的身影。心绪不宁的赵匡胤，无法安然待在宫中。不久，赵匡胤出宫，径直走向开封西教场，亲自观看了宋军将士发机石训练。[②] 看到兵士训练，总能让人心潮澎湃，热血沸腾。

数日后，郭进又传来好消息，他带兵进攻北汉寿阳县，俘虏北汉民众九十余人。紧接着，党进又汇报说在太原之北，击败北汉军数千人。

当然，在振奋之余，赵匡胤也暗暗担心。自始至终，契丹大军都没有露面。根据宋朝方面搜集到的情报，耶律贤的的确确派出南院大王耶律沙和

---

① 《续资治通鉴长编》卷十七。
② 《续资治通鉴长编》卷十七。

冀王耶律敌烈援助北汉。一旦耶律沙的大军到达太原外围，宋军必然会面临腹背受敌的危险，北汉虽然兵马不多，但毕竟还有无敌将军刘继业这样的能人哪。

就在赵匡胤心系前线时，还发生了一件让他抓狂的"贪污腐败"事件。尽管赵匡胤曾经说过，一百个文人贪腐也不及一个武将叛乱。可如今天下已大定，怎么还能允许贪腐事件发生呢？

事件由一个叫张铎的官员引发。此人原是后周旧臣，在赵匡胤兵变后，主动表示归附，赵匡胤一如既往让他当官，授予他检校太师官衔。

后来，赵匡胤让他到泾州（今甘肃泾川北）镇守。张铎到地方以后，了解到他管辖的地方，每年都要从外地购买马匹，充当骑兵的坐骑。张铎意识到这是个牟利的机会，遂故意报高购买马匹的价钱，在实际购买时又尽量压低价钱，这样一来他就能赚取中间差价。几年下来，张铎已经赚到十六万贯钱财。不仅如此，张铎还擅自使用管库的一万余缗钱，并以各种名目侵吞了官曲六千四百余饼。①

张铎自作聪明，自以为是，总认为一切都在掌控中，肆无忌惮，不知收敛。他没有意识到，他这些年的"劣迹"早已传到宋朝高层的耳中。

为了不在出征北汉这个关键时刻造成混乱，赵匡胤没有立即下令缉拿张铎，而是将张铎召到京城。而他的儿子张保常和亲信宋习在泾州被逮捕。②

张铎犯罪事实清楚，不容狡辩，应当予以严惩。令人费解的是，一向铁腕的赵匡胤这次犹豫了。大概张铎是后周旧臣，因为贪腐就严惩不贷，也怕落人话柄。再者，张铎驻守泾川，在部队中有一定的威望。既然张铎这样贪污，那么他手底下的人多少都"不干净"。赵匡胤觉得此事不宜深究，只需对张铎略加惩处，让泾川地区的官员理解朝廷对他们网开一面即可。于是，赵匡胤罢免了张铎的节度使之职，降为左屯卫上将军。另外，对他侵吞的财

---

① 《续资治通鉴长编》卷十七。
② 《续资治通鉴长编》卷十七。

产也不再过问。张铎的儿子和亲信也被免除了罪责。①

赵匡胤之所以如此处置，当然是为攻伐北汉的大局考虑。

这几日来，战报较少，说明战争到了吃紧程度。

十月中旬，一场寒流席卷而来，寒气逼人，即便往日辉煌的开封，也萧瑟了许多，人们不愿意出门。而越是到这时，赵匡胤就愈加挂念前线的战况。可能这时前线的宋军将士们，也正在遭受着寒流的侵袭。但他们毫不气馁，继续与北汉较量。据宋军派出的斥候反馈的消息称，契丹援军即将到达太原附近。

形势愈加紧急起来，一场大战即将开始。

这种情况下，宋朝五路大军能挡住契丹援军，进而攻下太原吗？

这或许不仅是赵匡胤的困惑，也是此次前线将领郭进、党进、潘美等人的困惑。不过，他们按照皇帝的命令执行任务，只能前进，不能撤退。此时，可能这帮宋军将领正在商议着攻打太原的计划。

然而，就在战争一触即发时，从开封传来一个惊天动地的消息：大宋开国皇帝赵匡胤驾崩了！所有人都愣在原地，不知道下一步该做什么。那么，朝廷到底发生了什么呢？

---

① 《续资治通鉴长编》卷十七。

第六章　烛影斧声

> 太祖皇帝聪明齐圣，由揖逊而有天下，如尧与舜。至于天禄之传，不归之子而归之弟，则贤于禹远矣，况汤武乎。呜呼！得天下以仁，弃天下如脱屣，数千百载之间，继尧舜之正者，唯太祖为不可及也已。
>
> ——（南宋）王称《东都事略》

1. 王继恩的发迹史

开宝九年的十月，赵匡胤除了去过一趟赵光义家、顺手处置了几件政事外，并没有其他大事发生；即便围攻太原的战争，宋军方面也没有失利，他即使内心焦虑，也不会到致命的程度。那么，赵匡胤为什么会突然驾崩呢？

带着这一问题，我们尝试着拨开重重迷雾，寻找可能存在的蛛丝马迹。

诚如前文所述，赵匡胤忽然造访赵光义家的具体经过，史书无载——可能有记载，但在后世整合史料时被删掉了。有意思的是，如果正史删减，私人笔记中也应该有所记录。但翻阅各种宋人笔记，也不见记载。这种巨大的历史空白，给后世研究者留下了巨大谜团。

我们从十月初开始分析。

事实上，赵匡胤在十月里的所作所为，在上一章已有叙说。我们可以发现，到开宝九年十月时，赵匡胤的身体并未表现出任何患病征兆。但赵匡胤却在十月二十日晚上突然驾崩了，这背后的具体原因是什么？难道发生了脑出血或者心脏病？

在元朝人编修的《宋史》中，有关赵匡胤驾崩之事，也只有一句话："癸丑夕，帝崩于万岁殿，年五十。"①巨大的疑团，困扰了后世千余年。

由于《宋史》记载过于简单，我们只能从其他的资料当中，寻找赵匡胤驾崩的"各种故事"，将所有的细节相互验证，来去伪存真，尝试着解开这个谜团。

对北宋历史记载最详细的，当数李焘的《续资治通鉴长编》。因此，在本章当中，笔者主要以《续资治通鉴长编》为蓝本，参照其他史料，还原赵匡胤死亡的整个过程。

在叙述所有事件之前，先要介绍一个人，因为在赵匡胤驾崩整个事件中，他似乎全程参与。他是这一历史的见证者、参与者。

这个人叫王继恩，身份是赵匡胤身边的宦官，深得赵匡胤和皇后宋氏的信赖。

王继恩，原名张德钧，据说早年间被一个张姓之人收为养子。可能张姓之人本身就是后周宦官。王继恩自幼净身，并在后周显德年间进入皇宫，成为一名小宦官，②不过，在后周时王继恩并没有得到重用。然而，在皇宫中的生活，练就了王继恩的眼力和腿脚。他步步留心，时时在意，不肯轻易多说一句话。他看着皇帝、嫔妃们的一言一行，也观察着身边宦官的为人处世，不断从这些人身上学习着一些需要注意的事项，默默记在心间。由此，王继恩谙熟皇宫中的一切礼仪制度，并逐渐开始展示出自己的才能。

---

① 《宋史》卷三。
② 《宋史》卷四百六十六。

陈桥驿兵变后，赵匡胤安置后周符太后和周恭帝柴宗训在洛阳居住，并将皇宫中多数宦官也都转赠给柴宗训。但王继恩却被留在了皇宫中。原因可能是当时赵匡胤的确需要一些人服侍，加之王继恩地位低，不受人注意，反而被留在了皇宫。

王继恩是一个不甘平庸的人，他一直在寻找自己的出头之日。身为宦官，却有不屈之心。事实证明，就是这个王继恩，成了改变宋朝皇位传递的决定性人物之一。后来在宋代第三位皇帝宋真宗继位之前，王继恩曾试图联络失宠的李皇后，拥立已被赵光义废黜的大儿子赵元佐为皇帝。幸好当时"大事不糊涂"的宰相吕端及时发现了王继恩的阴谋，一举粉碎了王继恩等人的政变企图，这才让赵恒继承了皇位。

到开宝年间时，王继恩已取得了一些小成绩。有一次，赵匡胤召见了王继恩，并与王继恩有过一次简短交流。也正是这次交流，让赵匡胤发现了王继恩的与众不同。赵匡胤就将王继恩留在身边，他也日益受到赵匡胤的重视。王继恩眼里有"光"，手里有"活儿"。很多事他都能巧妙处置，办事风格符合赵匡胤的胃口。时间久了，他们也就相互熟悉了。这时候，王继恩请求改回自己的王姓，赵匡胤批准了他的请求。据说"继恩"的名字，还是赵匡胤所赐。这对于王继恩而言是莫大的荣耀，因此，他服侍皇帝更加周到细致，赵匡胤也更加信任他。后来，赵匡胤提拔了王继恩，让他担任内侍行首。①

得了高位的王继恩不骄不躁，继续处处小心，如履薄冰。就这样，在他的领导下，大内秩序井井有条。赵匡胤也越来越依赖王继恩。

即便如此，王继恩依旧不满足于做一个安稳太平的内侍官，他还有更大的目标。宋朝进攻江南时，王继恩主动请求到前线去。王继恩表示，哪怕是尽自己一点点的力，也愿为朝廷奔赴战场。

事实上，在宋朝，绝大多数宦官会一生被困于皇宫之中，在皇宫中生老

---

① 《宋史》卷四百六十六。

病死。但也有个别的，会被皇帝特别宠信，成为监军之类的官员，出宫解决一些棘手问题。宋神宗时期的李宪、宋徽宗时期的童贯，虽都是宦官，但他们也曾在战场上立下赫赫战功，一度受到朝廷的重用。

赵匡胤看到王继恩坚定的态度，感到很满意，遂准许他到江南去。于是，王继恩就与窦神兴等将领率宋军乘船到了采石矶——这里是宋朝架浮桥过江的地方，也是战争的最前线，王继恩跑到这里，足以看出这个人具有与众不同的眼光。①

然后宋朝消灭南唐的战争就开始了。这场战争持续了一年多，王继恩一直待在前线，直到李煜出城投降，他才随曹彬大军返京。公元976年春天时，王继恩回到了朝廷。虽然他没有建立曹彬、潘美那样的功业，可也算是到过前线参战的人。镀了一层金的王继恩，更加得到赵匡胤的青睐。赵匡胤擢升其担任里面内班小底都知，还给王继恩赏赐了金鱼带和紫衣。②

王继恩的命数是从这时候开始改变的，赵匡胤对他的信赖，超过了以往。当然，这可能与赵匡胤和赵光义产生嫌隙有关，没有了赵光义这个得心应手的助手，赵匡胤就将很多政事都交给王继恩处理。于是，王继恩奔波于各处，协调联络各种关系，解决各种困扰皇帝的难题。皇后宋氏也爱屋及乌，对王继恩信赖有加。王继恩在后宫之中的威望大为提升，很多朝中大臣和贵胄都想与他结交。据说晋王赵光义本人，也极力拉拢王继恩。

光阴匆匆，王继恩在赵匡胤身边服侍多年，尽心尽力，开宝九年十月，赵匡胤任命王继恩为武德使。③由此，王继恩的地位再次被抬高。宋初，武德使为武德司（后改称皇城司）长官，武德司类似于明代的锦衣卫，主要负责执掌宫禁、周庐宿卫、刺探情报等。换句话说，这时候的王继恩，已权势滔天，不仅仅管理着大内的宦官，也负责宫内的安保事宜。

王继恩的权力达到高峰，他可随便以扰乱京城治安罪名处置任何不安

---

① 《宋史》卷四百六十六。
② 《宋史》卷四百六十六。
③ 《宋史》卷四百六十六。

分的人。其实，这样一来就会产生弊端：王继恩既掌管皇宫内廷，又控制着京城的部分精锐禁军，一旦有人与王继恩联手谋大事（比如发动宫廷政变），谁还能与他抗衡？善于制造各种"制衡"的赵匡胤，似乎把王继恩给忘记了。

而作为国君，太过信任身边人，是会遭到反噬的。那么，王继恩会是赵匡胤灾难的源头吗？

2. 历史的真与假

王继恩的特点是善于审时度势，相机做出正确抉择。这是他在赵匡胤皇宫中备受宠幸的原因。也正因如此，他也将个人命运与国家兴衰系在一起。除了伺候好皇帝，扩展自己的势力，也是他多年来的一项重要事务。

比如，他和晋王赵光义之间的交往，虽然隐晦，却甚为亲密。当然，这种交往最初可能是因为晋王的身份，毕竟人家是皇弟，身份尊贵，又受赵匡胤宠信，王继恩主动结交是很自然的。后来，晋王野心膨胀，开始培植势力时，反过来拉拢王继恩也就成为一种必然，因为王继恩掌握着"最核心的秘密"。

这并非本书的猜测，而是根据王继恩后来的所作所为做出的综合分析，如果没有得到赵光义的信任，他会在赵匡胤驾崩时，先通知赵光义吗？

这里就王继恩与赵光义的关系先卖个关子，等到该叙述的时候，再做分析。折回头再说王继恩受宠与赵匡胤的病。

诚如上一节所述，赵匡胤的身体一直很健康，在他建立宋朝后，鲜有得病的记载。《宋史·太祖本纪》在这一阶段，只有一些宋军讨伐太原的记载，唯一一处异于平常的就是钱俶给赵匡胤送来了几头大象。①但《续资治通鉴长编》却记载，到这年十月初，赵匡胤忽然病倒了。

---

① 《宋史》卷三。

赵匡胤为何生病？症状如何？谁负责诊断看病？《续资治通鉴长编》中均记载不详，只记载"上不豫"[①]。而有意思的是，《续资治通鉴长编》却在为赵匡胤驱邪这件事上费了不少笔墨。

本书就先沿着《续资治通鉴长编》的脉络来推测赵匡胤不豫前后发生的事。

赵匡胤得病，亲随王继恩忙前忙后。他很快请了御医把脉问诊，在望闻问切之后，御医发现皇帝的病来得毫无征兆，他们也暂时诊断不出到底是何病症。无计可施中夹杂着恐慌，他们只是象征性地做了诊断，开具了一些调理的药物，一方面观察病情的发展，另一方面想办法医治。

但服用了药物后，赵匡胤身体依然不见好转。御医们也说不出原因，也没有更好的办法。这时候，就得想别的办法了。在古代，帝王不豫还有一种可能，那就是皇帝失德，上苍降下惩罚，因此人间的药物才无法治愈。这就需要药物之外的办法。而所谓药物之外的办法就是举行箓醮活动，向上苍祈祷。

承接这件事的人是王继恩。

那么，为什么是王继恩，而不是晋王或者赵匡胤的儿子，再或者是宰相呢？这是个值得玩味的问题，从宋朝历代帝王不豫、朝廷举行箓醮的情况来看，主持这一活动的人，往往是宰相，而不是内侍官。

那么，这里面就存在两种可能：其一，赵匡胤虽然身体有恙，但情况还未到十分严重的地步，因此他并不想兴师动众；其二，赵匡胤不想让外人知道他得病的情况，因为这时候的宋军在太原城外激战正酣。

王继恩不敢有丝毫马虎，抓紧时间张罗这件事。对箓醮之事，王继恩此前虽未主持过，可当年柴荣病重时，也搞过类似的活动，王继恩曾见识过具体操作流程。

于是，王继恩依葫芦画瓢，召集了一些宦官，准备在宫中箓醮。此时，

---

① 《续资治通鉴长编》卷十七。

最关键的一环是，需要一个懂方术的奇人出面做这件事，王继恩负责提供各种所需物资。

王继恩派出一大批人在开封寻找奇人，很快就有人找到一位世外高人。据说此人名叫张守真，有通天本领。张守真的事迹很传奇，有人说他偶尔会在终南山居住，但常年行踪不定，想要找他绝非易事。①

按照《续资治通鉴长编》的记载，早年间的张守真并非奇人。但他对鬼神之事颇为上心。有一次，有天神显现，并对张守真说："我是天神，号黑杀将军，是玉皇大帝的辅臣。"此后，张守真每次在家诚心祈祷时，天神必然显现。根据张守真本人的说法，每当天神降临时，天地会进入静默状态，正在刮着的风也会忽然停止。当听到似婴儿一般的声音时，张守真就知道天神降临了。据说，天神还会给张守真"泄露一些天机"，让他料事如神。他的很多预言"应验"后，张守真声名大噪。很多官员、地方财主乡绅、普通百姓都找张守真测吉凶，或者询问姻缘、前程。后来，随着张守真名气越来越大，他选择出家，当了道士。这样一来，张守真有通天灵性的事迹就传到大江南北，名气更大。②

所以，当王继恩派人搜寻奇人时，张守真的传说就进入了王继恩的耳朵。王继恩向赵匡胤讲述了张守真的传奇经历，打算邀请张守真进宫，为赵匡胤箓醮。赵匡胤也支持王继恩的做法，因此张守真被召进宫。③

为保险起见，赵匡胤亲自召见了张守真，向他当面了解箓醮事宜。张守真口若悬河，山南海北，讲述了很多发生在历史中的事情，让赵匡胤信以为真，同意张守真箓醮。于是，在王继恩的帮助下，张守真在建隆观做法请天神。不久，天空中传来一阵婴儿的声音，天神果然附身在张守真身上。随即，张守真以天神的口吻开始说话："天上宫阙已成，玉锁开。晋王有仁心。"说完这句话，天神就离开了张守真的身体。这句"真言"很隐晦，众人不明所

---

① 《宋人轶事汇编》卷一。
② 《续资治通鉴长编》卷十七。
③ 《续资治通鉴长编》卷十七。

以。众人希望张守真再次邀请天神下凡，为赵匡胤身体健康给点"启示"，但天神竟然再也请不下来。①

既然再也请不下天神，箓醮之事也就草草结束。令人遗憾的是，箓醮之后，赵匡胤的身体状况并没有好转，或者说，赵匡胤的身体状况在史籍中无载。

"黑杀将军"的记载充满了令人疑惑的地方，而那句"晋王有仁心"是什么意思？有什么寓意呢？

从后来赵光义继位这件事，以及众多史料被篡改的情况来分析，笔者认为，所谓赵匡胤"不豫"，又组织张守真箓醮，可能都是虚构的历史。现实情况中，赵匡胤并没有得病。《续资治通鉴长编》中的这类记载，多是为洗白赵光义而虚构的。

众所周知，赵光义继任国君后，对太祖朝历史做过一次系统"完善"，推翻很多既定说法，重构了自己的形象，把自己塑造成"真命天子"。宋真宗时期，重新对太祖、太宗时期的历史进行完善，很多记载可能与真实的历史相去甚远。

所以，"黑杀将军"的记载就是要制造这样一种事实：太祖在十月初时，身体确实出现了状况，后来驾崩，也只是旧疾复发，与太宗没有关系。

有意思的是，除了制造太祖得病的事实，《续资治通鉴长编》中还引述了宋僧文莹《续湘山野录》里记载的一个"更加真实的故事"。

这个故事由一个道士引起。

据说道士自称混沌，或者真无，总之就是那种很玄妙的名字，让人听起来就觉得这个名字充满了传奇色彩，因为不管是混沌还是真无，名字的背后，都是空洞和无极。②

赵匡胤与道人的相识也充满了传奇色彩。据说，赵匡胤青年时期游历各

---

① 《续资治通鉴长编》卷十七。
② 《续湘山野录》。

地时，带着弟弟赵光义一起，一方面增长阅历，另一方面也在寻找建功立业的机会。有一次，他们就与这位道士相遇了。经过一番交谈，赵匡胤与道士一见如故，大有相见恨晚的感觉。于是，三个人一起游山玩水。据说道士还有一个本领：伸手即可隔空取物，随便一抓就是一大把黄金。

与这样的人相识，让赵匡胤震惊，也让赵匡胤迷茫。但道士似乎对赵匡胤格外青睐。他们三个人经常在一起行走，如果饿了或者渴了，道士就隔空取黄金，然后三个人拿着黄金去买吃食饱餐一顿。而且，道士在喝醉酒时，走起路来摇摇晃晃，喉咙里会发出一种奇怪的声音，飘荡在天空中。这种声音往往只有一两句，只有赵匡胤能够听得见。有一次，道士喝醉酒后，继续摇晃着身姿，边走边发出声音。赵匡胤听见他说道："金猴虎头四，真龙得其位。"这句话似乎是什么预言，让赵匡胤一头雾水。等到道士清醒后，赵匡胤就问道士那句话到底是何意，道士却笑而不答，只说是醉话，赵匡胤也没有深究。[1]

后来，道士忽然消失不见。但道士说过的话，赵匡胤一直记在了心里。直到赵匡胤陈桥驿兵变，建立宋朝时，他才恍然大悟：当初道士说的那句话，就是给他将来的人生预言。"金猴"比喻赵匡胤，而"虎头"就是虎符，也就是兵权，赵匡胤后来担任殿前都点检就是掌握了兵权，"四"当然指的是960年正月初四这天，而"真龙得其位"就是暗指赵匡胤是真龙天子。[2]

身边要是有这样一位预言家，何愁人生无归期？他可以帮助赵匡胤随时随地知道自己的下一步该怎样走。但是，道士忽然消失，仿佛人间蒸发一般。陈桥驿兵变当上皇帝后，赵匡胤曾命人在天下寻访，都不见道士的踪迹，有人说在山野里见过道士，也有人说在河边见过他。但是这些消息都不准确，因为赵匡胤派人按照那些声称见过道士的人提供的地址去寻找时，根本不见道士本人。[3] 道士的这种游走不定，仿佛成了谜，赵匡胤就更加渴望

---

[1] 《续湘山野录》。
[2] 《续湘山野录》。
[3] 《续湘山野录》。

见到道士。然而,赵匡胤越是想见,道士就越不见踪迹。

此后十几年,赵匡胤再也没有见到道士。不过赵匡胤并未放弃,一直在寻找着道士。赵匡胤想再见一次道士,测一测宋朝的国运和他自己的命运。①

开宝九年,赵匡胤西巡洛阳时,忽然在洛阳见到了道士。两人虽然多年未见,可一见面就认出了彼此。据说道士见到赵匡胤以后,也不参拜,只是对赵匡胤说:"别来无恙啊!"赵匡胤也不追究道士的不懂礼数,他非常高兴。之后,赵匡胤屏退所有人,与道士畅谈起来。他们谈论天下大势,共话这些年彼此的经历。道士表示,他对这些早已知悉,之所以不见赵匡胤,是因为时机未成熟。

酒过三巡之后,赵匡胤询问道士:"先生能知过去未来,我这些年来一直找你,只为了一件事,我就想问问你,我还有多少年的阳寿?"这位道士端着酒杯,似乎对赵匡胤的这个问题早就知悉。道士说得很含糊:"但今年十月二十日夜晴,则可延一纪,不尔,则当速措置。"但是,赵匡胤依然能从道士"速措置"的话语里体会到问题的严重性。这句话翻译过来就是:"今年十月二十日夜里天气如果晴好,那你就还能活十二年。如果天气阴沉,那就是不好的征兆,要赶紧想办法安排后事。"②或许在赵匡胤看来,道士既然能够预测他在陈桥驿发动兵变,也就能预测他的死亡时间。再者,道士十多年不出现,现在忽然出现,大概就是要向他传递这个天机。

当时的赵匡胤心情是复杂的:一方面他对此多少有所怀疑;另一方面,他又不得不相信道士的话。

为了印证这件事,赵匡胤就将道士留在了行宫当中。当时的赵匡胤可能抱着这样的态度:既然道士能够预测吉凶,就会有解决问题的办法。有意思的是,即便赵匡胤派重兵把守,但几天后,道士依然悄然遁去,不见了踪迹。③

---

① 《续湘山野录》。
② 《续湘山野录》。
③ 《续湘山野录》。

赵匡胤没有忘却道士的话，只是那时候尚在四月，距离预言中的十月二十日还有数月时间。赵匡胤暂时将此事搁置，处理起了其他政务。

再之后，赵匡胤就在洛阳祭祀，他提出的迁都之举遭到群臣的反对，最终，只得作罢，回到了开封。

八月，赵匡胤急迫地发动了消灭北汉的战争。背后的原因可能是：在赵匡胤看来，他要在十月二十日之前消灭北汉，算是完成了生平最后一件大事，到时如果上天眷顾，天气晴朗，他将继续开疆拓土，夺回长城防线。如果到那天真如道士所言，他避免不了一死，至少对他而言，消灭了北汉，实现了中原地区的统一，他也将彪炳史册，流芳百世。

十月中旬，赵匡胤先是无故生病，王继恩请来了张守真，还留下了"天上宫阙已成，玉锁开。晋王有仁心"这句话。

不过，离十月二十日越来越近，道士留给赵匡胤的预言，也即将揭晓答案。进入十月后，赵匡胤尤其关注天气情况。特别是到十月十八九日这几天，他异常敏感，时刻关注着天气。他等待着十月二十日夜晚的来临，到时候一切都将揭晓。

以上这些内容，就是《续资治通鉴长编》里引述的故事。通过以上叙述，笔者认为这些记载虽然写得"有根有据"，但依然漏洞百出。很多地方存在"后补"嫌疑，与上一节张守真篆醮一样，可能是虚构的历史。说得再直白一点，就是后世改写的历史。

那么，回到最初提出的问题：开宝九年十月二十日晚上，到底发生了什么？或者说真实的历史到底是怎样的呢？

3. 烛影斧声

关于烛影斧声，《宋史·太祖本纪》里没有详细的记载，具体细节还要从《续资治通鉴长编》《续湘山野录》等史料中寻找。

赵匡胤惦念着前线的战况。时令已至冬初，将士们的衣服是否够穿？前线的战况是否吃紧？

当然，赵匡胤心情不错。入冬后尽管天气很冷，但多晴日。到十月二十日天气依旧晴朗，赵匡胤还到太清湖去观察水汽，判断有无降水的可能。当天夜里，月明星稀，寒风习习。赵匡胤毫无睡意，站在万岁殿之外，观看着天气的变化。"帝切记其语，至所期之夕，上御太清湖以望气，是夕果晴，星斗明灿，上心方喜。"①

道士的话不断在赵匡胤耳边回响，上苍似乎有意眷顾他。只要过了二十日这天，一切都将恢复如旧，他还会有十二年的时光，他可以利用这十二年，办成很多他计划的大事。

但是赵匡胤还是高兴得太早了。

天气骤变：先刮起了一阵北风，随之而来的是大片聚集的阴云，黑云压城，仿佛要下雪一般。天气说变就变，赵匡胤的心情也变得非常阴沉。不久，天空飘起了雪花。

"俄而阴霾四起，天地陡变，雪雹骤降。"② 对于突变的天气，赵匡胤一点儿办法都没有，或许这真是他这一生的宿命吧。而那位道士此时也不见踪迹，若他在，或许此劫有解，道士避而不见，只能说明这是死结。

赵匡胤怅然若失，想到了很多身前身后事。

他吩咐侍从让御膳房做些可口的饭菜，以款待晋王赵光义。侍从便根据赵匡胤的口味，定了皇帝平时最爱吃的菜肴，列出了一个简单的食谱，让御膳房去做。随即，赵匡胤又命人宣诏，命晋王赵光义进宫，或有重要事务商议。"移仗下阁，急传宫钥，开端门，召开封王，即太宗也。"③

有意思的是，《续资治通鉴长编》直接记载，当赵匡胤听到"黑杀将军"降下的"神言"后，知道自己大限将至，就命人将赵光义召进宫，安排后事。

---

① 《续湘山野录》。
② 《续湘山野录》。
③ 《续湘山野录》。

"上闻其言,即夜召晋王,属以后事。"① 那么,有没有这回事?

对赵匡胤这次急召,赵光义内心是忐忑的。因为赵匡胤身体"有病",当此之时该好好休息,为何召他进宫呢?宣赵光义进宫的人是不是王继恩呢?

面对皇帝的宣诏,即便他是皇弟,也不能以任何借口拒绝,赵光义内心怀揣诸多疑问进了宫,拜见了赵匡胤。

这场会面,由于没有外人,赵匡胤让赵光义不要拘泥于礼节。

赵光义虽然猜不透赵匡胤的想法,但从赵匡胤的口吻分析,也应该不是多么重要的事情,赵光义悬着的心放下来了。两个人坐下来,谈论一些朝中的事务。内侍将可口的饭菜端了上来,香醇的美酒也端了上来。于是,两兄弟一起喝酒。

两个人边喝边谈。这些酒是灭亡南唐获得的战利品,都是佳酿,千金难求。酒是个好东西,它可以壮胆。酒酣之际,兄弟两人都有些兴奋,说了些家长里短的体己话,尤其是说到这些年来,他们兄弟俩为了赢得天下,协调着各种力量,终于得到天下……往事不堪回首,这一路走来,受了太多的委屈。好在这一切都过去了,现在他们建立了宋朝,而且充分汲取五代以来武人乱政的教训,让宋朝走上了正轨,国家正极速也匀速地前进着……

两个人越说越兴奋,越喝越亲热。这时候,可能赵匡胤认为时机成熟,有必要给弟弟交代一些事情。于是,他将身边的太监、侍女们都打发走了。

侍从们清楚皇帝有意将他们支走,想来有些话,不适宜让外人听到。就这样,赵匡胤、赵光义兄弟两人继续喝着酒、说着话。而那些侍候的人也不敢离去,只能远远站在殿外候着,随时听候差遣。"延入大寝,酌酒对饮,宦官宫妾悉屏之。"②

历史留给后人的角度,都来自站在门外的侍从,而并非赵匡胤、赵光义

---

① 《续资治通鉴长编》卷十七。
② 《续湘山野录》。

兄弟两人的对话。这其实也很好理解，当时赵匡胤屏退了所有人，即便记录皇帝日常的史官也不可能在场。

这时候，映入这些侍从眼中的景象是这样的：在朦胧的灯光下，室内烛影摇动，人影绰绰，忽高忽低，或近或远。赵匡胤和弟弟或举杯喝酒，或站起来争论，或坐下去继续喝着酒。透过那些影影绰绰的光线，似乎隐约看到两人争执着什么，赵光义也有离座退避姿态。随即，又有一阵阵人的说话声，通过空气传来，但听不清他们说了什么。此时，外面已落了厚厚一层雪。又过片刻，大家远远看到赵匡胤开了门，拿着玉斧戳击地上的雪，嘴里大声说着："好为之。"①

以上内容就是《续资治通鉴长编》所载当晚太祖兄弟两人喝酒的情况。《续湘山野录》里记载的情景与上面的类似：赵匡胤忽然打开大门，从屋子里走了出来，拿着玉斧，戳着地上的积雪。有一点不同，那就是赵匡胤说的话不一样，《续湘山野录》里将"好为之"变成了"好做好做"②。

赵匡胤说完后，重新关上门，进入内室，与赵光义继续喝酒。当夜，兄弟二人都酩酊大醉。此时，外面的大雪，已经下了数寸厚。

赵匡胤已喝醉，神志不清。赵光义尚有一丝清醒，他招呼外面的侍从，进内室安顿赵匡胤入睡。随即，在众人的忙碌下，赵匡胤安然进入梦乡，而侍从就在赵匡胤身边守候着。而赵光义则被人送回了晋王府，这样就能与之后王继恩请赵光义进宫对应上。但《续湘山野录》中却说赵光义当时也被安排在宫中就寝，毕竟已经夜深了，回家也不合时宜，只能暂时让赵光义住在宫中。"遂解带就寝，鼻息如雷霆。是夕太宗留宿禁内。"③此处疑问暂且留下。

需要说明的是，兄弟二人喝酒的过程，是李焘依据《续湘山野录》整理

---

① 《续资治通鉴长编》卷十七：左右皆不得闻，但遥见烛影下晋王时或离席，若有所逊避之状，既而上引柱斧戳地，大声谓晋王曰："好为之。"
② 《续湘山野录》：但遥见烛影下，太宗时或避席，有不胜之状。饮讫，禁漏三鼓，殿雪已数寸。帝引柱斧戳□□雪，顾太宗曰："好做好做。"
③ 《续湘山野录》。

而来。只是对部分对话做一些改写。而接下来的故事，则出自大史学家司马光的史学笔记《涑水记闻》，《续资治通鉴长编》同样加以征引。

按照司马光的记载，当夜赵匡胤醉酒后，睡在了万岁殿。侍从们则不敢睡，万一半夜里要喝水，或者要上厕所，他们得及时服侍皇帝。

据说当夜赵匡胤的鼾声很大。侍从们也没有过多关注，他们可能也沉沉睡去。不知几时，侍从们忽然发现皇帝没有了鼾声，只是沉沉睡着，没有翻身，也没叫人。侍从们靠近赵匡胤试图看个究竟，当他们走到赵匡胤身边时，发现他鼻息微弱，身体发凉。

侍从们震惊不已，慌乱中不知如何处置。还是王继恩沉着，他命人赶紧去找皇后宋氏（宋朝大将宋偓之女）。宋皇后得知赵匡胤身体出现状况，赶紧往万岁殿赶。与此同时，御医们也相继进了万岁殿。宋皇后呼叫赵匡胤，赵匡胤毫无反应。御医们也诊断不出赵匡胤到底得了什么病，只能尝试着调理赵匡胤的身体。

皇宫里大家脸色凝重，都行色匆匆，落在殿外地上的雪，被大家踩乱了。

然而，各种办法都尝试了，赵匡胤依然不见好转，御医们也束手无策。皇后骂着那些御医，可也无计可施。所有人都希望赵匡胤能挺过这一关。

然而，等到天蒙蒙亮时，因酒醉不省人事的赵匡胤停止了呼吸，身体开始变得冰凉。众人的呼唤声没能叫醒他，赵匡胤离开了这个世界。宋朝的开国皇帝，就此结束了他十六年的勤政生涯。

所有人都难以接受这个现实，但这就是现实。宋皇后脑子还算清醒，马上命王继恩赶紧去请时任贵州防御使的赵德芳，让赵德芳进宫主持大局。王继恩有些发愣，不是应该请长子赵德昭处置大事吗？怎么要请赵德芳呢？

虽然有所疑惑，但王继恩还是接受了这一命令。

只是出了宫门之后，王继恩却掉转了方向直奔晋王赵光义的府邸。"时夜已四鼓，宋皇后使王继恩出，召贵州防御使德芳。继恩以太祖传国晋王之志素定，乃不诣德芳，径趋开封府召晋王。"① 对此，皇宫当中的宋皇后一无所知，她还在等待着赵德芳前来继承皇位。

当王继恩紧赶慢赶来到赵光义的府邸门前时，发现左押衙程德玄正在赵光义门口来回走着，雪地上已经被程德玄踩出了一大片的脚印。②

程德玄，字禹锡，郑州荥泽人。据说此人精通医术，得到赵光义的重用。

十月二十日赵匡胤去世之前，程德玄正待在信陵坊家中。当夜（十月二十日），他刚刚就寝，忽然听见有人敲门，大声告诉他抓紧时间到晋王府去。程德玄一听晋王赵光义召见，脸都没洗，穿上衣服就往晋王府跑。等来到晋王府门前，程德玄发现晋王府的大门关着。当时打更的人刚刚敲响三更的锣。程德玄不敢敲门，害怕打扰赵光义休息，就在赵光义家门前徘徊着。③

就在程德玄不知所措时，王继恩来到晋王府门前。王继恩很好奇，问程德玄：这半夜三更的，你怎么会在晋王府门外溜达呢？程德玄对王继恩说："我住在信陵坊，半夜里忽然听见有人在屋子外面喊晋王召见我，我就出门去看，发现门外并没有人，我就回去继续睡了。但我刚刚睡下，那个声音又开始喊，我又出去看，发现还是没有人。如此，我出了三次门，都没有发现人。这时候，我就担心是不是晋王身体患上了疾病，就赶紧赶来了。"④

听了程德玄的讲述，王继恩大为惊奇。于是，王继恩就将赵匡胤已经去世的消息告诉了程德玄。当下，两人决定冒着被处置的风险敲门面见赵光义，将皇帝驾崩的事情告诉赵光义，让赵光义处置眼前大事。⑤

开门后，门官儿不敢阻拦，因为来人是皇帝跟前的红人王继恩。就这样，王继恩和程德玄都进了晋王府，面见赵光义。王继恩将宫中发生的事

---

① 《续资治通鉴长编》卷十七。
② 《续资治通鉴长编》卷十七。
③ 《宋史》卷三百零九。
④ 《续资治通鉴长编》卷十七。
⑤ 《续资治通鉴长编》卷十七。

情，一五一十全部告诉了赵光义，请赵光义进宫主持大局。赵光义听到王继恩的话后，非常恐慌，用史书上的话来概括，就是"王大惊"。面对着王继恩的殷切相邀，赵光义害怕了，不敢进宫。于是，赵光义就对王继恩和程德玄说："你们先等一等，让我与家里人商议一下，然后再决定进不进宫。"王继恩与程德玄就在大厅当中等着赵光义与家人商议的结果。可是赵光义进去半天之后，依然不见出来，王继恩有些不耐烦，这才站在客厅里对着里间大声喊："要再不出来，就成别人家的了。"①

听了王继恩的喊话，赵光义才从里间走了出来。显然赵光义知道王继恩嘴里"就成别人家的了"那个东西指的是什么。赵光义咬了咬牙，决定和王继恩、程德玄两人一起进宫。这时候，天上还下着大雪，这三个人就一起步行到宫中。②他们的身后，留下了一连串的脚印，在或明或暗的冬天里显得尤为显眼。

从晋王府到皇宫有一段距离，一般情况下，臣子们上早朝时，都是天不明就出发，早早进宫。可以推测当时这三个人的脚步有多么匆忙，他们在想办法进宫去控制时局。至于这一路上三人商量了什么策略，已经无从考证。

等来到宫门口，王继恩作为熟知宫中礼仪制度的宦官，认为应该先向宋皇后请示汇报，然后才能将赵光义和程德玄领进宫。于是，王继恩对他们说："麻烦你们先等一等，让我先进去通报一声。"③然而，对于王继恩这样的安排，程德玄认为不妥，程德玄说："都到这里了，就应该直接进去，为什么还要等着你汇报之后，才能进去呢？"听了程德玄的话，王继恩似乎觉得很有道理，于是三个人就一起进了宫。④

王继恩进宫之后，一直还在照看赵匡胤的宋皇后听闻王继恩归来，迫不及待地问："德芳来了吗？"王继恩从外面闪现进来，对着宋皇后大声说道：

---

① 《续资治通鉴长编》卷十七。
② 《续资治通鉴长编》卷十七。
③ 《续资治通鉴长编》卷十七。
④ 《续资治通鉴长编》卷十七。

"晋王来了。"宋皇后听到王继恩的话,抬头看见站在王继恩身边的赵光义。忽然,宋皇后意识到了什么,马上对着赵光义喊了一声"官家",然后,她又对赵光义说:"我们母子的性命全托付给你了。"而赵光义则哭着说:"不要担心,共保富贵。"

以上这些内容,都来自《续资治通鉴长编》征引的司马光的《涑水记闻》的内容,也是赵匡胤去世后的整个经过。

司马光作为史学大家,治学相当严谨,《资治通鉴》彪炳史册,成为后世研读的重要史料。但上述这些记载,存在很多漏洞,无法自圆其说。

需要指出的是,宋皇后见了赵光义后,马上改口叫"官家",似乎于理不通。官家是宋朝对皇帝的专有称呼,即便赵光义是名正言顺的继承人,但这时候赵光义还没有继承皇位,怎么可以被人称为"官家"呢?

4. 赵光义登基

赵光义进宫时,一切都尚处于一种不稳定状态当中。但宋皇后称呼赵光义为官家,似乎已经认赵光义为新皇帝。而赵光义的回复,也令人费解:"共保富贵"是否意味着赵光义自己早就知道会继承君位呢?

事实证明,赵光义是非常希望当这个皇帝的。不管是培植亲信,还是阻止赵匡胤迁都,都表现出了晋王的勃勃雄心。

宋皇后认可自己后,赵光义开始为自己登上帝位布局。他先命人去请朝中的宰辅——这种事情没有他们不行,还有那些身居高位的官员,以及弟弟赵廷美,侄子赵德昭、赵德芳等人,他们都将是赵光义继承皇位的见证者。

这时候,宰相卢多逊,可能早已暗附赵光义,为赵光义备好了传位诏书,上面盖着玉玺大印。因为按照史料记载,赵光义是奉旨即位的。退一步讲,赵匡胤猝然离世,可能会留下传位诏书吗?由此,初步推断,拟诏书的人可能是卢多逊,此人与赵光义交好,也有一定的学识。当年,就是卢多逊与赵光义联手扳倒了赵普。在开宝九年时，卢多逊已升任宰相。他最有可能成为赵光义称帝的支持者。

有了卢多逊等人的加入，称帝事宜会顺利很多。当然，具体的操作环节应当很复杂，但赵光义很有能力，而且朝中多数是他的势力，这时候他们都前后奔走，为赵光义登基努力着，毕竟一旦赵光义登基，这些人都将是受益者。

很快，赵光义命人召集那些需要出席他登基大典的臣僚，这些人不明就里地被邀请进了皇宫。

紧接着，在一帮支持者的运作下，有人当场宣读了赵匡胤的"遗诏"，即赵光义即皇帝位。而赵光义在这个过程中，似乎显得"很为难"，但架不住群臣的再三劝谏，他下定决心在哥哥灵柩前即皇帝位。完成君位交接后，赵光义带领这些高层人员，一起瞻仰了赵匡胤的遗容。①

赵光义即位事宜虽然草率，但有资格出席即位仪式的人都参与了。但是更多的人并不知情。

当十月二十一日早上赵光义即位的消息传开后，很多人陷入了慌乱。慌乱之后，又陷入沉静。随即，赵光义召开了一次"扩大"会议，将参会人员扩大到皇亲国戚及部分京官。

他要对这些人宣布赵匡胤去世，他继承皇位的消息。

臣僚们议论纷纷，他们已经知道了结果，但是整个过程过于"紧凑"，他们还无法适应新皇帝发号施令。不过，心理上有抵触，官员的身份却要求他们及时进宫，听赵光义宣读"圣令"。

官员们到齐后，赵光义在万岁殿东面柱子旁边临朝。在这次见面会上，赵光义通报了赵匡胤去世的消息，并表示他按照哥哥的意思，继承了皇帝位。大臣们面面相觑，怀疑中带着震惊，震惊中表露着怀疑，搞不清楚眼前

---

① 《宋人轶事汇编》卷一：太宗受遗诏，于柩前即位。逮晓，引近臣环玉宸，以瞻圣体，玉色温莹，如出汤沐。

到底发生了什么：昨天还好好的皇帝，怎么过了一夜就死了？赵匡胤又为什么将皇位传给了弟弟，而不是传给自己的儿子呢？

不过所有人都清楚，从此刻开始，宋朝的"官家"换人了。

赵光义不管众人的疑惑，趴在哥哥的棺木上号啕大哭，悲痛欲绝。现场的这一幕应该相当尴尬：新皇帝在哭前皇帝，而群臣面面相觑，不知道是该哭已经亡故的前皇帝赵匡胤，还是该祝贺已经登上皇帝位的新皇帝赵光义？

赵光义所做的一切都合理合法。

按照《续资治通鉴长编》的说法，赵匡胤发现当天天气骤变，就想起那位道士的预言，知道自己大限将至，所以将赵光义召进宫，安排后事。等到两个人喝酒喝到深夜时，赵匡胤就对弟弟说"好为之"。这就要求赵光义在继承皇位之后，要尽心尽力做个好皇帝。这样一来，赵光义继承皇位就没有任何疑惑了，是他哥哥逼迫他接下大宋江山这副担子，他只能继续励精图治。

不管大臣们心中有多少疑惑，但眼前有一大摊子事需要赵光义去处理。皇位交替之际，国家是最容易出现混乱局面的。有意思的是，新皇帝赵光义因伤心过度，没有精力去处置政事。几位权臣（宰执群体）出面，请求赵光义赶紧处理政事。毕竟赵匡胤去世，对当时的世界来说都是爆炸性新闻，一切都处于一种不稳定状态当中。眼下既然赵光义已经继位，就应该挑起担子。但是赵光义除了恸哭之外，根本不打算处置国事。

核心成员请不动赵光义，群臣相互之间进行眼神交流后，集体再三请求赵光义临朝。但赵光义还是拒绝了群臣所请。事后，宰相薛居正等人继续请新皇帝处置大事，不惜跪下叩头，赵光义这才同意了几位宰相的请求，在长春殿开始处置政事。赵光义伤心欲绝，哽咽着对薛居正等几位大臣说："如今边防事宜是最大的事情，其他方面应当依照先帝制定的政策施行，不能擅自改动。"

赵光义的这番言论，让宰相群体忽然明白了新皇帝的担忧：赵光义虽继承君位，但他担心边境将士，这些人多追随太祖打天下，并不一定臣服赵光义。再者，数月前，宋朝派出的五路大军还在北汉境内，他们是太祖派出的人,如今他忽然在开封继位,一旦他们站出来反对,边境其他将帅会不会响应?如果真是这样,稳定十六年的宋朝将会颠覆,重蹈五代乱局。

当然,这时候还有两个威胁存在,这就是赵匡胤的两个儿子赵德昭和赵德芳。按理说,他们才是皇位的合法继承人,尽管太祖生前没有册立太子,但赵德昭是长子,唯一的储君人选。如果这时候有人跳出来,指责赵光义帝位来路不正,太祖可能就是他谋害的。那么,这些外地的武将会不会杀回开封,从赵光义手中夺走政权?想当初的陈桥驿兵变就是赵光义和赵普等人一手策划的,他清楚武人叛乱的后果。

赵光义的担心不无道理,三年后,赵光义亲征幽云宋军失利,他不知所终时,将帅们就计划拥立随军出行的赵德昭为皇帝,可见赵匡胤在三军将士心中的地位。

赵光义说出自己的担心后,宰相等人可能对赵光义进行了安抚,化解了赵光义的焦虑,让他放下了戒备,正式临朝。赵光义相信了群臣,也看出了群臣追求名利的心理。

赵光义临朝后发布的第一份政令,就是要求边境要塞将领坚守阵地,不得越境作战。这当然也是一种试探,如果边境将士听从他的诏命,他就会一如既往支持他们。如果边境将士不服他,也可及时采取措施,消灭隐患。

应当说赵光义的这种做法很高明,一箭双雕,既试探了武将们对他的态度,也乘机巩固了自己的地位。只要武将臣服,那些文臣就不足为患,他们再怎么折腾也不会将国家搞垮。

赵光义利用高明的行政手段巩固了皇位。武将们承认赵光义的君主地位,朝中的大臣们更是趋之若鹜,马上接受了赵光义这个新皇帝。即便是赵德昭和赵德芳也未做出任何举动。或许,赵德昭兄弟二人比别人的疑惑更大,但赵光义就是有办法让他们不"发作",承认其合法地位。

可能到此时,官员们才意识到,这位风度翩翩的君主的厉害手段。面对这样的君主,他们只有臣服,不敢有出格的举动。

由此,赵光义平稳地接过了皇帝的大权。接下来,按照赵光义的要求,朝廷颁布了一道通告，既向全国各地宣布赵匡胤去世的消息，也宣布他继承皇位的消息。

对天下人而言，换皇帝其实没有多少特殊意义，只要他们的基本生活得到保障，他们就拥护新皇帝。

5. 赵匡胤的哀歌

赵匡胤去世的消息公开后，基层的官员们不敢怀疑，民众也无所谓。所以，这个消息只是宣布了宋朝君主的更替，没有引起任何波澜。

这是赵光义需要的结果，也是天下臣民共同期盼的结果。一旦这时候有武将不服，发动叛乱，最终受伤害的还是天下百姓。

赵光义在一片质疑声中，继承君位，成为宋朝第二任皇帝。当然，他继承皇位后，所要做的第一件大事，就是要给太祖皇帝治丧。

这是当前最重要的一件事，也是彰显赵光义能力的事情。从给太祖的治丧中，可以让宋朝上下窥探出赵光义的真实想法。

赵光义命翰林学士查阅典籍，为太祖（赵匡胤）拟制词，总结太祖辉煌的一生。一帮学士搜罗典籍，寻找最优美的词语，对太祖的一生做出了高度评价。

编修《宋史》的元代史臣是这样评价赵匡胤的：

> 昔者尧、舜以禅代，汤、武以征伐，皆南面而有天下。四圣人者往，世道升降，否泰推移。当斯民涂炭之秋，皇天眷求民主，亦惟责其济斯世而已。使其必得四圣人之才，而后以行其事焉之，则生民平治之期，殆无日也。五季乱极，宋太祖起介胄之中，践九五之位，原其得国，视晋、汉、周亦岂甚相绝哉？及其发号施令，名藩大将，俯首听命，四方列国，次第削平，此非人力所易致也。建隆以来，释藩镇兵权，绳赃吏重法，以塞浊乱之源。州郡司牧，下至令录、幕职，躬自引对。务农兴

学，慎罚薄敛，与世休息，迄于丕平。治定功成，制礼作乐。在位十有七年之间，而三百余载之基，传之子孙，世有典则。遂使三代而降，考论声明文物之治，道德仁义之风，宋于汉、唐，盖无让焉。呜呼，创业垂统之君，规模若是，亦可谓远也已矣！

这段话的大意是：昔日唐尧、虞舜因禅让，商汤、周武王因战伐，都面南背北拥有天下。这四位圣人之后，世道变化无常，斗转星移。每到百姓遇到灾难困苦的时刻，上苍就会选出一位德才兼备之人，让他成为百姓之主，带领百姓，救助世界，创造太平。不过上苍寻求的百姓之主，也仅仅能带领百姓脱离苦海而已。假如一定要求他具备四位圣人一样的德才，上苍才把天下事务交给他处理，那么百姓们期待的和平稳定日子就会遥遥无期。到五代时期，天下更加混乱。太祖皇帝赵匡胤出身行伍，从一个小士兵，最终登上皇帝宝座，备尝艰辛。此时，我们寻求他建立宋朝的根源，其实与晋、汉、周建立国家时的条件相差无几。所不同的是，太祖皇帝建立宋朝以后，那些有名的藩镇大将都俯首听命，四方的诸侯也被太祖皇帝平定，这不是一般人能做到的。建隆以来，太祖皇帝又解除藩镇兵权，用重法整顿吏治，解决建国初期混乱的局面。对于那些地方官员，太祖皇帝也非常重视，只要他们有疑惑，他都亲自解答。同时太祖皇帝还重视农业发展，振兴学校建设，赏罚分明，减轻百姓赋税，给国家制造休养生息的机会。太祖皇帝还制定礼乐制度，营造风清气正的社会风气。这一系列的举措之后，终于让国家获得了太平。总之，太祖皇帝在位十六年间，奠定了宋朝三百余年的根基，又将这根基传递给了后世子孙，让世代有了常典法则。如今我们思考太祖皇帝的一生，可以肯定地说：自三代之后，宋代重视声教文明、典章制度，提倡仁义道德之风，让国家呈现出一片欣欣向荣的样子。宋代取得的各项成就，即便与汉、唐作比较，也毫不逊色。细观历史上那些能将帝业传递下去的君王，都和太祖皇帝一样。他们缔造霸业的故事，对后世影响非常深远啊！

这就是《宋史》中对赵匡胤的盖棺论定。坦率地说，这并不能准确概括赵匡胤非凡的一生。

据说赵匡胤去世前，曾经留下了遗诏，在他去世后，丧事要一切从简。

> 开宝九年十月二十日，太祖崩，遗诏："以日易月，皇帝三日而听政，十三日小祥，二十七日大祥。诸道节度防御团练使、刺史、知州等不得辄离任赴阙。诸州军府临三日释服。"群臣叙班殿庭，宰臣宣制发哀毕，太宗即位，号哭见群臣。群臣称贺，复奉慰尽哀而退。①

这里面的"小祥"指的是皇帝去世十二日之后的祭奠，一天代指一个月，也就是一周年祭奠。大祥指的是二十五日之后的祭奠，也是用一天来代指一个月，即去世二十五个月的祭奠。当然，赵匡胤去世后，礼官还是根据礼仪制度，制定出了小祥、大祥祭奠的一些注意事项。②

哀册宣读完毕，赵匡胤的丧礼也就告一段落，以后的每次祭奠，不过是延续以往帝王的模式而已。赵匡胤的棺木则被安置在了皇宫的一角。一直要等到来年的四月二十五日，才会被安葬在开宝九年年初他指定的在巩义埋着那匹小石马的墓地中。③

此时的赵光义，正式开始了他的皇帝生涯。

其实，文武百官、皇亲国戚、天下百姓都对赵匡胤的死充满了疑惑，而赵光义也知道这一点，但是他毫无办法。毕竟最终受益人是他，而非赵德昭

---

① 《宋史》卷一百二十二。
② 《宋史》卷一百二十二：礼官言："群臣当服布斜巾、四脚，直领布襕，腰绖。命妇布帕首、裙、帔。皇弟、皇子、文武二品以上，加布冠、斜巾、帽，首绖，大袖、裙、裤，竹杖。士民缟素，妇人素缦。诸军就屯营三日哭。"群臣屡请听政，始御长春殿。群臣丧服就列，帝去杖、绖，服斜巾、垂帽，卷帘视事。小祥，改服布四脚、直领布襕，腰绖，布裤，二品以上官亦如之。大祥，帝服素纱软脚折上巾、浅黄衫、缊皮鞋黑银带。群臣及军校以上，皆本色惨服、铁带、靴、笏。诸王入内服衰，出则服惨。又成服后，群臣朝晡临三日。大小祥、禫除、朔望，皆入临奉慰。内出遗留物颁赐诸亲王，遣使赍赐方镇。二十七日，命宰臣撰陵名、哀册文。
③ 《宋史》卷一百二十二。

或者赵德芳。他需要做点什么,来消除人们对他的疑惑。

在这里,笔者还有另一种"斧声烛影"的解读。这实际上也是在叙述本章过程中,留下的各种疑虑。请允许笔者对这些疑虑做一些辨析。

幕间

另一种版本的烛影斧声

赵光义尽管已继承皇位，但自此之后也永远无法洗脱"弑兄篡位"的嫌疑。皇位固然至高无上，然而这种嫌疑也像悬在头上的利剑，让赵光义时时不能舒展眉头。

事实上，公元976年十月二十日晚上发生的事情，一直是后世争论的焦点。因为在赵匡胤突然去世这件事上，存在着太多的疑点。而且关于赵匡胤之死，穿过千年的尘沙，不但没有让事情真相大白，反而困扰着更多人。以至于这个事件成了千古之谜，衍生出很多演绎文学。

在上一章叙述的过程中，笔者也发现各种史料中的记载很多是相互矛盾的。这一章，我们就来解释这些疑惑，尝试还原真实的历史，寻找赵匡胤去世的真相，以及搞清楚赵光义到底是不是弑兄篡位的元凶。

这就要回到最初的问题，即赵匡胤是怎么去世的？

《宋史·太祖本纪》里只有"癸丑夕，帝崩于万岁殿，年五十"这一句。这给后世留下了很多不解之谜。一般皇帝生前所做的绝大部分事情，都会有史官专门记载，即便赵匡胤生前一些骂人的话，甚至用玉斧敲掉臣子门牙的事情，都被记载了下来。可唯独赵匡胤驾崩这么大的事，《宋史》中只有这么简单的一句。

为什么突然驾崩？有无征兆？驾崩时发生了什么？都没有记载。这句笼统的记载，看似要掩盖一切，但又暴露了一切。

一切的结果，只能从《续资治通鉴长编》《续湘山野录》《涑水记闻》等史料中去分析。

《续资治通鉴长编》成书于南宋早期，对北宋史事逐年编排，篇幅较大，记录了很多历史细节，采纳了正史、野史各种记载，内容丰富而庞杂。这样一来，它很大程度上弥补了《宋史》的不足，为研究宋代历史提供了便利。但也因为《续资治通鉴长编》记载的庞杂，其中不可避免会有很多自相矛盾的地方。

在赵匡胤去世这件事上，《续资治通鉴长编》征引了文莹和尚《续湘山野录》的记载。那么，这位文莹和尚是谁？他怎么清楚知道 976 年十月二十日夜晚发生的故事？除非文莹和尚事发当晚就在现场，目睹了一切，否则，这份《续湘山野录》的记载，就存在诸多的人为加工成分。

而赵匡胤去世之后的"细节"，《续资治通鉴长编》则征引了司马光《涑水记闻》的记载。司马光是史学大家，"千古两司马"说的就是汉代《史记》的作者司马迁和宋代《资治通鉴》的作者司马光。司马光治学严谨，史料考证细致，《资治通鉴》彪炳史册。然而，有一个有意思的现象：这位宋代大历史学家编撰的《资治通鉴》纪事止于后周显德六年（959 年），宋朝建立后的事情，司马光闭口不谈。他在洛阳居住期间，写过一部私人笔记《涑水记闻》，而这部笔记的真假也遭到了后世的质疑。

赵匡胤去世后的细节，就记载在《涑水记闻》里。我们还只能以此为据，进行解析。司马光在《涑水记闻》开篇就写"太祖初晏驾，时已四鼓，孝章宋后使内侍都知王继隆召秦王德芳，继隆以太祖传位晋王之志素定，乃不诣德芳，而以亲事一人径趋开封府召晋王"。由此，就可以得出这样一个结论：司马光不谈赵匡胤去世经过，只写了赵匡胤去世后，赵光义做了什么。这显然是在为赵光义辩解。

除了《续湘山野录》和《涑水记闻》，还有几本书，也记载了赵匡胤去世的经过。一本叫《烬余录》，也是私人笔记。

按照《烬余录》的记载，开宝九年十月，赵匡胤生病，赵光义作为弟弟去看望赵匡胤。进宫之后，发现赵匡胤还处于昏迷状态，赵匡胤最宠爱的妃子花蕊夫人在赵匡胤身边伺候。赵光义看到赵匡胤昏迷不醒，就对垂涎已久的花蕊夫人起了歹心，打算调戏花蕊夫人。结果在赵光义调戏花蕊夫人时，赵匡胤忽然醒了，看到眼前的一幕后大怒，用玉斧去击打赵光义。赵光义见事情败露，遂与赵匡胤起了争执。赵光义心一横，失手重创了他哥哥。等赵光义意识到问题的严重性之后，落荒而逃，赵匡胤气急攻心。等到皇子、皇后赶到时，赵匡胤已经奄奄一息，当天晚上，赵匡胤就死了。

  太宗盛称花蕊夫人，蜀主薨，乃入太祖宫，有盛宠。太祖寝疾，中夜太宗呼之不应，乘间挑费氏。太祖觉，遽以玉斧斫地。皇后、太子至，太祖气属缕，太宗惶遽归邸。翌夕，太祖崩。①

这种记载，太过戏剧化，和民间各种演绎小说一样，将赵匡胤的死扯进了粉色事件当中，不足为信。

不过这里还需对花蕊夫人的事迹做下梳理，以辨析《烬余录》记载的真假。有史料记载，赵光义确实喜欢花蕊夫人，苦于得不到，就找了个借口，一箭射死了花蕊夫人。但这些事发生在赵匡胤驾崩之前，与《烬余录》记载的时间对不上。

记载花蕊夫人的有两部书，一部是北宋中期王巩的《闻见近录》，书中记载：一日，赵匡胤在后宫中与亲王们一起宴饮。赵光义说："倘若花蕊夫人能为我折枝花来，我就喝陛下您的酒。"随即，赵匡胤果然命花蕊夫人折花，当花蕊夫人折花时，赵光义忽然一跃而起，一箭射死了花蕊夫人。赵匡胤当即大怒，但是赵光义却抱着赵匡胤的腿说："官家您刚刚得到天下，应当以江山社稷为重，应该远离女色。"赵匡胤竟然原谅了弟弟。

  金城夫人得幸太祖。一日宴射后苑，上酌巨觥以劝太宗，太宗固辞，上复劝之，太宗顾庭下曰："金城夫人亲折此花来，乃饮。"上遂命之。

---

① 《烬余录》。

太宗引弓射杀之，即再拜而泣，抱太祖足曰："陛下方得天下，宜为社稷自重。"上饮射如故。①

另一个版本来自北宋末年蔡京之子蔡绦的《铁围山丛谈》。这本书中记载，花蕊夫人跟着孟昶到宋朝以后，赵光义被花蕊夫人的美貌所折服，但由于赵匡胤已将花蕊夫人据为己有，赵光义抱着得不到就毁灭的阴暗心理，在一次赵匡胤招待亲王的宴会中，一箭射死了花蕊夫人。

花蕊夫人随昶归宋，昌陵亦惑之，晋邸数谏不从。一日从猎苑内，花蕊在侧，晋邸方调弓矢引满拟兽，忽回射花蕊，一箭而死。②

这些记载，都充满了戏剧性，完全不能作为历史依据。赵匡胤是开国之君，即便他对赵光义宠信有加，即便确有花蕊夫人，赵光义也不敢当着赵匡胤的面射死花蕊夫人。

当然，史料中的花蕊夫人是否确有其人也存在争议。如果花蕊夫人都不存在，所谓赵光义因调戏花蕊夫人不成而杀害赵匡胤说法，也显然不成立。所以说，不管是《烬余录》，还是《闻见近录》都不足为信。

最终，研究分析赵匡胤去世之谜还得落到《续湘山野录》《涑水记闻》等笔记的记载上。不过，在研究赵匡胤去世的经过之前，还需要对两本演义书中记载的"烛影斧声"做一列举，作为辨析的"不同声音"。这两本演义就是蔡东藩的《宋史通俗演义》和李逸侯的《宋宫十八朝演义》。

《宋史通俗演义》版本的"烛影斧声"故事如下：

偏太祖寿数将终，与宴以后，又觉旧疾复发，渐渐的不能支持；嗣

---

① 《宋人轶事汇编》卷一。
② 《宋人轶事汇编》卷一。

且卧床不起，一切国政，均委光义代理。光义昼理朝事，夜侍兄疾，恰也忙碌得很。一夕，天方大雪，光义入宫少迟，忽由内侍驰召，令他即刻入宫。光义奉命，起身驰入，只见太祖喘急异常，对着光义，一时说不出话来。光义待了半晌，未奉面谕，只好就榻慰问。太祖眼睁睁的瞧着外面，光义一想，私自点首，即命内侍等退出，只留着自己一人，静听顾命。其迹可疑。内侍等不敢有违，各退出寝门，远远的立着外面，探看那门内举动。俄听太祖嘱咐光义，语言若断若续，声音过低，共觉辨不清楚。过了片刻，又见烛影摇红，或暗或明，仿佛似光义离席，逡巡退避的形状。既而闻柱斧戳地声，又闻太祖高声道："你好好去做！"这一语音激而惨，也不知为着何故，蓦见光义至寝门侧，传呼内侍，速请皇后皇子等到来。内侍分头去请，不一时，陆续俱到，趋近榻前，不瞧犹可，瞧着后，大家便齐声悲号。原来太祖已目定口开，悠然归天去了。看官！你想这次烛影斧声的疑案，究竟是何缘故？小子遍考稗官野乘，也没有一定的确证。或说是太祖生一背疽，苦痛的了不得，光义入视，突见有一女鬼，用手捶背，他便执着柱斧，向鬼劈去，不意鬼竟闪避，那斧反落在疽上，疽破肉裂，太祖忍痛不住，遂致晕厥，一命呜呼。或说由光义谋害太祖，特地屏去左右，以便下手，至如何致死，旁人无从窥见，因此不得证实。（《宋史通俗演义》第十二回）

《宋官十八朝演义》版本的"烛影斧声"故事如下：

一日偶幸晋王光义邸第，宴饮甚欢，及至回宫，旧病复发，自此卧床不起，一切政务，悉委光义代理。这日，天色傍晚，大雪纷飞，光义因政事羁身，进宫略迟，忽由内侍宣召，命光义立刻入宫。光义飞驰而入，见太祖喘急异常，对定光义，睁着眼睛，说不出话来，未几又瞧着外面。光义见了这般样子，恐有什么言语嘱咐。便命左右内侍，一齐退出，独自一人听候谕旨。内侍等退出寝门，远远的立在外面，只听得太祖和光义讲话，若断若续，语音过低，一个字也听不清楚。过不到片刻工夫，只见烛影摇晃，或明或暗，仿佛光义的影儿，连连在窗上晃摇，遂听得柱斧戳地，其音甚巨，接连着便闻太祖现出很惨切的声音道："汝好自为之……"这一声叫过以后，光义即步出寝门，传呼内侍，速请皇后、皇子等到来，内侍奉命而去。不一会，陆续到来，趋近御榻，揭帐而视，不看犹可，一看之下，皇后、皇子齐声大哭。原来，太祖已僵卧御榻，归天去了。（《宋宫十八朝演义》第三十七回）

以上这两个演义故事以白话文呈现，加入了很多细节。但这种过分的修饰，与所谓的事实相去甚远，价值不高，不值得研究。但这两本演义的传播广度绝非一般，它们是通俗大众化的读物，深入人心，多数人以为这就是历史的真相，认为是赵光义诛杀了赵匡胤。

这里之所以将它们都列举出来，还是为了更好地分析赵匡胤去世的过程。

接下来，笔者就以《续资治通鉴长编》中征引的《续湘山野录》和《涑水记闻》关于太祖去世的内容为基础，结合《宋史》《辽史》等史书的记载，就赵匡胤去世的经过做一辨析。事实上，笔者在上一章的叙述中，已对一些明显有问题的地方做过辨析。这里所要做的，是系统辨析。

在辨析之前，先分析《续湘山野录》与《涑水记闻》两者对烛影斧声事件记载的差异。在这两部书中，有一个巨大的分歧点，那就是事发当晚赵光义去没去皇宫。

据《续湘山野录》的记载，赵匡胤当晚因身体原因，召集赵光义进宫安排后事，兄弟两人还喝起了酒，但谈着谈着两个人起了争执，赵匡胤似乎强迫弟弟赵光义做什么，以至于赵光义一时间没办法答应，赵匡胤就站起身来，逼着赵光义按照自己说的做，这就看到烛光下赵光义在躲避着什么。

而《涑水记闻》里面的记载恰恰相反，司马光认为事发当夜赵光义压根儿就不在宫中，而是一直在家里。所以当王继恩来找赵光义主持大事时，赵光义非常慌乱。换言之，赵光义既然没有进宫，对于当晚发生的事情，赵光义就完全不知情，也就更进一步说明赵光义没有杀害他的哥哥。即便继承皇位这样的事情，也是王继恩、程德玄跑到赵光义家里，鼓动赵光义进宫主持大事，赵光义完全身不由己，是无辜的，所有的责任都应该由王继恩来承担。

结合这两种不同的记载，就其存在的疑点做一分析，以此来窥探赵光义是否弑兄，其皇位是否来路不正。

疑点一：赵匡胤真要传位给弟弟赵光义吗？

按照《续资治通鉴长编》的记载，赵匡胤是真要传位给赵光义的。李焘将司马光的《涑水记闻》和文莹和尚的《续湘山野录》中的相关内容进行了中和处理，表明赵匡胤要传位给赵光义，且看他的原文：

> 上不豫，驿召守真至阙下。壬子，命内侍王继恩就建隆观设黄箓醮，令守真降神，神言："天上宫阙已成，玉锁开。晋王有仁心。"言讫不复降。上闻其言，即夜召晋王，属以后事。

为此，《续资治通鉴长编》的作者花了很多笔墨去印证赵光义继承皇位的合法性。首先是之前提到的赵光义与赵匡胤两人之间的感情，就是那次赵光义生病后，赵匡胤亲自陪着弟弟做治疗，一直从辰时陪到酉时。"上亦取艾自灸，自辰及酉，王汗浃苏息，上乃还。"然后，天神降到张守真身上，说出了"天上宫阙已成，玉锁开。晋王有仁心"十四字真言。再后来就是赵匡胤身体不好，召晋王入宫安排后事。将这一切综合起来分析，就能发现赵匡胤是要将皇位传给弟弟赵光义的。

但是将开宝九年的各种政事翻出来细品，就会发现不少端倪。首先，赵匡胤给小儿子赵德芳提升职务。在这之前，赵匡胤一直都没给小儿子一个明确的身份，此时的赵德芳十七岁，按照古人加冠礼，赵德芳在加冠之后，才会得到一些额外的恩宠。还有大儿子赵德昭接待钱俶之事，明显是将赵光义隔开了，此事本应该由开封府尹赵光义出面的。赵匡胤的这些举动，都在向外界释放一种信号：培植自己儿子。其次，赵匡胤在西巡时，让王仁赡代替赵光义管辖开封府，是不是在打压赵光义？再次，就是一个月之内去了赵廷美家两次，虽然现在已经无法得知赵匡胤去赵廷美家干了什么，但是这样密集地去弟弟家，是不是要将弟弟扶植起来，以制衡不断崛起的赵光义？

将这些因素综合起来，就会发现，赵匡胤似乎并没有传位给弟弟的打算。

疑点二：赵光义当晚到底去没去皇宫？有没有跟赵匡胤一起喝酒？根据《续湘山野录》中的记载，当时赵匡胤感觉到自己大限将至，才把赵光义召进宫，兄弟两人还喝了不少酒。喝完酒之后，赵匡胤就睡了，赵光义也留在了宫里，半夜赵匡胤去世了，赵光义在赵匡胤的灵柩前即皇帝位。

但是在司马光《涑水记闻》的记载中，赵光义当晚根本就没有进宫，对于赵匡胤去世的事情，他也完全不知情。但是当王继恩赶到他家里时，赵光义除了大惊之外，根本不敢进宫去处置大事。慌乱当中的赵光义，只能与家里人商量，可是与家里人也没有商量出个所以然来，要不是王继恩不断催促，赵光义根本不打算进宫。

为什么出现了这样两种不同的记载？文莹和尚的事迹有待考证，但司马光是实实在在的宋朝高官，以司马光严谨的治学态度，他决然不会胡说八道。但是司马光编纂的《资治通鉴》只将中国大历史写到后周显德六年（959年），之后宋朝的事情，司马光绝口不提，这是明哲保身，还是有意为之？而司马光这本笔记《涑水记闻》里面记载的烛影斧声的故事，是不是他有意为后人留下的考证赵匡胤去世真相的一个窗口？

不管是文莹和尚的《续湘山野录》，还是司马光的《涑水记闻》，其实都不是正统的史料，只能作为参考资料，它们之间相互是矛盾的。因此，仅凭借这两个记载，很难确定赵光义当晚是否进过宫。而李焘则是综合了这些资料，说赵光义当晚确实进宫了，然后与哥哥喝酒，最后哥哥死了。

疑点三：赵光义是不是真的杀了赵匡胤？

这个问题似乎不好回答，因为从现有的资料当中，完全找不到赵光义杀害哥哥的直接证据。说到这里，就牵扯出一个人。这个人叫马韶，是一个喜欢占卜之人。马韶，赵州平棘（今河北赵县附近）人，自小学习太乙、奇门、六壬三式，颇有心得。开宝年间，赵光义担任开封府尹，下了一道禁令：严禁民间私自学习天文占卜之术，一旦被发现，将被处以重罚。马韶就不敢在京城逗留了，但是马韶与前文提及的程德玄关系非常好。程德玄本人也知道马韶在私底下研习天文占卜之术，所以，尽管两人平时关系非常好，程德玄也不敢让马韶登门，害怕马韶给自己带来麻烦。[1] 马韶对此似乎也特别理解，不主动到京城来走亲访友，经常在穷乡僻壤做些法事，换取一些银两养家糊口。

但是，到开宝九年十月十九日晚上，马韶忽然进京找到程德玄，程德玄当时非常紧张，一旦马韶的行迹被人发现，他一定会受到牵连。程德玄问马韶此次进京的缘由，想不到马韶的回答相当干脆："明日是晋王'利见之辰'，我特来相告。"[2] 程德玄听到马韶这样说，当下震惊不已。"利见"这个词出自《易·乾卦》"飞龙在天，利见大人"，马韶用这个词，就是说赵光义会在第二天当上皇帝。

程德玄是个医术高明的大夫，虽然不懂占卜，但对于马韶这句充满神异色彩的话还是听得懂的。而此时，赵匡胤尚在人世，马韶却说明天是赵光义当皇帝的大吉之日，很显然这可是掉脑袋的大罪呀。程德玄绝不能任由马韶信口开河，于是，他赶紧将马韶藏在了一间密室当中，并亲自去找赵光义说了这件事。赵光义听了以后，也非常震惊，让程德玄看紧马韶，不要让他跑了。而赵光义还表示他要亲自跟赵匡胤说这件事，让赵匡胤处置这个信口开河的人。但是到了当天夜里，先是程德玄听到门外有人在大喊赵光义有事找他，然后他就赶往赵光义家一探究竟，但不敢敲门，不巧遇到了王继恩，两人就一起面见了赵光义。最后，三个人进宫了。第二天，赵光义果然就受了

---

[1] 《宋史》卷四百六十一。
[2] 《宋史》卷四百六十一。

赵匡胤遗旨，登基为皇帝了。

从这件事上可以推测出，当时马韶已经得到赵光义要当皇帝的消息了。或者说，马韶从赵光义的种种行为中，已经分析出赵光义要当皇帝，所以他冒着杀头的危险，直接找到程德玄，跟程德玄说了此事。程德玄害怕消息泄露，向赵光义做了汇报，赵光义让程德玄将马韶看管起来，但赵光义并没有将此事告知赵匡胤。如果赵光义真当了皇帝，马韶一定会被重用。事实上，还真如马韶说的，第二天赵光义就当了皇帝。后来，赵光义就命程德玄将马韶放了，因为马韶的话完全应验了。没过几个月，赵光义就任命马韶为司天监主簿，负责国家天文占卜事宜。

很明显，从程德玄与赵光义处置马韶这件事上可以看出，赵光义与程德玄是一伙的。赵光义让程德玄看住马韶，也是害怕消息走漏，到时候祸及池鱼。一旦马韶说的事情泄露出去，宋朝大理寺、刑部等部门的审案高手很快就会沿着马韶这条线，挖出赵光义这条大鱼。

既然程德玄与赵光义是一伙的，那王继恩自然也是赵光义一伙的，这样看来，赵光义的嫌疑就最大了。

疑惑四：赵匡胤到底是怎么死的？

首先说《宋史》和《续资治通鉴长编》两部官方认可的史学著作，需要指出的是，这是两部不断被修改和完善的史书。《宋史》是元代人编纂的，但宋史中的很多事件，元代人不可能穿越时空去亲身经历，只能从遗留下来的宋代史料当中去寻找。而《续资治通鉴长编》里面的内容也是结合了之前很多北宋时期的史料编纂完成的。也就是说，这些为《续资治通鉴长编》《宋史》等史书提供参考的原材料，比如《太祖实录》《太宗实录》等，也是赵光义不断修正过的资料，并非原始资料，而这两部实录，在宋真宗时期才被编纂完成。编纂过《建隆遗事》的王禹偁就是因为不愿意修改实录，被赵恒贬了官。由此可见，所谓实录里面的记载并不完全据实直书。

既然史料无法自证，那一切只能按照假设来推测。按照之前对三点疑惑的分析，我们知道，赵匡胤之死与赵光义有着莫大的关系。假设十月二十日当晚赵光义真的进了宫，那么，赵光义极有可能联合王继恩，在酒里下了毒，导致赵匡胤中毒身亡。因为赵光义的同伙程德玄医术很高明，下毒的本领自然空前绝后。此前的孟昶①、此后的李煜都是被毒酒毒死的。而半夜里程德玄等在赵光义家门口，不进门，似乎也在等着王继恩带来一个他们一直等待的消息。当王继恩走进赵光义家门时，程德玄就知道他的毒起了作用。

退一步讲，即便当时赵光义没有进宫，就像司马光所述，他只是在家里等着。但是王继恩在赵匡胤去世后，没有按照宋皇后的意思去找赵德芳，而是直接来找赵光义，这也能够说明赵匡胤的死不是偶然的，而造成这种情况的人就是王继恩，毒极有可能就是王继恩下的。毕竟宋皇后要找的人不是晋王赵光义，而是皇次子赵德芳。如果赵德芳即位，派人调查赵匡胤的死因，王继恩一定脱不了关系，所以，王继恩不会让赵德芳继承皇位。

当然，这样一来，赵光义就将自己从这场"毒死哥哥的计划"中剥离出来，可以将一切都推给王继恩。但必须说明的是，若不是王继恩与赵光义有着某种关系，王继恩会在宋皇后向他下达召赵德芳进宫的指令后，直接去晋王府吗？毕竟谁当了皇帝，对王继恩而言，都一样。即使是赵德芳继承皇位，王继恩也会因为及时传达宋皇后的旨意，而备受新皇帝恩宠。可王继恩偏偏选择了晋王赵光义，这就足以说明王继恩与赵光义之间的关系绝非一般，至少在王继恩看来，拥立赵光义要比拥立赵德芳能让他得到更多的利益。所以，他背叛了宋皇后，选择了晋王。

最后，翻一下《辽史》。在《辽史》中，只有这样一句话："十一月丙子，宋主匡胤殂，其弟炅自立，遣使来告。"②十一月丙子日，宋朝皇帝赵匡胤驾崩，他的弟弟赵炅自立为皇，派出使臣来通告。这里为什么使用"自立"，而不是继承？也就是说，当时的辽国人对此也充满了疑惑，他们在自己的史籍中这样描述赵匡胤去世后的情况，亦能反映出赵光义存在"弑兄"自立的

---

① 《新五代史》卷六十四《后蜀世家》：昶至京师，拜检校太师兼中书令，封秦国公，七日而卒，追封楚王。
② 《辽史》卷八。

嫌疑。

以上种种疑惑，似乎都没有确切的答案，但似乎也都有了确切的答案，我们像剥洋葱一般，层层剥开之后，已经露出了那个最核心的内容：赵光义就是杀害他哥哥的凶手，即便历史尘封千年，依然难以掩盖赵光义或是自己，或是程德玄与王继恩帮着他杀死了赵匡胤的事实。

烛影斧声的故事分析到这一步，已没有再分析下去的理由了。一切的疑惑都有了答案，只是这种答案不一定会被所有人接受罢了。

第七章 新皇帝初掌国政

> 是以青、齐耆耋之叟，愿率子弟治道请登禅者，接踵而至。君子曰："得乎丘民而为天子"，帝之谓乎？故帝之功德，炳焕史牒，号称贤君。若夫太祖之崩不逾年而改元，涪陵县公之贬死，武功王之自杀，宋后之不成丧，则后世不能无议焉。
>
> ——（元）脱脱等《宋史·太宗本纪》

1. 摆姿态

不管开宝九年十月二十日晚上到底发生了什么，赵光义最终登基了，成为宋朝第二任皇帝。不管满朝文武和天下百姓怎样追念赵匡胤，他的时代都已经随着他的驾崩而结束。

赵光义接过了延续宋朝国祚的接力棒，开始了新的统治期。历史也翻开了新的一页，以后的宋代历史将会以赵光义的各种事迹填充篇幅。

这是历史的浪潮，谁也阻挡不了。身处其中，只能顺应时代，跻身时代，在新一轮的权力角逐中，谋得利益。但问题是，在赵匡胤去世、赵光义继承皇位问题上，就没有杂音吗？大家是否接受新皇帝赵光义了呢？

对于这一点，赵光义内心是清楚的。所以在赵匡胤去世后，赵光义解释不临朝的原因是："朕最担心的还是前线将士。"在最初的几天里，赵光义仿佛处于梦幻之中。但他是理智的，他在观察着朝廷的风向，等待着可能引发的矛盾，或者可能暴露的隐患。

赵光义一点儿都高兴不起来。

赵光义想到了安抚臣民的策略。人都是自私的，一旦有利益可取，原先的立场就可能会改变。而赵光义能做的，就是把利益最大化，投放到可能影响他坐稳国君之位的人身上。

赵光义先想到的是大赦天下，这是新登基帝王的常规动作，也是赢得天下百姓认可的做法。于是，一道大赦天下的圣旨传遍了神州大地，很多在正常赦免时不能赦免的人都被赦免了。君王的雨露，恩泽全国各处。

大赦后，举国沸腾。百姓们不管皇帝的更替，他们只在乎自己的利益。清代大学问家顾炎武有段话说："有亡国，有亡天下。亡国与亡天下奚辨？曰：易姓改号，谓之亡国。仁义充塞，而至于率兽食人，人将相食，谓之亡天下。……保国者，其君其臣，肉食者谋之。保天下者，匹夫之贱，与有责焉耳矣。"[①] 赵光义的惠民政策颁布后，赢得了一片称赞。

赵光义算是稳住了民众。紧接着，他将目光投向了军界。随即，朝廷趁热打铁给边关将士们下了一道诏令：边关守将戍卒不得以任何理由越境侵扰邻国，保证边关的和平稳定。

诏令传到边关时，将士们议论纷纷：这是一个新皇帝给他们的见面礼吗？新皇帝刚刚即位，不应该派人到边境来犒赏军士吗？怎么还下了这样一条禁令？

尤其对正在进攻北汉的宋军来说，他们猜不透新皇帝的意图。他们不敢进军，也不敢撤军，就在太原城外不远处驻军，与城内的北汉军、北方的辽

---

① 《日知录》卷十三《正始》。

军形成了对峙。

这一时期，可能有些边防军士有异议，但他们还是遵守了朝廷的诏令。

当然，这可能也是赵光义的试探之举，他就是要看谁会做出头鸟。

而前线的将士中没有人跳出来表达异议，这让赵光义心里多少有些宽慰。只要武将们听话，一切都好办。至于心眼儿比蜂窝还多的文臣们，赵光义有的是办法管理他们。

新皇帝逐渐被臣民接受。赵光义也在谨小慎微地做一个合格的皇帝。不久，在一次朝会上，赵光义颁布了一道诏令：要求官员们检举弹劾某位官员时，要将札子密封起来上奏。若是当面奏报，阁门使必须立即奏报皇帝，并将需要奏报的人引导到皇帝身边。

赵光义为什么出台了这样一条诏令？

结合赵光义这段时间的所作所为来分析，原因大概有两方面：其一，赵光义要表明自己广开言路的姿态，真心愿意听臣子们的奏报；其二，通过这种手段来警示官员：你们要好好工作，以后有弹劾你们的札子，消息你们可能还都不知道，朕就已经知道内幕了。

赵光义果然是治理国家的高手，他在不经意间，就将自己的意图通过诏令的形式表现出来。满朝文武开始重新认识这位新皇帝，他们可能会偷看赵光义，从他的表情上分析他的内心，只是他们发现官家脸上没有任何表情。而这种姿态，更让大臣们毛骨悚然。眼前这个人太陌生了，陌生到令人觉得可怕。

赵光义走的每一步都踩得很实。臣僚们在猜测中，不断刷新对赵光义的认识。当然，赵光义也不全是一副冷冰冰的嘴脸。他的帝业才刚刚开始，他需要这帮臣僚履职尽责，实现国家的兴盛。所以，国家大事固然纷乱，但得一步步来。不能快，亦不能慌乱。

有一次，赵光义召集所有有资格参加早朝的京官开会，表明了自己的治国理念：先皇制定的所有政策，朕将继续推行。这种表态，让朝臣多少有些心安。在社会治理方面，赵光义也表了态：社会风气也必须改良，国家要尊崇孝道，对于那些不孝顺父母、不友爱兄弟，或者只顾个人逍遥的人，有司衙门要及时发现并予以相应处罚。

然而，毕竟新官上任三把火，哪个皇帝刚刚上位时不都表明自己要励精图治吗？臣民依然在观望。不过，绝大多数人已接受了新皇帝。局势开始变得稳定起来。

紧接着，赵光义又想到了开封府。他曾在开封府主持工作十几年，对这座不断发展的城市非常熟悉。应当说，在这十几年的时光中，开封的繁荣与赵光义有很大的关系。一个国际化的城市已初具规模。这也让赵光义更加认识到要治理好开封，绝不是一件容易的事情，开封府尹不是简简单单的一个长官，而是一份沉甸甸的责任。

要想管理好首都，先要选几个好官员。赵光义想到了曾经的副手贾琰。此人跟随他多年，行政能力极强，又是"自己人"，可放心将开封府的事务都交给贾琰打理。不久前太祖西巡洛阳时，曾让贾琰权知开封府。现在，将开封府所有事务交给贾琰，恰是时机。

但现在的皇帝是赵光义，不是赵匡胤。赵光义想让贾琰担任更重要的职务，知开封府得另觅他人。赵光义在脑海中筛选着开封府长官的人选：不能选赵匡胤一派的人，开封府尹岗位太重要，他的成长经历，就是例证。此时，朝中官员多是太祖时期的人，赵光义要在不动声色中，把自己培养的人才安置到重要岗位上，如此一来，他才能逐渐掌控国家。

这时候，赵光义又想到一个人，此人叫程羽。程羽，字冲远，深州陆泽（今河北深州市西旧州村）人。程羽年纪要比赵光义大一些，自幼聪敏好学，在后晋天福年间，考中了进士，被授予阳谷（今属山东）主簿，也就是《水浒传》中武松打虎的阳谷县。程羽在宋代没有多大的名气，只是一个好官。但是他的两个曾孙却享誉整个宋代，对宋代理学的产生和发展贡献了不小的力量，他们就是北宋中期的程颢、程颐。

程羽是实干派，是一个处置行政工作的行家里手。在地方任职时，他励精图治，将辖区治理得非常好，政绩显著。他也因此而不断被调任和擢升。

不过即便如此，在纷乱的五代十国时期，他依然还是最底层的官员。①

陈桥驿兵变后，程羽的地位并未改变。直到开宝年间，程羽治理地方的政绩才传到赵匡胤耳朵中，没多久，程羽被提升为两使判官（地方官中节度判官、观察判官的合称），这也是朝廷为中央选拔人才的一个过渡性岗位。紧接着，赵匡胤就将程羽召进宫，亲自考察他。赵匡胤对程羽的表现很满意，于是将程羽擢升为著作郎，让程羽到兴州（今陕西略阳）任职知州。程羽在兴州继续主动作为，治理地方，让当地民风持续好转。第二年，赵匡胤又调程羽到兴元府（今陕西汉中附近）任知府。程羽在兴元府任职时间较长，有六年之久。兴元府在他的治理下，社会稳定，人民安居乐业。到开宝八年（975年），赵匡胤终于再次想起了程羽，将程羽调到开封府担任判官，而此时的开封府尹是赵光义。

就这样，程羽与赵光义产生了交集。作为副手，程羽尽可能地完成好自己的分内之事，为赵光义分担工作任务。而程羽也因品德高尚，做事谨慎，得到赵光义的尊重。赵光义经常以长者之礼对待程羽，不用官位高低来压程羽，这让程羽更加卖力地工作。程羽在这一时期，可能与赵光义建立了深厚的友谊，或者说他们建立了政治联盟。程羽也成为赵光义的心腹之一。

赵光义这次调整开封长官，优先考虑到身边的人，都是老同事，知根知底，也不需要做更多的考察。赵光义任命程羽知开封府，还给了程羽另外一个身份：给事中。给事中虽是寄禄官，却也是个荣誉头衔。然而，有时候朝廷打算重用一个人时，缺了某些头衔是不行的，给事中就是一种重要的"履历头衔"。②

安置了程羽后，赵光义才提拔了亲信贾琰，让贾琰担任左正谏大夫、枢密直学士。正谏大夫就是谏议大夫的更名，因为赵光义名字里有"义"字，所以官职名称要避讳。

---

① 《宋史》卷二百六十二。
② 《续资治通鉴长编》卷十七。

当然，这种让亲信担任要职的做法，不能持续，总得要给臣僚们一点适应的时间。

往往这时候，赵光义会通过小恩小惠来笼络人心。比如，在调整程羽、贾琰岗位后，赵光义又乘机赏赐了身边的近臣一些礼物，而这些礼物都是太祖赵匡胤生前使用过的东西。

这种把去世之人使用过的东西送给别人的事情，现代社会的人们往往会觉得不吉利，但在宋朝，这可是一种荣耀，也只有新皇帝非常看重的人，才会被赏赐先皇使用过的遗物。

朝臣们感恩戴德，新皇帝没有忘记他们。

赵光义一番操作下来，朝臣们不由得对新皇帝心生佩服。赵光义在继位的几天里，更换了首都的行政长官，赏赐了身边的近臣，既稳定了开封，又拉拢了身边人，大家都争着为赵光义服务。这种高超的政治手腕，太祖赵匡胤也不见得具备。

不过，赵光义清楚，很多人还在观望。他需要步步为营，创造属于自己的时代。

接下来，赵光义将目光放在皇亲贵胄身上，他们是自己的亲人，也应该享受君王的雨露。

2. 对亲人及文官群体的安排

在赵光义执政之初，他清楚自己的处境：赵匡胤之死对臣民而言或许只是疑惑，随着时间推移，人们会逐渐淡忘这件事。但有几个人却永远不会忘记，他们只是没有证据而已。这些人包括弟弟赵廷美，侄子赵德昭、赵德芳。

这一段时间，他们一定在寻找赵匡胤突然驾崩的蛛丝马迹。只是因为没有直接证据，所以不管是赵廷美，还是赵德昭、赵德芳兄弟，都保持着沉默。

还有这些人身边的智囊，他们一定在替主子寻找证据。而臣僚们也在观望，看赵光义如何处理与这些人的关系。

不过，赵光义有他自己的手段。为了安抚这些人，他想到利用封赏堵住众人的嘴。只要赏赐了这些人，他们就没理由公开反对自己。这时候，赵光义要的是安定，不能让一家人在窝里斗。

在综合考量后，赵光义做出了一个惊人的决定：只要不将皇位让出去，其他的能让出去的就尽量让出去，让到所有人都满意为止。

于是，在这段时间里，朝廷颁布了一项又一项加官晋爵的诏命。

封赏首先给了赵匡胤的皇后宋氏，赵光义加封宋氏为开宝皇后。太祖崩，号开宝皇后。这当然是高明的手段，宋皇后虽然是他的嫂子，但也是赵匡胤的皇后。长嫂如母，何况赵光义是继承了赵匡胤的皇位，这中间的曲折，也只有宋皇后本人清楚。

不过，自从宋皇后喊出那句"官家，我们母子的性命全托付给你了"，就再也没有发言，一直默默无闻，守着赵匡胤的灵柩，等待着赵匡胤下葬的那一刻。

可能这个"开宝皇后"对她而言，已没有任何意义，她爱着的人已死，她的荣誉、爱情也都将被埋葬。

但赵光义不管这些，之所以敕封宋氏为开宝皇后，也是给天下人摆出的一种姿态：他并没有舍弃赵匡胤的家人。

紧接着，赵光义对弟弟赵廷美和两个侄儿赵德昭、赵德芳进行加官晋爵，赵廷美被擢升为开封府尹、兼中书令，封齐王；赵德昭为永兴节度使、兼侍中，加平章事头衔，封武功郡王；赵德芳为山南西道节度使，挂职同平章事头衔。

这些敕封的爵位，在赵匡胤时代是不敢想象的：赵廷美接过之前赵光义的一切荣耀，赵德昭、赵德芳都挂职宰相头衔。开宝九年时，赵匡胤尽管有意扶持赵廷美和两个儿子，也没见他下这么大血本。

由此可见，赵光义为了安抚众人，把能给出去的东西都给出去了。这一毫不吝啬的举动，也让这几个人陷入纠结之中。先是赵廷美接过齐王头衔后，默不作声了。而这也意味着赵廷美默认了赵光义成为皇帝的事实。

赵光义对亲人们的封赏还没有结束，因为还有一部分侄子、侄女的身份没有界定，比如赵廷美的儿女们，还有赵德昭、赵德芳的亲人，而赵德昭此时已有了儿女。

赵光义想要彻底解决他面临的问题。于是，新皇帝的恩泽再次降临在这些皇亲国戚身上，赵光义将哥哥赵匡胤、弟弟赵廷美和他自己的儿子们统称为皇子，女儿们统称为皇女。

这又是前所未有的荣誉。自古以来，皇帝的儿子和女儿与其他亲王的儿女的称呼并不一样。这样才能分出尊卑。赵匡胤时代，虽然没有对这些做过多规定，但基本延续了前代的制度。而赵光义这么做，仍然是在向亲人表姿态，似乎在回应当初对宋皇后"共保富贵"的承诺。

赵光义真的把能给的荣誉和福利都给了亲人，如此一来，赵氏三兄弟的子女就没有身份上的区别，他们都是一家人。这种做法，在历史上并不常见。赵德昭、赵德芳还会盯着赵光义不放吗？

赵德昭、赵德芳兄弟是否彻底臣服，在史料中没有任何记载。换句话说，赵光义以绝对的隐忍和大度，让身边这些威胁他皇帝身份的人，都开始臣服于自己。

宫廷内部稳定后，接下来，就轮到那些朝中大臣。不管怎样，国家想要正常运转，还得依靠这些太祖时代的旧臣来辅佐，赵光义即便有三头六臂，也不可能一个人去管理这么大的国家。他就像一条船上的舵手，只负责把舵，定方向，至于船如何行驶，速度多少，那还需要一帮人一起努力才行。

群臣中宰相是权力中枢，枢密院掌军政，被称为两府。他们是赵光义的得力助手，也是制定国家政策的重要参与者。为此，赵光义先加封了两府宰执群体。

当然，这时候有件事很让赵光义伤脑筋：不能换宰相，除非宰相自己主动辞职。就像赵匡胤建立宋朝以后，继续使用后周三位宰相一样。赵光义得像他哥哥一样，继续善待宰执群体，否则会被人说成排斥异己。

于是，一份加封宰执群体的诏令也出台了。原宰相薛居正加左仆射，原次相沈伦（原名沈义伦，因避太宗名讳而单名伦）加右仆射，参知政事卢多逊晋级宰相；原枢密使曹彬继续担任枢密使，挂宰相头衔，枢密副使楚昭辅升任枢密使。

这一连串的或擢升，或加封荣誉称号，让两府的主要负责人都对赵光义感恩戴德。他们是赵匡胤的人，可是赵光义依然重用他们，这让他们战战兢兢的同时，也看到一丝丝希望。

朝中的其他官员，能赏赐的朝廷也绝不吝啬。经过一番奖赏之后，朝堂上下对新皇帝都很满意。赵光义紧锁的眉头开始舒展。这正是他需要的，不管这些亲人和官员是否真心实意地拥戴自己，但就目前来说，当一大批的赏赐和加封砸到这些人身上后，他们不断向自己靠拢，新的权力角逐游戏开始了。

人果然是环境和利益的产物，脱离了这些，人就只能是兽。

接下来的事情，就是为赵匡胤安葬事宜做准备。尽管皇帝的棺椁要在来年才能下葬，但是太祖皇帝的陵墓必须抓紧时间修好，而且要在选定的四月二十五日之前全部完工。

那么，将这件事交给谁呢？赵光义想来想去，认为将这件事交给赵廷美最合适，自己人干这种事情总让人更放心。很多年后，宋朝第三任皇帝真宗去世后，就有人因耽误了陵寝工程而被问责。赵光义没有未卜先知的能力，但他认为赵廷美能做好这件事。

于是，朝廷下了一道诏书，让赵廷美担任山陵使。所谓山陵使，就是负责前任皇帝丧葬之事，唐以来为大礼五使之一。一般都是由朝中大臣兼任此职务，尤其是宋代以后，多由宰相临时兼充。

然而，此时宋朝的宰相是薛居正，还有沈伦和卢多逊等人，他们都有资格担任山陵使。可是这时候，赵光义却将安葬赵匡胤的事宜交给了弟弟赵廷美，这是否意味着赵光义故意给弟弟压担子，让他尽快成长起来呢？还是说，赵光义有意"支走"赵廷美，巩固自己的实力？

一切都不可捉摸，没有人能猜透赵光义心里在想什么。

接下来，赵光义还对赵匡胤的三个女儿进行了加封。封原昭庆公主为郑国公主，这位昭庆公主就是赵匡胤的大女儿，亡故于公元1008年。[①] 封原延庆公主为许国公主，延庆公主后来嫁给了石保吉。[②] 而石保吉此人，在后来的宋辽战争中，曾经立下过赫赫战功；澶渊之战时，他又参与了澶州防御战，与李继隆一起保家卫国。封原永庆公主为虢国公主。[③]

这一系列的赏赐、加官晋爵后，赵光义的恩德在大宋疆土上传播着，皇恩浩荡，乃天下人之福。

文官系统平稳过渡，朝局逐渐稳定。这时候，依然让赵光义感到不安的是前线的将士。他还要专门研究安抚这些将士的对策。

3. 安抚武将势力

赵光义虽出生在五代，但前半生并没有显赫战功。他一直成长于富庶的开封，饱读诗书，温文尔雅。直到赵匡胤在后周军中崭露头角，他才有了追随赵匡胤的机会。这也是他与赵匡胤不一样的地方。

赵匡胤成长于军中，每一份功劳，都是通过征战获得的。赵光义则恰巧相反，他追随赵匡胤的过程中，也只做过一些文职工作。

不过，在追随赵匡胤的过程中，他对武将也有了深刻的了解。陈桥驿兵变就是他们联手，利用武将"脑子不够用"的弱点，煽动他们发动了政变。因此，赵光义虽然不是武将，但对武将的优缺点知根知底。

宋朝建立的前十七年时间里，赵匡胤凭借个人威望和高超的手段，先杯酒释兵权削减武将手中权力，又通过赏赐产业、与武将联姻等方式，逐渐消

---

① 《宋史》卷二百八十四。
② 《宋史》卷二百八十四。
③ 《续资治通鉴长编》卷十七。

除五代以来武人乱权的隐患，解决了五代政权更迭不断的弊端。

但这一切都是因为赵匡胤，而并非赵光义。赵匡胤与武将之间的关系，显得非常微妙。相比于赵匡胤，赵光义与武将的关系显得很暧昧。赵匡胤主政的时代，武将们对赵光义很客气，脸上堆着笑，敬而远之。这是因为赵光义是赵匡胤的亲弟弟，而并非他晋王的身份。

对于这一点，赵光义自己是清楚的。但现在，赵光义继承了皇位，而非赵匡胤的儿子做了皇帝。那么，边境的将士会作何感想？他以前的形象是否在武将心中崩塌，成为弑君篡位的忤逆之徒？

赵光义清楚自己的处境，他也在揣测各地的武将会不会借题发挥，导致边境不稳定。

事实上，赵光义的担心不无道理。此时，驻守在北方边境的将士，已显示出不安分的情绪。赵光义可能也了解到一些情况，他在思考着如何安抚他们。

那么，边境将士打算做什么呢？答案是：不认可赵光义给武将下达的诏令，给他一个下马威。

还记得赵光义刚即位时，他向边境将士下达的第一条诏令吗？在那条诏令里，明文规定边境武将们未经朝廷许可，不得以任何借口深入邻国境内烧杀抢掠。可能诏令传至边境时，将士们选择了观望，但他们心里并不认可赵光义。这时候，他们可能认为时机已经成熟，就有人纵容部下到北汉境内抢劫。

赵光义也通过"内线"得到了这个消息。只是，赵光义怎么也没想到，纵容部下的人会是武将李光叡。

那么，这位李光叡又是谁呢？他又是怎么冒着风险，向北汉发起冲击的呢？

李光叡是宋朝定难军节度使李彝兴的儿子。李彝兴原是党项部落的首领，是拓跋思恭的后代。此时的党项还没有自立，依附于宋朝，在西北镇守边关。李彝兴去世后，爵位由儿子李光叡袭承，继续依附宋朝。直到李光叡的儿子李继捧时代，党项才涌现出了一个叫李继迁的将领，开始带领党项人与宋朝对峙，直到李继迁的孙子李元昊建立大夏国，正式摆脱宋朝自立。不过，那是几十年以后的事情了。

此时的党项还依附于宋朝。当时赵匡胤派出五路大军进攻北汉，李光睿给赵匡胤上书，希望他能带着本部人马进攻北汉，赵匡胤准许了李光睿的行动。赵光义刚刚登基时，下令停止进攻北汉，但李光睿却率部进入北汉，攻破一个叫吴堡寨的地方，擒获了寨主，并抢获了牛羊、铠甲数千。

李光睿这次行动显得扑朔迷离。他是故意这么做，以回应赵光义登基这件事吗？

应该说这种可能性是非常大的，李光睿认可赵匡胤，并不等于他也认可赵光义。

当然，这里面还存在这样一种可能：在赵光义明令禁止下，宋朝边境将士与李光睿秘密向北汉发起偷袭。他们的目的，是试探赵光义的底线。毕竟李光睿不比宋将，他本就是党项人，如果宋朝对他实施打压，那他完全可以摆脱宋朝的拉拢，自立为王。

这件事发生后，所有人都在观望，想看赵光义如何处置李光睿。

赵光义马上意识到这件事不简单，他从中体会到了武将对他的敌对态度。这时候，他有两种处置办法：一是对不听指挥的将领，给予免职或者追责；二是忍气吞声，默认李光睿的行动是为了尽忠。

赵光义选择了第二种处置办法，毕竟他此时根基不稳。如果强硬处置李光睿，党项人会不会不再依附宋朝？

赵光义对此表现出一如既往的宽容，他命人给李光睿传旨："卿没有收到朝廷的禁令，贸然出兵北汉也情有可原，以后须得谨慎行事。"赵光义的这种做法，反而让李光睿不知如何自处。赵光义以退为进，震慑了李光睿。为此，李光睿赶紧改变了先前的态度，用改名字来表达忠于宋朝的态度：李光睿名字中有"光"字，犯赵光义名讳，李光睿请求改名为李克睿。赵光义很满意李光睿的做法，不久就加封李克睿为检校太尉。

这一切做完后，李克叡马上换了一副嘴脸，表示坚决拥护赵光义。随即，他带领党项军撤出北汉境内，回定难军去了。

李克叡的问题顺利解决，也给了赵光义信心，因为他还面临着更大的问题。这就是出征北汉的五路大军的安置问题。

事实上，这段时间以来，五路大军一直在北汉驻扎，进退维谷。皇位更替后，他们只收到原地待命的诏令，等着朝廷下达更进一步的指示。这段时间以来，五路大军的长官也非常焦急：赵光义不下诏令，他们就无法做出下一步部署。而不远处还有契丹援军与北汉军虎视眈眈，让他们的处境非常艰难。

这可能也是赵光义最初的计谋：不明确给诏命，故意晾着五路大军，看他们会不会做出越轨之举。

令他满意的是，宋朝的武将们很听话，没有人公开反对赵光义登基。

可能这已在赵光义的预料之中。所以，赵光义没有立即下令五路大军回撤，而是继续晾着他们。

接下来，赵光义做了一件看似无关紧要的事：改名字。

一切有"义"字的东西都要改名，避赵光义的名讳。于是，很多名字里有这个字的官员和百姓，都纷纷改了名字，地方州县名也不例外，诸如彰义军、义成军、保义军、崇义军、归义军等也纷纷改名。

改名字的举动，看起来是非常普通的一件事，却透露出赵光义改弦更张、开启自己帝王时代的弦外之音。

有意思的是，接下来赵光义依然晾着五路大军，转而处置其他政务去了。

前方的五路大军，只能继续在太原城外驻扎。

赵光义这次处置的政务，显示出他高超的行政能力。眼下，国家刚经过皇位交接，各处商人也在利用这种权力交接之机，哄抬物价，制造混乱。

赵光义在开封府任职多年，早就熟悉其中的猫腻。他命人草拟了一道诏令，要求各地以开宝八年（975年）定的价格为准，稳定市场上的茶、盐价钱，不能私自涨价。

茶、盐这些东西在宋朝是国家的专卖品，生产、销售等都由国家管控，即便商人要销售，也得拿到政府的许可证。也正因为这些东西由国家生产与销售，市场的供应往往满足不了民间的需求，那些有二次加工和销售资格的商人就哄抬价格，破坏市场的稳定。

赵光义正是看到了这背后的猫腻，才不得不专门颁布诏令，要求各地整顿市场秩序，严控茶、盐价格。当然，从这里也可以看出，尽管这些商品还在朝廷的管控之中，此时的宋朝却已有了市场经济的萌芽。此后，商业税占宋朝国家税收的比重越来越大。

不久，朝廷又在选拔官员方面下了一道诏书。诏书说：对于自京外举荐的各类官吏，如已取旨，令降职任用，或令不予授官，请铨司（主管选授官职的官署）负责检验考核。经过核实，如果这些候选人没有触犯忌讳又身体健康，要按照他们的资格授予官职。对那些自愿降职降级的官员，要根据表现，适时恢复他们的官禄。对那些调往边远地区任职但还未上任的官员，也允许他们参与朝廷的铨选。

这还是对文官系统实施的政策，只是已经从高层转向地方。这条诏令也给地方官员和受过处分的官员带来了希望，他们也感受到皇恩浩荡。

等这一系列动作完成后，时间就到了十一月。此时，赵光义才想起自家人，尤其是自己亡故的夫人。先前，赵光义一直没有对自己家人进行封赏，除了皇子皇女与赵匡胤、赵廷美的子女享受一样待遇外，对于自己的夫人，赵光义只字未提。

赵光义的前两位夫人在他继位前都已离世，现在跟随他的是第三任夫人李氏，她会在数年后（984年）晋升为皇后。这时候，赵光义关注的是两位已故的夫人，想给她们追加头衔，让她们的家人沾沾光。

几位宰相猜到了赵光义的意图，他们给赵光义上书，希望赵光义尽快完成这件事，因为这也是维护国家礼制的做法。可能赵光义最初还表现出推辞的姿态，但提到礼仪制度，他就同意了宰相们的建议。

于是，此事在几位宰执的策划下，朝廷对赵光义两位已故的夫人追赠了封号：追封赵光义已故妻子尹氏为淑德皇后，追封越国夫人符氏为懿德皇后。尹氏是赵光义年轻时的夫人，那时候赵家还没有显赫的地位。尹氏福运不济，没等享福就去世了。符氏就是符彦卿的女儿，与周世宗的夫人符氏是姊妹。她也无福享受皇后待遇，只能被追封。

这件事后，赵光义可能内心又有不安，担心弟弟赵廷美和侄子赵德昭心有芥蒂。于是，赵光义又下了一道诏令，让赵廷美和赵德昭在朝中的地位高于宰相。

同时，朝廷又下了一道诏令：无论中央官员还是地方官，在任命或离职时，都须亲自在正殿谢恩、辞别。如有违反此规定，有司要按照其触犯的律法，对其实施处罚。这是恢复旧有的制度。

从这些事情来看，赵光义虽然表面上说一切都要遵从太祖时期的制度，但他刚刚继位，就已开始改制。他真的愿意一直活在太祖阴影之下吗？

做完这些，还有一件要事需要提上日程，这就是给赵匡胤的陵墓定名。事实上，当年赵匡胤在巩义祭奠父母时，已给自己的陵墓定了名字。那时候的赵匡胤绝没想到自己会死于十月二十日。但此时赵匡胤已去世，新皇帝要履行职责，给赵匡胤陵墓定名字。于是，宰相薛居正就给赵光义上了一份札子，请求将太祖陵墓命名为永昌陵。对于宰相的这一建议，赵光义马上就准许了。

随即，朝廷下了一道诏令，出台了一项惠民政策：免掉了承担地方官财物支出费用的民众的赋税，让百姓们安心发展农桑，而地方官的这部分钱财由政府出。

诏曰：耕织之家，农桑为本，奉户月输缗钱，蠹兹细民，不易营置，罢天下奉户。其本官奉钱，并给以官物，令贸鬻及七分，仍依显德五年十二月诏，增给米麦。

此诏令一出，天下欢呼雀跃。①

之后，赵光义还派出使者，带着赵匡胤的遗物"赐外诸侯"②，以显示朝廷对他们的重视。这里所说的诸侯，不过是依附宋朝的一些地方势力，比如吴越钱俶、漳泉二州陈洪进，以及党项李克叡等势力。

赵光义不动声色地开启了集权模式，天下人越来越认可新皇帝。

直到这时，赵光义才"想起了"出征北汉的宋军将士。

4. 部署关南之地防守

赵光义之所以不敢对军队下大力气整顿，其根源还是这些军队的将领都是哥哥赵匡胤的旧部。他们之间有曾在战场上相互托付生命的感情。这些武人如西番的牦牛一样，只认一个主人。换主人后，需要给他们留点儿时间，让他们适应。

怎么才能让他们改认新主人，是摆在赵光义面前亟待解决的课题。短时间内让他们与新皇帝建立深厚的感情，很显然不现实。

这时候，最好的办法就是等，让时间去慢慢稀释一切。这也是赵光义没有急于撤回五路大军的原因。他需要将士们领会自己的手段，而这种手段就是不下命令，任由前线将士自处。郭进、党进等人不敢乱作为，只能等待朝廷的指示。

观察一段时间后，赵光义终于发现，这时候的宋朝武将尽管都曾跟随赵匡胤出生入死，但与五代时期的武将已完全不同，他们在宋朝的和平氛围中，逐渐磨掉了五代以来刻薄、凶残的脾性。赵匡胤采取的一系列措施，也分割了武将的权力，让他们即便有心也难以叛乱。

---

① 《宋史》卷一百七十一。
② 《续资治通鉴长编》卷十七。

确定武将们不会叛乱后，赵光义决定处置出征太原的这五路大军，消除不安定因素，用几年时间休养生息，平息国内各种隐患。假以时日，如果条件成熟，可再对北汉实施讨伐。

赵光义召开御前会议，与宰执群体商议对策。最后讨论的结果是，召回五路大军，赏赐主要将领。于是，五路大军按照朝廷的指示撤军。

大军撤回后，就是一番赏赐。潘美被加封为宣徽南院使。[①] 其他将领也都按照级别，受到相应的封赏。

赵光义给出的种种好处，基本稳定了这部分出征队伍。他们尽管怀念赵匡胤，但实际情况已发生改变，他们也需要学会接受现实，投到赵光义的麾下，为他出生入死，换取功业，封妻荫子。

不过赵光义并未停下治军的脚步。他不动声色，开始实施整顿、分化军队。这一次，他将军事系统的负责人换成曹彬和楚昭辅。曹彬是开国元勋，又是攻灭南唐的主将，战功卓著，无可争议。可是楚昭辅凭什么啊？他不就跟着赵匡胤发动过陈桥驿兵变吗？他有什么能力呢？

将士们想不通，也理解不了，但也无力改变什么，这就是朝廷，每个命令的颁布，都要坚决拥护，并认真落实。

这或许就是武将的处境。他们的晋升都以战功为基础，楚昭辅这样的人轻松成为他们的上司，他们却只能接受。真是人比人，气死人。政治就是政治，而军人的天职是服从，他们只要带好兵打好仗就可以了。

当然，这只是个开始。赵光义对军队的治理，才刚刚起步。此后，赵光义通过重用士子、轻视武将等策略，逐渐削弱和打压武将地位，让他们时刻处于文臣的压制之下，彻底解决了武将叛乱的"顽疾"。这样做是迫不得已，但也存在弊端。比如，那位曾经攻破江州的大将曹翰，对朝廷不断排斥、打压武将的做法很悲愤，曾作过这样一首诗，讥讽赵光义不重视武将。其诗曰：

[①] 《宋史》卷二百五十八。

> 内宴奉诏作
>
> 三十年前学六韬，英名常得预时髦。
> 曾因国难披金甲，不为家贫卖宝刀。
> 臂健尚嫌弓力软，眼明犹识阵云高。
> 庭前昨夜秋风起，羞睹盘花旧战袍。

而且随着政权的稳固，赵光义不断强化文化建设，宋朝逐渐形成了"右文"的风气。社会上，人们也将学文作为追求，反而对建功立业不感兴趣。

加封了潘美后，朝廷又给李汉超和郭进升了官：齐州防御使李汉超为应州观察使、判齐州（今山东济南），继续管理关南；洺州防御使郭进为云州观察使、判邢州（今河北邢台），继续兼任西山巡检。①

在唐代时，观察使具有实权，掌管军政。但到宋朝时，观察使已经成为只领工资而没有实际权力的虚职，是激励将士的一种办法。赵光义此举，意在拉拢李汉超和郭进，让他们好好地为自己守护好关南和西山。

赵光义为什么要这样做呢？

其实，这里面大有文章。我们不妨对比一下赵匡胤时代对边关武将们的特殊待遇。

宋朝刚建国时，广南、益、并等地区都公开反抗宋朝，荆湖、江南也停止了进贡，西北地区也没有臣服。赵匡胤就让李汉超、郭进等人管控西北地区。为了让这些武将安心戍边，赵匡胤想出了很多办法来安抚他们。如，武将的家人都在京师，赵匡胤就厚待他们的家人，经常给他们的家人赏赐，还帮他们修建房屋，让前线的将士们无后顾之忧。

另外，宋初为防止地方武将坐大，收回了地方武将管理赋税财源的权力，委派文官作为地方长官，管理钱财赋税。但在北方地区，赵匡胤允许武

---

① 《续资治通鉴长编》卷十七。

将支配地方钱粮,供他们养军士,武将们做买卖,途经的地方也实行免税政策。赵匡胤甚至还允许武将私自招募将士,军中一切视具体情况处置。赵匡胤这种区别对待,实际上实施的是"一国二策"的办法,其根本目的是安抚边境将士,让他们诚心为宋朝戍边。据说这些武将回京面圣时,赵匡胤还会给他们赐座、赐宴,回到驻守之地之前还会给予大量赏赐。

也正是因为赵匡胤这样善待武将,所以在北宋建立后的十几年时间内,北方一直很安定。即便有些地方会有局部战事,这些边境将士们也能够坦然应对,击败敌人,保家卫国。后来即便有李筠等人叛乱,诸将也都争先恐后主动平叛。这些将士之所以能够安心镇守四方,都是因为太祖皇帝推心置腹为他们着想的结果。[①]

赵匡胤时代对边关武将的安置策略与对中央禁军实施的制度完全不同。赵匡胤在安抚北方将士时,尽可能多地为他们着想,出台多种措施,让将士们安心戍边。

现在,赵光义继承皇位,他理应学习赵匡胤的这种做法,既能让边关守将们安心戍边,也能为国家创造和平稳定的局面。但赵光义还是担心这些将士有异心。

赵光义没有采取太祖皇帝的做法,他的办法是对武将进行岗位调整。

在赵光义调整的武将中,有四十多人是高级武将,曾为宋朝立下不朽战功。赵光义可能也担心大面积调整会引发风波,因此在调整这些将帅的岗位时,他分成两个批次。第一个批次是对驻守关南诸州将帅的调整,这个地方很重要,是防止契丹南下骚扰的要地,驻守此地的武将必须是值得信任的人。于是,一份名单公布:李汉超在关南屯兵驻扎,马仁瑀驻守瀛州(今河北河间),韩令坤镇守常山(今河北正定),贺惟忠驻守易州(今河北易县),何继筠镇守棣州(今山东阳信南)。[②]

[①] 《续资治通鉴长编》卷十七。
[②] 熊武一、周家法主编:《军事大辞海》(下),长城出版社2000年版。

第二个批次是对山西境内武将的调整，朝廷还是出台了一份诏命："郭进控西山，武守琪戍晋州，李谦溥守隰州，李继勋镇昭义，以御北汉。赵赞屯延州，姚内斌守庆州，董遵诲屯环州，王彦升守原州，冯继业镇灵武，以备西戎。"这些武将中，只有武守琪相关事迹记载较少，其他九位边关将领，将在以后大放光彩。尤其是郭进、姚内斌、王彦升等人，会在不久的将来，跟随赵光义消灭北汉、围攻幽州，发挥重要作用。

安置边关武将后，赵光义认为应该没有遗漏了。所有能想到的武将，都进行了安置。关南之地有大军驻扎，即便契丹有什么想法，恐怕也难以突破宋朝部署的层层防线。至于北汉，苟延残喘多年，不可能主动进攻宋朝。

在对待武将家人问题上，赵光义延续了赵匡胤的做法，将他们留在开封享福，时不时给他们赏赐一些财物。这样一来，朝廷与戍边将士之间就建立了一种相互制约的关系。

那么，这一切做完后，武将们真的安稳了吗？

绝大多数武将都接受了赵光义这个皇帝，但绝大多数不代表所有。不久之后，发生了一件大事，彻底颠覆了赵光义对武将的认识。这也让赵光义意识到自己不是赵匡胤，武将并不真心臣服于他，从而让他产生了制裁武将的心理。

事情是在北方防线的重要将领李汉超与马仁瑀之间发生的。

上文中提到过，李汉超"护关南屯兵"，这里的护不是保护，而是统领的意思。也就是说，整个关南之地的所有武将，原则上都要听从李汉超的指挥，包括驻守在瀛州的马仁瑀。

当时，马仁瑀的身份是瀛州防御使并统领霸州的军队，他在朝廷明令不许进入敌国境内抢掠的情况下，依然纵容部下到契丹境内抢掠，从契丹边境上掳掠了很多人口、羊马等。

当然，如果仅仅是入侵契丹，可能也只是触犯了朝廷的律令，给予一定警告处分即可。但这件事还引发了一系列次生效应：在长官李汉超看来，马仁瑀抢劫契丹事小，不听指挥事大。他三令五申要求武将不得擅自到敌境去烧杀抢掠，马仁瑀却置若罔闻。马仁瑀不知死活不要紧，但牵连李汉超自己就不行。李汉超可能处罚了马仁瑀的部下。由此，马仁瑀与李汉超两人的关系开始恶化。①

朝廷很快知道了这件事。赵光义的愤怒可想而知，但赵光义为了安抚边境将士，选择了息事宁人的态度。赵光义承认马仁瑀的抢掠是忠君报国，但告诫他以后不能再贸然出兵，一切都要听从朝廷的指挥。然而，赵光义对马仁瑀的纵容，引起了李汉超的不满，进一步加深了两人的嫌隙。赵光义也意识到了可能存在的隐患。于是，赵光义派出使者，带着大批金银珠宝，赐给李汉超和马仁瑀，还吩咐使者摆下酒席调和两人的关系。②

等使者、李汉超、马仁瑀等人坐上酒桌后，使者传达了赵光义的口谕：各位将军完全没必要为了一点钱财跑到契丹去抢掠，如果你们手头紧，就跟朝廷汇报，朝廷会给你们拨款的，边境上的钱粮，你们也可以随时征用。为了这样一点儿小利益，让你们之间产生嫌隙，实在是划不来……使臣好话说了一箩筐，好不容易将两人的关系缓和了。马仁瑀和李汉超也推杯换盏，表示以后一定谨记这次教训，不再做出此等事情。

使臣完成了任务，回去给赵光义交差。但赵光义还是担心，既然两人已产生矛盾，以后肯定还会因其他事情而交恶，人心是最难猜透的，最好的办法，就是将他们分开，相互之间只要没有交集，也就不会产生纠纷了。于是，没多久，赵光义就找了个理由，委派马仁瑀知辽州，彻底分开了这对冤家。

此后，朝廷有军事行动时，李汉超就带兵出征，无军事行动时就继续驻守在关南。马仁瑀也在边境，为朝廷尽忠。

赵光义虽巧妙化解了李汉超与马仁瑀的矛盾，但经过此事，赵光义意识到一个问题：武将们一旦不听话，即便是皇帝，也毫无办法。还有一个问题，让赵光义不敢细想：是不是李汉超、马仁瑀两人联手演了这出戏，故意

---

① 《续资治通鉴长编》卷十七。
② 《续资治通鉴长编》卷十七。

观察他的态度?

当然,这只是一种猜测,如果真是这样,赵光义将面临巨大的危机。因为朝廷不止李汉超与马仁瑀两人,还有郭进、韩令坤等手握重兵的武将,他们都是可以呼风唤雨的人物,如何有效约束这些武将呢?

赵光义一时半会儿也没有更好的办法。所幸的是,驻守在北方的两个主要将领李汉超和郭进一直很安稳。

李汉超守着关南之地不挪窝达十七年之久。这十七年间,李汉超整肃吏治,社会风气也随之好转。在军队管理上,李汉超与将士们同甘共苦,在军中威望很高。李汉超在齐州十七年间的各项工作,得到社会各界的一致认可。后来,有齐州民众跑到开封,向朝廷请求为李汉超立碑颂德。赵光义顺水推舟,同意立碑,并指派南唐降臣徐铉撰写碑文。徐铉是大儒,饱读诗书,出口成章,由他执笔,更能体现朝廷对李汉超的重视。①

郭进也在西山守了近二十年,没有做过损害朝廷利益的事。据说郭进少年时家庭条件差,给巨鹿(今河北巨鹿)一户富人家做雇工,可能因为性格原因得罪了主人的儿子,主人家的儿子就谋划杀掉郭进。幸亏主人家竺姓媳妇通风报信,郭进才逃过一劫。郭进到邢州(今河北邢台襄都区)任职后,不忘竺氏的救命之恩,命人到处寻找,最后发现竺氏已经去世,只剩下一个女儿,家里条件很困难。郭进就将竺氏女儿带了回去,视为己出。等这个孩子长大,郭进本来打算将她许配给将校,但孩子却坚持要嫁本地人,郭进就给她选了一户家底殷实的人家。②

再后来,郭进调任洺州(今河北邯郸市永年区)后,让人在城墙边上都种上了柳树,沟壕边上也种植芦苇。此后,柳树和芦苇都长势茂盛,当地人睹物思人,想到郭进的善政,有人流下了眼泪,指着柳树和芦苇说,这是郭公在此任职时种下的。

---

① 《续资治通鉴长编》卷十七。
② 《续资治通鉴长编》卷十七。

李汉超和郭进带头臣服于赵光义，为其他边关守将树立了榜样，他们也表现出了臣服的态度。或者说，他们开始尝试接受新皇帝。而赵光义本人，也在使出浑身解数成功收服武将后，长长舒了口气。武将的问题当然没有终结，不过眼下的危机已经解除。日后，只要他不断调整策略，就能牢牢掌控他们。

　　这时候，赵光义又把目光放在了外交上，毕竟一朝天子一朝臣，他的时代，外交上也需要他去努力。

5. 新皇帝的权术

　　赵光义在处理李克叡、李汉超、马仁瑀事件时，发现了一个现象：武将思想单纯，心思简单，爱憎分明。只要真心对待戍边守将，他们就不会轻易反叛。

　　换言之，武将们虽手握重兵，但相对于心思缜密的文臣而言，存在很多弱项。整治这样的一支队伍，只需要一套完整的制度，就能瓦解他们所谓的居功自傲。反而是那些文臣花花肠子多，做事各有其道。所以，在安抚完武将后，赵光义再次把目光聚焦在朝内，毕竟国家内部还有很多问题需要处置，管理一个国家，远比管理一支军队困难多了。

　　当前，不适宜大刀阔斧改制，只能徐徐推进，在潜移默化中改制。即便如此，赵光义改制的决心也逐渐炽热，他早在心里拟定了一系列制度，把控着节奏，由浅到深，分步推进。

　　在推行各种新政策之前，朝廷先下了一道诏令，命全国各地州县将研习天文的人送到开封，不得藏匿有天赋异能之人，一旦发现地方有藏匿行为，朝廷将严肃追责。地方上的人也可向朝廷举报，如果举报属实，奖励钱财三十万贯。①

---

① 《续资治通鉴长编》卷十七。

这是一道非常令人费解的诏命，而且是向全国颁布的。那么，赵光义为什么要将研习天文之人召到开封呢？这背后有个很大的秘密，在上一章我们介绍马韶的时候已有所提及。之前朝廷曾下令，严禁私人研习天文。而在十二月十九日晚上，马韶不就差点泄露了天机吗？

联想与赵匡胤交往甚密的陈抟老祖、苗训等奇人异士，以及能未卜先知的马韶等人，让赵光义对这些能揣测天意的人由衷地感到恐惧。

他要掌握这些人的动向，将这些人集中养起来，为己所用，日后执政过程中，即便有些上天的预示，赵光义也能够及时得知。当然，更重要的是将这些人控制在自己的眼皮底下，防止他们"泄露天机"，蛊惑人心。在封建时代，很多解释不清楚的情况，往往需要上天的警示或者预示。陈桥驿兵变时，作为参与者的赵光义，与赵普等人设计了一系列"天意"假象，暗示赵匡胤是"真龙天子"，为王朝更迭做了准备。

赵光义在各种大事件中纵横半生，早就看透了一切。他当然要牢牢掌控话语权，控制意识形态，怎么能让能人异士混淆视听，影响国家稳定呢？

随即，朝廷又下了一道诏令。这次是关于官员任用的。这条诏令也是给各地转运使提出的要求，让他们在巡查时，关注各个州郡里的知州、通判、监临物务京朝官的履职情况，重点考察地方官员的政绩，朝廷会根据每个官员的履职情况，对其进行或擢升或贬谪或赏赐或处罚的处置。①

一切都井井有条，一切都在稳步推进。

然而，就在朝中各项工作正规化运转时，京城里发生了一件怪事。起初大家都没觉得这件事有什么奇异之处，但事后，他们才后知后觉地发现这是皇帝设置的一个巨大的陷阱，相关人员差点儿掉了脑袋。而这件事传开后，也震慑了官场。赵光义利用这件事，给官员们发出了警示。那些昔日趾高气扬的京官们再也不敢小觑新皇了。

事情的经过大概是这样的：有一天，一个在京城乞讨的乞丐到某家酒馆

---

① 《续资治通鉴长编》卷十七。

前乞讨，但酒馆并未给予施舍。正常情况下，乞丐未讨到饭，应该换下一家继续乞讨。但乞丐却并未离开，他在酒馆前端详了一番后，嫌酒馆没有给他施舍，就站在酒馆门口大骂酒家太吝啬。不一会儿工夫，京城里的三教九流都被乞丐的行为所吸引，很快乞丐周围围了一圈人。乞丐见人多势众，好似有人给自己助威一样，骂声更大了。酒馆主人一看乞丐这架势，也不愿多生事端，影响生意。于是就给乞丐赔礼，希望乞丐不要在自家酒馆门前大骂，而乞丐根本不理会主人的道歉，继续咒骂着。人越聚越多，大家都站在一边看笑话。这时候，忽然从人群中蹿出一人，拿着一把短刀，迅速刺向那喋喋不休的乞丐。众人还没反应过来，那人已将乞丐捅翻在地。之后，此人扔下刀，扬长而去，而周围的人根本没有反应过来，就发现眼前的乞丐已被人刺死。消息开始在街巷里传播，有司衙门也接到了"报案"。他们出动人力，到处搜罗杀人者。遗憾的是，现场目击者均未看清楚杀人者的容貌，这也给破案带来不小的困难。官差只能将那柄杀人凶器带回了开封府。①

次日，此事不知何故，传进赵光义耳中。赵光义对众臣说："这是五代以来随便杀人的恶习，不管乞丐有多么大的罪责，也应交由衙门来处理，怎可在光天化日下杀人，置大宋律法于何地？相关部门一定要抓到凶手，还死者一个公平，还社会一个公平。"赵光义还给了个期限，要求有司衙门必须在期限内破案，否则就是渎职，朝廷会追究相关人员的责任。这本来是一件小事，既然皇帝亲自过问，有司衙门不敢耽搁，马上组织更多人去侦破案件。②

但临到皇帝要求的最后期限，有司衙门依旧没有破案。官员们如热锅上的蚂蚁，围着案子团团转，却找不到突破点。眼看日子就要到了，大家一筹莫展。就在这时候，有人出了一个主意，听完之后，这些负责审理案件的人都相视一笑，似乎找到了解决办法。于是，不久后，审理案件的部门就将那家酒馆的主人抓了。就这样，案子最终定性：杀人凶手就是这家酒馆的主

---

① 《铁围山丛谈》卷一。
② 《铁围山丛谈》卷一。

人。原因是主人实在忍受不了乞丐喋喋不休的咒骂，愤怒之余，拿起刀杀死了乞丐。很快审理结果就被报给了赵光义。看到有司衙门上报的结果后，赵光义并未否认案件审理的结果，只是对负责该案的官员说："卿要用心破案，再次审理案子时，千万不要出现冤假错案，等你下一回来汇报时，就将那把杀乞丐的刀一并带来。"①

官员没有弄清楚皇帝此话的意图，几天后，又拿着结案的卷宗和那把没有刀鞘的刀进了宫。赵光义问："你们重新审完了吗？"官员说："审完了。"赵光义也不再说话，而是对身边的侍从说："把我的刀鞘拿来。"不久，一位内侍拿着一个刀鞘走了出来。然后，赵光义直接将那把杀人的刀插入了刀鞘。此时，众人才惊讶地发现，这柄凶器刀与赵光义的刀鞘严丝合缝，赵光义藏在宫中的刀鞘分明就是这把杀人凶器的刀鞘。官员脑子飞速运转，寻找着可能出现的破绽。这时，赵光义将刀交给了傻愣愣站在原地的官员，留下一句话："你们如此审理案子，岂不枉杀好人？"②说完后，赵光义拂袖而去。言外之意，暗指有司衙门为了在皇帝规定的时间内破案，就对酒馆主人屈打成招。这不仅是玩忽职守，简直是草菅人命。

事情到这时，众人才恍然大悟，原来杀乞丐的人是赵光义派出去的。官员们纷纷感到背后阴风阵阵：新皇帝太精明了。他随便一个计策，就能试探出官员是否认真办差。如此高端的权术，谁还敢小觑？之后，此事就开始在官场中流传。臣子们才反应过来，赵光义是想通过这种办法告诉官场中的所有人：你们不要糊弄朕，朕可明白着呢！

朝臣在震惊的同时，再也不敢小觑赵光义了。

此事后，官场风气逐渐变好，这是赵光义想要的结果。他整了这么一出，不就是要告诉官场中那些闷声发大财的官员，凡事都不能欺骗皇帝吗？

随着官场风气持续好转，赵光义开始着手处理与邻邦的外交事宜。此

---

① 《铁围山丛谈》卷一。
② 《铁围山丛谈》卷一。

前，原高丽王的儿子王伷曾经派出使臣出使宋朝，向宋朝通报其父亲去世，暂时由他主持国政的消息。现在，赵光义命人正式起草诏命，加封王伷为高丽国王，全权负责高丽国内事宜。

处置完外交事宜，赵光义又对原南唐几位旧臣的岗位进行了微调，让太子少詹事汤悦、太子率更令徐铉直学士院，太子中允张洎直舍人院。直舍人院这个岗位是从张洎开始设立的。

赵光义的施政意图，正在一点点显现。而臣僚们惊讶地发现，他们竟然对新皇帝的新政无法拒绝。

接着，赵光义又对几位宰相的子侄作了安排，让他们受父亲荫庇而得到朝廷的晋升。比如，以宰相薛居正的养子薛惟吉为右千牛卫将军，沈伦之子沈继宗和卢多逊之子卢雍为水部员外郎。

也许会有人觉得不可思议，但这就是赵光义初掌朝政时面对的现状，三位都是宰相、宋朝的顶梁柱，也只有把他们的儿子安排好，他们才能为国家尽心尽力。

朝廷还下诏令，对选任官员的制度进行了完善。

接下来，自然要派出使臣出使契丹，重新与契丹建交。此前，宋朝与契丹之间已建立外交关系，契丹使臣曾于开宝九年年初来过宋朝。现在，宋朝换了皇帝，赵光义觉得应该礼尚往来，将赵匡胤驾崩和他即位的消息通报给契丹。于是，著作郎冯正和著作佐郎张垍被赵光义选中，作为宋朝使臣，北上出使契丹。

不久以后，朝廷又选派左司御副率于延超、司农寺丞徐昭文，带着宋朝的外交文书和一些财物，出使高丽。

到十一月底时，赵光义的皇位已然坐稳。这时候，他才想起了降王刘鋹和李煜。关于李煜，本书第一章中有详细介绍，这里简要介绍一下刘鋹。此人是南汉的皇帝，赵匡胤消灭荆湖地区后，让刘鋹臣服于宋朝，刘鋹坚决不从，于是，赵匡胤就派潘美讨灭南汉，刘鋹旋即被潘美带回开封。

处置降王也是一种姿态，天下都在观望赵光义对待降王的态度。毕竟这时还有吴越钱俶、漳泉陈洪进，以及一直与宋朝对抗的北汉刘继元，他们都在观望着赵光义将如何对待刘铱和李煜。

赵光义清楚其中牵扯的关系，刘铱和李煜都曾是国君，即便太祖赵匡胤也给了他们足够的尊重。为了做给钱俶、陈洪进、刘继元等人看，赵光义将刘铱封为卫国公，将李煜封为陇西郡公，还去掉了李煜违命侯的封号。

这一番操作下来，宋朝内部安定了，外部也安定了，一切都在朝着好的方向发展。由此，赵光义开启了他的新时代和新征程。

6. 改元开启新时代

从十月二十日到十二月初的这四十多天，是赵光义人生最为"灰暗"的日子。他想方设法洗脱自己"弑兄篡位"的嫌疑，把自己包装成一个"被登基"的帝王，并想尽办法笼络臣民。

天下尽管还议论纷纷，但国家大局依旧稳定。国家机器可能在赵匡胤去世的那几天稍有停顿，但在赵光义的各种手段合力作用下，再次进入轨道，慢速运转起来。

赵光义看到国家逐渐步入正轨后，开始打造他的帝国。

十二月初，翰林学士李昉上书，请求为赵匡胤定谥号为英武圣文神德皇帝，庙号太祖。

对此赵光义没有任何意见，不管情愿与否，赵匡胤建立宋朝是事实，谁也无法抹杀他的功劳，他就是当之无愧的太祖。至于谥号，不过是一种美丽的称呼，并不会影响赵光义打造属于他自己的新帝国。

但这并不意味着赵光义会完全遵从朝廷原有的制度，他的内心已有了"理想国家"的模样，他要着手打造这个国家。

不久，朝廷下了一道诏令，命江南各地的官员，将城墙上的白露屋全部拆除。所谓的白露屋，其实就是修建在城墙之上的哨所，可观望敌情，也可当作进攻的碉楼。如今，宋朝已平定整个江南地区，城楼上的这些东西已毫无作用。

江南在一片肃冬当中，感受着远在千里之外开封的指挥。而当诏令传达之日，江南各地城墙上的白露屋不日就消失不见，城墙上修建白露屋的地方也经过美化，变得平和。

只是在处置这一切政务时，赵光义都是以"实习皇帝"的身份进行的。这段时间，也是赵光义转变角色的时间，他给了朝臣和自己一个过渡期。到十二月中旬时，赵光义才在乾元殿正式受朝。当然，赵光义的步子迈得不大，也不敢太张扬。比如，在受朝时本应该有演奏的器乐，但是赵光义觉得哥哥刚刚驾崩，一切从简为好，就省去了器乐演奏。

这时候，赵光义在心中谋划着一件大事——改元。可能赵光义打算利用改元这件事，试探一下天下人心。因为按照礼制，原则上新皇帝即位以后第一年是不能改年号的，毕竟新皇帝即位第一年，往往是老皇帝在位的最后一年，所以很多皇帝新即位的第一年，往往都坚持用先皇帝的年号，到第二年才会改元。

而赵光义却要打破常规。那么，赵光义改元这件事会受到阻挠吗？

有一日早朝，赵光义对朝官们宣布了改元的打算，征求群臣的意见。有意思的是，当赵光义提出改元计划时，没有一人站出来反对。或许是日前乞丐被杀事件让官员们对赵光义心怀畏惧。总之，大家默认了赵光义的改元计划。

赵光义以自己的强势，再次在"广开言路"中实现了目标。紧接着，赵光义颁布诏命：大赦天下。而一个多月前，赵光义在赵匡胤灵柩前继位时已大赦过一次。这一次是为改元而做出的让步。这对有"牢狱之灾"的罪犯而言，当然是福音。他们希望多几次大赦才好，如此天下牢狱就空了。大赦后，赵光义马上向天下宣布改元太平兴国。这就出现了非常有趣的一幕：公元976年前十一个月还是开宝九年，最后一个月就变成了太平兴国元年。而太平兴国元年纪年是从十二月开始的，只有不到一个月的时间。到公元977年春，纪年就变为太平兴国二年了。

改元的顺利推行，给了赵光义信心：一切不过是权力在运作而已，官场中的每个人都是有私心的，大家都在为自己的利益做出让步。赵光义还沿着当前的节奏，继续对官员晋级制度做了微调。①

接着，赵光义再次擢升贾琰，让贾琰担任三司副使。官场中流言纷纷，因为在此之前宋朝三司没有副使，一般只有三司使一个主要领导岗位。但就是从这时候起，宋朝有了三司副使。

这么做，可能有两层含义：其一，赵光义打算重用贾琰，但朝廷没有合适的岗位，赵光义就新创了个三司副使，让贾琰担任；其二，原三司使可能是赵匡胤安排的人，赵光义对其有顾虑，不完全信任他，就让亲信贾琰进驻三司，负责监督国家财富管理。

赵光义和之前一样，在重要岗位安插自己的人。

不久，契丹派出使者出使宋朝，重新与宋朝建立邦交关系，并声明要对宋朝攻打北汉时，契丹支援北汉的问题进行说明。赵光义不想再起事端，原则上同意与契丹维持和平外交关系。于是，赵光义派出引进副使田守奇在开封城外迎接契丹使臣，并负责具体接待工作。②

契丹使臣安置妥当后，西川路、峡路盐的流通出现了问题，赵光义不得不着手处置这件事。

西川路和峡路是宋初设置的两个一级行政区单位，西川路统辖成都府（今四川成都市），领"黎、雅、眉、嘉、邛、蜀、成都府、彭、绵、汉、简、梓、陵、维、茂、荣、果、阆、龙、普、利、兴、文、剑、兴元府、壁、集、洋二十八州府及永安、怀安二军"。"峡路"统辖夔州（今重庆奉节县），领"遂、合、渝、泸、昌、开、达、渠、巴、蓬、资、戎、涪、忠、万、夔、施十七州及广安、梁山、云安三军"。

---

① 《续资治通鉴长编》卷十七。
② 《续资治通鉴长编》卷十七。

如此大的区域定然生活着很多百姓，若盐的购买、运输等方面出现问题，影响很大，可能会出现不稳定因素。赵光义了解了整个事件的来龙去脉后，制定了处置办法。原来，赵匡胤在位时，这两个区域的转运使未经请示，将朝廷派给川、峡两路的盐调到荆南，导致两路百姓普遍缺盐。赵匡胤派人去查找转运使违规的证据，在掌握了证据之后，赵匡胤就将这两个转运使抓了起来。只是后来太祖驾崩，此事也就暂时被搁置。现在，赵光义登基，盐的问题再次显现出来。但赵光义的做法与赵匡胤完全不同，他没有严惩这两个转运使，而是将他们释放，命他们继续负责川峡地区的盐务，这让川峡地区的盐务转运工作得以恢复正常。[①]

此后，国家各个方面都有了暂时的太平，从收集上来的奏疏内容来看，国家内部大事明显减少。

赵光义眉头舒展了很多，他利用近两个月的时间，基本使国家各方面继续平稳发展。到腊月时，赵光义才首次以皇帝的身份到讲武池和玉津园游览。这两个地方都是宋朝大型皇家园林。赵光义能在百忙之中抽出时间来这两个地方溜达，也能看出他兴致不错。

只是赵光义的好心情并未维持多久，因为就在同一天，朝廷的秘书丞安璘因为收受贿赂被人告发。负责审核案件的官员核实后，发现确有其事。拔出萝卜带出泥，有人还反映安璘在道州任知州时，收过的贿赂数目还不小。有司衙门继续核实，发现也属实。他们不敢私自处置，将这件事汇报给新皇帝。赵光义的心情坏到了极点，这是他首次面对官员贪腐问题。

于是，赵光义命人彻查此事。由于有之前乞丐被杀的案例，有司衙门再也不敢糊弄新皇帝。最终，安璘案子坐实，被打了一顿板子，同时还被开除了公职。[②]

赵光义对这种处置很满意，他需要的只是官员拥护自己，听话。

---

① 《续资治通鉴长编》卷十七。
② 《续资治通鉴长编》卷十七。

年底时，高丽国一个叫金行成的人来到宋朝，他是高丽新王派遣到宋朝的使臣，他出使宋朝时，还带来了大批的财物。此人到宋朝以后，表示要学习汉文化，赵光义一听很高兴，安排金行成到国子监学习。

几天后，忽然一大帮人从全国各地赶回开封，他们风尘仆仆，饱经沧桑。赵光义赔着笑脸接待了这些人，他们是赵匡胤时代派遣到各地的节度使——更多是挂职节度使头衔的朝廷前宰相、开国元勋之类的官员，比如赵普、向拱、张永德、刘廷让、高怀德等人。他们这次进京，是要送赵匡胤最后一程。赵匡胤死时，他们不在身边，已有些遗憾。现在他们要为赵匡胤上一炷香，磕一个头，作别赵匡胤，也作别昔日的战友、曾经的皇帝。①

老臣们一把鼻涕一把泪，搞得现场相当压抑。哭完后，他们将目光放到新皇帝身上，看新皇帝如何安置他们。赵光义绝顶聪明，马上猜透了这些老臣的心思，接着就是各种赏赐和加封：原安远节度使向拱、武胜节度使张永德为左卫上将军，原横海节度使张美为左骁卫上将军，原镇宁节度使刘廷让为右骁卫上将军。②

武将们的官职都得到了晋升。尽管大家心里对赵匡胤的死依然有所猜疑，但所有人都清楚国家换主人了，他们以后都得倚靠新皇帝过日子，也只能擦干眼泪，向新皇帝靠拢，进行新的权力角逐。

赵光义对赵匡胤旧部的安排，充满了仁义和厚爱。唯独对赵普的安置让其他人充满了疑惑。

赵普鉴于之前与赵光义产生过龃龉，在赵匡胤去世后，没有立即到京城祭拜。洛阳到开封不过数日路程，赵普完全能在赵匡胤去世后几天内就赶到开封，可是赵普并没有来，而是一直等到年底，才同赵匡胤的旧部一道来祭拜，这背后充满了各种学问。

赵普混迹官场多年，清楚官场的运行法则。在赵光义没有召他到开封

---

① 《续资治通鉴长编》卷十七。
② 《续资治通鉴长编》卷十七。

前,他自己不能来。毕竟皇帝已更替,他需要认清形势,而非执迷不悟地为旧主子抱不平。权力的背后,其实是人与人的较量。赵光义当了皇帝,而他不过是个退休官员,没有实力再与赵光义斗。他选择了等待,知道赵光义改元,张永德等人打算进京祭奠赵匡胤,赵普才与这伙人一起来到开封,一方面祭奠赵匡胤,另一方面也试探赵光义对他的态度。

所以在祭拜了赵匡胤之后,其他将帅都得到了好处,唯独他没有,赵普一点儿都不意外。可能赵普并未想过要留在京城,只是希望远离赵光义。不久后,赵普主动上书,请求到巩义皇陵为赵匡胤安葬事尽绵薄之力。有意思的是,赵光义拒绝了赵普所请,加封赵普为太子少保,让赵普留在京城。[①]

赵普在短暂苦闷之后,接受了赵光义的安排。

有时候,人没有办法改变自己的处境,身处局中,只能顺应,无法跳出。

当然,至少对赵普而言,新的岗位不理想,但也有好处,他终于能摆脱河阳三城节度使这个沉重的包袱了。

原来,赵普在挂职河阳三城节度使时,怀州属于河阳管辖,但自从赵普失势后,知怀州高保寅就与赵普产生了嫌隙。而这种嫌隙,随着两人领导与被领导关系的确立,逐渐演变为矛盾。高保寅不听指挥,还给赵普使绊子。[②]尽管赵普居住在洛阳,但若高保寅因为与自己的嫌隙而引发工作失误,到时候朝廷必然会追究赵普的责任。有意思的是,高保寅除了不配合赵普外,还在到处搜集赵普的"罪证",这让赵普如坐针毡。赵普怀疑高保寅敢如此大胆,可能来自赵光义的授意。这让赵普越来越不想担任河阳三城节度使这个职位。

所以在祭拜完赵匡胤后,赵普希望朝廷派他到巩义去,为赵匡胤守皇陵。或许赵光义看透了赵普的心思,故意将他留在京城。而赵普表面上苦笑

---

① 《续资治通鉴长编》卷十七。
② 《宋史》卷四百八十三。

着，但可能内心却是愉悦的，至少对他而言，扔掉了河阳三城节度使这个烫手头衔。

安排完这帮太祖朝的老家伙，开宝九年也结束了。时间进入新的一年，新的时代也开始了。

不过，赵光义清楚，这一切都是一种表象，而太祖赵匡胤在烛影斧声中死去的传闻，并不会这么容易消失。太祖的灵柩还在宫中，朝臣的猜疑还在，他需要继续想办法，改弦更张，打消天下人对他的怀疑，为自己正名。

第八章 为自己正名

> 名不正则言不顺,言不顺则事不成。事不成则礼乐不兴,礼乐不兴则刑罚不中。
>
> ——《论语·子路》

1. 文治大时代

赵光义改元的计划很成功,但这种做法是一把"双刃剑"。一方面,他通过改元,宣示了他君临天下的意图;另一方面,这也加重了民众对他的猜忌。

这时候的宋朝,还是有赵光义的皇位"来路不正"的声音在传播着。朝臣们表面上完全拥护他,但在私底下,可能也在议论着这件事。

总有些声音,会传到赵光义耳中。他愤怒,却无处发泄;他悲愤,因为无人理解自己;他孤独,因为无处袒露心迹。

更令赵光义尴尬的是,他身边的大臣也多是赵匡胤时代的官员。即使有贾琰、卢多逊等人站在自己一边,但赵匡胤的影响实在太大,虽然换了皇帝,忠于赵匡胤的思想依然深植于这批朝廷官员心中。

皇帝与朝臣心不齐，这才是最大的隐患。他颁布的任何诏令，总有人找出各种措辞来抵触，让他疲于应付。如此长久下去，赵光义的帝王生涯必然会面临各种挑战。

基于此，在稳定大局后，赵光义迫不及待地开始解决这一问题。赵光义想到的方法是换人，全部换掉，一个都不能留。或许将朝中所有官员都换成自己的人，或者自己提拔上来的人，赵光义的帝位才能固若金汤。

当然，这并非易事，毕竟这些人身居要职，马上全部换掉显然不切实际。他们手中掌握着资源和人脉，即便换成自己的人，也会遇到阻力，无法正常工作。

再者，即便赵光义有心换人，但一下子换这么多人，必然引起朝野震荡，他不免落个排斥异己的恶名。

困难重重，举步维艰。从什么地方开始呢？

想来想去，赵光义没有想到很好的办法。现任官员不宜大面积更换，只能步步为营，徐徐推进。

既然换人不容易，那就只能换思想了。

但怎么才能做到换思想呢？赵光义寻找着破解难题的抓手。有几个夜晚他辗转难眠。最后，他豁然开朗，想到可以利用科举制度解决这些问题。

不过科举制度只是一种手段，核心的东西还是要营造一种带有自己烙印的"文化"，也就是传播自己的价值观，让士子们接纳自己治国理政的方略，最直接的就是将这些方略体现在科考试题中。这样一来，经过几年培训，选出来的士子就都是秉承自己思想的人，他们进入官场后，也会拥护自己。

思路变得清晰起来。赵光义还联想到几个月前在洛阳祭祀时，拦赵匡胤车驾的张齐贤，此人满腹经纶，提出的那些治国策略也都符合实际。不过张齐贤当时只是一介布衣，还不能成为他的左膀右臂。由张齐贤他又联想到民间未被发掘的人才。赵光义越来越胸有成竹。

太平兴国二年春，赵光义就制定方案，计划举行科举考试，录取俊才。在举行科举考试之前，赵光义先命全国各地举荐贡士。不日后，各地举荐上来一批士子，统计后竟达五千三百余人。

本着不放过一个人才的想法，赵光义命太子中允直舍人张洎和右补阙石熙载、左赞善大夫侯陶等人先行组织考试，由户部郎中侯陟监督。这是一次筛选考试，因为朝廷对地方举荐士子的才学有疑虑。①

事实上，赵光义继位之初，已意识到宋朝疆域辽阔，可能很多真正有才能的人因为处于社会底层，无法施展才华。而这些人往往心思单纯，只要稍加引导，就能让他们为朝廷效力。因此，赵光义才迫不及待地想利用考试来选拔人才，他还对身边的人说："朕打算在这一批士子当中寻求俊杰，不敢奢望一次能够得到十个二十个，只要能得到一两个治世奇才，帮助朕治理国家，朕也就心满意足了。"②

随即，礼部马上组织考试，地方推荐上来的人才全部参加。这个过程就是沙中淘金，即便沙子占大多数，但这五千三百余人不可能个个都是草包，总会有一些具有真才实学的人脱颖而出。很快，主考官就将考试合格考生的名单上报给了赵光义。

随后，赵光义亲自主持殿试，由他亲自出题，让待选士子展现他们的水平。当然，皇帝临幸考试现场，已是皇恩浩荡，由皇帝亲自出题，就更显示出朝廷对这次考试的重视。看着士子们奋笔疾书，展露才华，赵光义心情不错。当然，具体选士的事宜委托给了李昉、扈蒙两位翰林学士。他们根据每个人的考试成绩优劣，来确定排名和取士人数。③

考试结束后，河南一个叫吕蒙正的三十四岁士子文采飞扬，高中状元。此前，没有人能料到这个吕蒙正能夺魁。而吕蒙正自从这次考上状元后，仕途顺利，一直做到宰相。吕蒙正之后，吕氏后代也人才辈出，比如，其侄子吕夷简、侄孙吕公著，都曾在仁宗朝、神宗朝官至宰相。吕蒙正的八世孙吕祖谦、吕祖俭，也都是南宋著名大儒。

---

① 《续资治通鉴长编》卷十八。
② 《续资治通鉴长编》卷十八。
③ 《续资治通鉴长编》卷十八。

这次科考，除了吕蒙正夺魁，另外还有一百零八人也一同被取为进士。过了一天，朝廷又对诸科士子进行了复试，又取了二百零七人，所以，这次考试总共录取士子三百一十六人。①其中，进士中较为有名的有吕蒙正、李至、温仲舒、张齐贤、王化基、冯拯、陈恕、张宏、韩国华、臧丙等，这些人将在太宗朝和真宗朝大放光彩，尤其是吕蒙正、张齐贤、冯拯三人，均官拜宰相。

数日后，朝廷继续出台了更多照顾士子的政策，让礼部人员翻阅档案资料，对那些已参与十五次科考以上而没有考中的人一并录用，这样又得到一百八十四人。在《九经》考试中，有七个年龄较大的人，由于考试成绩没有达到录用标准，应该被舍弃。但朝廷觉得这些人年纪太大，就直接给这七个人特赐同三传出身。②这件事一时间成为美谈，在士大夫阶层中广为流传。

掰指头数数，仅公元977年春月，赵光义取士的人数就超过了五百人，赵光义给这些录取的士子们都赏赐了官服和靴笏，并在开宝寺设宴，款待他们。③这种招待规制也是承袭唐代的制度。相传在唐代，每次科考完毕，到礼部发榜后，士子们就凑份子，在大唐皇家园林曲江④里面相互庆祝，自号"闻喜宴"。五代时天下不安定，士子们就经常在佛舍或者名园当中举行这种庆祝活动。后周显德年间，这种私人凑钱举行的活动，变成了由官方出资，招待新中举的士子，由朝廷招待中举士子的制度自此形成。赵光义也不免俗套，命有司部门盛情款待这五百士子，让他们享受琼林宴。同时，朝廷还直接对成绩优秀的士子授予将作监丞、大理评事等官位，让他们到地方上担任通判，而对于赐予同进士出身及诸科的人才，也都让吏部在考评和安排职位上给予优待。这种殊荣是前代都没有过的。⑤

---

① 《续资治通鉴长编》卷十八。
② 《续资治通鉴长编》卷十八。
③ 《续资治通鉴长编》卷十八。
④ 曲江位于西安城区东南部，为唐代著名的曲江皇家园林所在地，境内有曲江池、大雁塔、大唐芙蓉园、寒窑、秦二世陵、唐城墙等风景名胜古迹及历史遗存。
⑤ 《续资治通鉴长编》卷十八。

这里有个现象值得注意：赵光义第一次组织科举考试，录取的人数大大超过了赵匡胤在位时期的取士人数。看看赵匡胤时代进士科的取士人数：建隆元年登进士第十九人，建隆二年登进士第十一人，建隆三年登进士第十五人，乾德元年登进士第八人，乾德二年登进士第八人，乾德三年登进士第七人，乾德四年登进士第六人，乾德五年登进士第十人，开宝元年登进士第十人，开宝二年登进士第七人，开宝三年登进士第八人，开宝四年登进士第十人，开宝五年登进士第十一人，开宝六年登进士第二十六人，开宝八年登进士第三十一人，合计一百八十七人。可赵光义第一次取士，仅进士科就录取一百零九人。也就是从这时候起，宋朝录取进士人数彻底打破了一百人这个限额。

赵光义这次取士的规模，确实让士大夫阶层振奋不已，但朝中大臣却有不同的看法：以往历朝历代，哪有一次性录取这么多士子的呢？

宰相薛居正就不同意一次性录取这么多人，哪里有那么多岗位给这些新科进士呀？但赵光义有自己的通盘考虑，他对薛居正说："你不懂，朕取的士子还远远不够。五代以来，武人乱政层出不穷，五十三年间换了五个朝代，而要想抑制武人乱政，就得多用文人，让文人来压制武人。"赵光义表达了自己的想法，宰相只能按照皇帝的意思来。只是薛居正作为宰相，还有建议权，很多人连建言的机会都没有。为了表示对新录用的士子的重视，赵光义在吕蒙正等人向他辞行时，郑重地叮嘱他们："你们到了地方以后，一旦发现有不利于百姓的事情，可火速派人到开封给朝廷报告。"而且还给每人赐钱二十万，作为赴任路上的费用。①

以上，就是赵光义在当了三个月皇帝以后所做的第一件大事，大面积取士。

这件事不是特殊的个例，日后，赵光义还将继续扩大取士人数，并形成了定制，宋代"三冗"之一的冗官就始于赵光义时代。这里有一组数据可供

---

① 《续资治通鉴长编》卷十八。

参考：太平兴国三年登进士第七十四人，太平兴国五年登进士第一百二十一人，太平兴国八年登进士第二百二十九人，雍熙二年登进士第二百五十五人人，端拱元年登进士第一百六十人，端拱二年登进士第一百八十六人，淳化三年登进士第三百五十三人。需要说明的是，以上这组数据，不过是朝廷取进士的人数，那些凭借"恩荫"进入宋朝官场的官宦子弟，还不在统计数据之内。这样一来，在赵光义主政的二十一年间，进入官场的人迅速增加。

赵光义通过这种办法，让文臣势力不断膨胀，而这一切的理由却冠冕堂皇：抑武事。只是抑制武人的办法有很多，为什么厚此薄彼呢？治国讲求文武兼备，一张一弛。

此后几年，赵光义继续大面积取士，朝廷重要岗位几乎都换成了他自己选拔上来的人才。尽管朝中还有些太祖皇帝时代的大臣，只是他们要么退居二线，要么直接退居洛阳，不再参与政务。赵光义真正实现了重文抑武的目标。

还有一个现象值得注意：赵光义一朝新录取的士子，起步就是高位。尤其公元980年的那一榜进士，被称为龙虎榜，其中的寇準、李沆、王旦等人，以后都做到了宰相。

宋真宗即位后，继续沿着其父路线，不断取士。有一组数据，能够说明这个问题：咸平元年登进士第五十一人，咸平二年登进士第七十一人，咸平三年登进士第四百一十四人，咸平五年登进士第三十八人，景德二年登进士第三百九十三人，大中祥符元年登进士第二百零七人，大中祥符二年登进士第三十一人，大中祥符四年登进士第三十一人，大中祥符五年登进士第一百二十六人，大中祥符七年登进士第二十一人，大中祥符八年登进士第二百零三人，天禧三年登进士第一百六十二人。

而到宋仁宗时代，取士人数进一步增多，最多的一次是庆历六年，登进士第五百三十七人。

宋神宗时代，朝廷因为冗官问题财政不断吃紧，宋神宗打算通过变法解决这个痼疾，但是最终因宋神宗、王安石等人的去世而失败，在司马光等人的操纵下，一切又回到从前。而到宋徽宗时代，每次取士人数几乎都是数百人，一次七八百人也属正常。

随着士大夫阶层话语权的不断增加，文人的时代真正到来了。而与之相对的是武将逐渐变得黯淡无光。整个社会，形成了一种重文抑武的氛围。人人以学习文化进入官场为荣，以进入军营当兵打仗为耻。

在后世的研究中，有人将重文抑武的责任推给赵匡胤，这是不合理的。赵匡胤是在事业的最顶峰突然死亡的，他虽然重视文教，但还没有全面振兴文教的意思。而宋朝重文抑武的风气，是由几代性格不同、治国理政方式各异的帝王促成的，与赵匡胤没有多少关系。假设赵匡胤还能活十二年，或许世界的格局真会变成另外一副样子，重文抑武可能也不会出现。

国内稳定后，赵光义开始实施军事行动，用军功来巩固地位。

2. 消灭北汉

赵光义清楚，没有开疆拓土的功业，他就只是一个平庸的国君，永远背负"弑兄篡位"恶名，不断被后世编排和演绎。他一定要搞出更大的动静，用实力证明自己，用功业盖过太祖的光辉。唯有如此，才不会有人说三道四。

当然，这里面可能还有一种更为隐晦的动机：洗脱自己的嫌疑。赵光义饱读诗书，熟悉历史上的变革。自古以来，那些伟大帝王人生多曲折，甚至有见不得光的历史。但只要建立千秋功业，就能掩盖曾经的"龌龊"。唐太宗发动政变，杀害兄弟，但他在位期间励精图治，让国家蓬勃发展，成为一代明君，他弑兄的事情也不再那么显眼。这对于赵光义来说，无疑是一种借鉴。

这时候，赵光义心中正酝酿着一个大胆的计划——剪灭北汉。所以每逢闲暇时刻，赵光义总会站在殿外，久久凝望北方，那是北汉和契丹的方向。太祖三次征讨都没有攻下北汉，如果他能消灭北汉，这份功业是不是可以消解自己面临的各种帝位"不正"的困扰呢？但他也清楚，攻打北汉是大事，一切都要准备妥当，否则可能就会步太祖后尘，让本该建功立业的行动变成人生污点。再者，贸然出兵，文武大臣是否会答应？这看起来是统一南北的战争，但也是消耗国力的战争。

因此，当务之急是需要有人提出这件事，然后他顺水推舟答应，再组织兵力出发，如此就合情合理了。

让谁提议出兵呢？思来想去，赵光义想到了曹彬。此时曹彬的身份是枢密使，掌管军政，他是武将出身，虽与太祖交情匪浅，但这个人善于审时度势，由他提议出兵，会有很强的号召力和说服力。于是，赵光义宣曹彬进宫，就征讨北汉问题，征求曹彬的意见。

赵光义问曹彬："周世宗和太祖皇帝都亲征过太原，为什么都没有攻克太原？"曹彬回答说："周世宗亲征太原时，史彦超在石岭关被击败，导致后周部署出现问题。当时军士们都很震惊，周世宗不得不班师回朝。而太祖亲征北汉时，将军队驻扎在甘草地中，当时阴雨连绵，很多将士患上了疾病，之后不得不班师回朝。"[①] 曹彬的回答很高明，他用一个笼统的说法，解释了周世宗、赵匡胤征讨北汉失败的原因，不贬低也不褒扬。赵光义对曹彬的回答很满意，他对武将曹彬也有了新的认识。

曹彬此人可大用。这也为接下来谈话创造了条件。

听了曹彬的回答后，赵光义直接问曹彬："如今我打算征讨北汉，你以为可行吗？"

到此时曹彬才明白这次谈话的真实意图，直接回答："如今国家兵甲精锐，拿下太原这座孤城，就像推倒一座破城一样，有什么不可以的？"赵光义哈哈大笑，表示曹彬的回答与他的想法不谋而合。[②]

这哪里是不谋而合，完全是曹彬暗附了赵光义的想法。

---

① 《宋史》卷二百五十八。
② 《宋史》卷二百五十八。

曹彬的观点，坚定了赵光义的想法，他开始认真对待这件事。

于是，在一次朝会时，赵光义将他的想法表露出来，看看群臣的态度。不出意外，宰相薛居正第一个不同意出兵北汉。薛居正分析了眼前的局势，提出了反对理由："昔日周世宗进攻太原失败是因为有契丹支援，导致没有攻打下太原。太祖皇帝在雁门关之南打败北汉，将北汉军民都驱赶到河、洛之间，北汉已陷入各种困局当中。这样一个弹丸之地，得到不能算作开辟疆土，不得也不足为患，希望陛下三思而行。"说白了，就是为了一个小小北汉，大动干戈划不来。①

宰相薛居正态度坚决，但赵光义的态度更坚决："我们消灭北汉和周世宗与太祖消灭北汉虽是同一回事，但天下大势早已不同于以往，如今我们兵强马壮，而北汉则兵疲将乏。当年太祖进攻北汉，已重创了北汉，为我们今天进攻北汉创造了条件，你等就不要再劝了，朕意已决。"②

赵光义再次表现出自己的强势，群臣面面相觑，不敢再多说一句话。曹彬有没有发表意见，史料并无记载。总之，赵光义表达了坚决攻打北汉的态度后，众人不再辩论。

这算是基本统一了高层意见。不过，赵光义并没有立即行动，他还有一件重要的事情要做。

这就是漳泉地区和吴越国的归属问题。这两个地方在赵匡胤时代，已表示归附宋朝。赵匡胤也对他们采取了包容政策，允许他们可以继续在自己国家为君，只是以宋朝的附属国名分存在。而赵光义根本不想给他们机会，他向漳泉陈洪进和吴越钱俶送去了诏书，要求他们到开封报到。两人虽然清楚赵光义的意图，但毫无办法，只能到开封来。等他们到开封后，赵光义就不放他们回去了。不久，陈洪进交出了漳泉二州，钱俶交出了吴越地区。

到此时，整个江南全部都归属赵宋王朝。没有了后顾之忧，赵光义这才

---

① 《续资治通鉴长编》卷二十。
② 《续资治通鉴长编》卷二十。

决定集合一切力量消灭北汉。随即，赵光义派常参官到各地督促诸州驻军将领带领所部众向太原集结。①

为了表明对这次战争的重视，赵光义还表示自己将御驾亲征，文武大臣，赵廷美、赵德昭等人也将一同前往。

至此，宋朝征讨北汉已是箭在弦上。

不久，朝廷命宣徽南院使潘美为北路都招讨制置使，做此次进攻太原的总负责人，带领崔彦进、李汉琼、曹翰、刘遇等大将主攻太原。他又命郭进带领所部在太原北一百多里的石岭关（今山西忻州南）驻守，以防契丹南下援救太原。同时，朝廷还命田仁朗、刘绪等人带领机动部队准备攻城器械，侦察太原情况。

为防止契丹绕道支援北汉，朝廷又命孟玄喆等为兵马都钤辖，驻泊镇州，阻击试图从东面增援的辽军，让宋军安心攻打北汉。

应当说这个部署无懈可击，援军难以支援，北汉已成为孤城。

部署好一切后，赵光义委任宰相沈伦为东京留守，全权处置后方事宜，宣徽北院使王仁赡为大内都部署，二人配合做好留守工作。②

皇帝自己都上了战场，其他人不敢不立即行动起来。

此时，宋朝皇帝御驾亲征的消息，正以各种版本到处流传。一向对宋朝惧怕的刘继元得知此消息后，清楚仅凭自己的力量难以阻挡宋军进攻，只能硬着头皮派使臣到契丹请求支援。

契丹皇帝耶律贤雄心勃勃，他得到北汉求援的信息后，不惜以断绝与宋朝的外交关系为代价，派南府宰相耶律沙为都统，冀王耶律敌烈为监军，领着一支大军从北向南而来，打算突破宋军石岭关的布防，支援北汉。

然而，此时的郭进只是留了一部分人镇守在石岭关，他自己则带领着主力越过石岭关，到更北的关口白马岭布防。这里两边都是山，中间有条小路

---

① 《续资治通鉴长编》卷二十。
② 《续资治通鉴长编》卷二十。

可通过，白马岭旁边有一条河，再向北就是辽阔的草原和山岭连接地，南面则是白马岭。郭进命人在白马岭山上镇守，其余人则在河的南岸驻扎。

当耶律沙和耶律敌烈到白马岭时，郭进已恭候多时。耶律沙多年的作战经验告诉他：郭进凭借地理优势在河的南岸驻扎，辽军不宜贸然进军，应该等契丹后续部队耶律斜轸的大军到达后，包抄郭进，以确保万无一失。[1]

但耶律敌烈想要抢头功，不听耶律沙的劝阻，带着契丹将士强行渡河，结果被郭进迎头痛击，契丹将士死伤无数，纷纷逃亡，直到耶律斜轸赶到后，郭进才停止了追击。

就这样，郭进与契丹援军在白马岭形成了对峙，耶律斜轸也不敢贸然前进。而此时，驻扎在镇州的宋军也虎视眈眈，让契丹大军无法支援北汉。

就这样，双方都无法突破，只能继续对峙下去。而此时，宋军主力对太原的进攻却异常顺利。

同年四月中旬，宋军相继消灭太原外围的市镇，将全部兵力集中在了太原。不久，宋军就包围了太原城。刘继元尽管有刘继业（杨业）这样的大将，但回天乏术，北汉离灭亡不远了。

不久，赵光义在镇州留下了一部分兵力布防，自己带着十万大军，从镇州向西挺进，翻越太行山，到达太原城下。

赵光义在听取了进攻太原将领的汇报后，认为太原破城指日可待，不想再有伤亡，就命人向太原城里射箭，箭上绑着劝降北汉的书信。但刘继元看了赵光义的劝降书后，置之不理。

赵光义见劝降不成，就命宋军将士攻城。此时的太原城作为北汉的首都，虽在上一次赵匡胤进攻时被重创，但刘继元很快组织人对其进行了维修，太原城依然坚固。就这样，宋军与北汉开始了太原攻防战。

每天都有将士阵亡，每天都有城墙被摧毁。太原已难以抵抗宋军的进攻。

---

[1] 《辽史》卷八十四。

公元979年五月初一，太原外城养马城被宋军攻陷，形势危急。北汉的一些大臣看到大势已去，投降了宋朝。这里面有北汉宣徽使范超、马步军都指挥使郭万超等人。而随着这些人的投降，北汉上下已人心惶惶，尊卑等级形同虚设，制度荡然无存，皇帝也没办法约束手下。

有意思的是，即便如此，刘继元还是打算继续对抗，上一次宋军进攻太原时，就差点攻破，最终还不是撤军了吗？刘继元抱着一丝丝侥幸心理，等待着天助。

赵光义也不想再有更大的伤亡，他亲自写了诏书，许诺如果刘继元主动投降，一定会给刘继元享之不尽的荣华富贵。① 但刘继元就是不投降。

赵光义只能命人继续攻城。赵光义还对将士们说："端午节咱们就在太原城里过了！"②

这一次，赵光义效仿赵匡胤攻太原时的策略，将汾水引到太原城边上，赵光义摆出了架势：再不投降，就用水淹太原。

眼看一座城池就要变成废墟，刘继元想起十年前赵匡胤命宋军水淹太原城的事情都后怕。思谋再三，刘继元决定投降，眼下他也只有投降一条路可走了。于是，刘继元就命人将降表送给了赵光义。

随即，宋军也停止了进攻，等待刘继元开城投降。赵光义为了表现自己的大度，赏赐了北汉使者很多钱物。

第二天就是端午节，刘继元身穿素服，出城投降。赵光义赦免了刘继元的罪行，赏赐了很多财物，并任命刘继元为特进、检校太师、右卫上将军，封彭城郡公。③

赏赐了刘继元及其臣僚后，赵光义就将刘继元送回到开封居住——在赵匡胤时代就已经给刘继元修好了府邸，现在入住也不算太迟。④

---

① 《宋史》卷四百八十二。
② 《宋史》卷四百八十二。
③ 《宋史》卷四百八十二。
④ 《宋史》卷四。

这次消灭北汉，赵光义还有一个重大收获，那就是俘获了无敌将军刘继业。很多年前，赵光义就听过刘继业的事迹，也见识过刘继业的勇猛。此时，随着北汉的灭亡，刘继业成了俘虏。赵光义以礼相待，让他改回原来的杨姓，担任宋朝大将。① 赵光义还给杨业赏赐了一座府邸，杨业感动之余，表示誓死效忠宋朝。

北汉已亡，但赵光义心有余悸。太原实在太牢固了，留下它恐有后患，于是他命人将汾水灌入太原城，毁掉了这座北汉都城。后来，赵光义听闻太原是龙城，有帝王之气，就征集了当地土著居民数万人，削平了晋阳北部舟山山头，美其名曰"拔龙角"。这样一来，这座延续千余年的名城被彻底摧毁。后来的太原城，是在另外的地方重建的。

消灭北汉，给了赵光义很大的信心，周世宗和他哥哥都没有完成的事业，被他一举完成，这种成就感不是一般人所能理解的。此时的赵光义，扬眉吐气，腰杆挺直。

接下来，就该犒赏三军，然后班师回朝。但赵光义又产生了新的想法，他决定亲征幽州（今北京），暂不班师回朝。

其实这也非常容易理解，消灭北汉在意料之中，而一旦赵光义能从契丹人手中夺回幽州，那功绩就能超过太祖，即便他赵光义有"烛影斧声"的嫌疑，也都会被掩盖过去。

然而，当皇帝亲征幽州的消息传到军营后，马上炸开了锅：将士们出来半年了，本指望可以休整一段时间，岂料又要从太原跋山涉水去进攻幽州。

可是有什么办法呢？这是皇帝的决策，军人就得服从命令，且自从新皇帝上位后，对武将有意打压，这时候武将们还得识趣，继续进攻契丹。

将士们被迫接受攻打幽州的计划，只是大家心中有些不情愿：继续进攻幽州也不是不行，但应该先把消灭北汉的赏赐发下来，一码归一码。赵光义也知道了将士们的抱怨，但他的态度很明确：等着攻下了幽州，一并结算。

---

① 《宋史》卷二百七十二。

将士们这时候才发现，他们那些曾经的功业，在这位新皇帝眼中根本不值得一提。他们尴尬地闭了嘴，准备跟随赵光义征讨幽州。

临行前，赵光义命刘保勋知太原府，负责战后安抚百姓、稳定社会等事宜。①

安顿好太原事宜后，赵光义带宋军主力从太原出发，翻过大大小小的山脉，向幽州方向开拔。潘美、杨业、曹彬、赵德昭、赵廷美等人都在军中。②

3. 围攻幽州

赵光义的车辇徐徐东行，到达太行山后，他们为了抢时间，没有选择大路，而是在崎岖小道上前行。

山路崎岖，坑洼不平，车辇难行，不时陷入泥沼中，严重影响了三军进度。于是赵光义舍弃了车辇，骑马前行。

有时候，骑马也难行，赵光义就与将士们一同步行。这种做法，让军队中的厌战和不满情绪逐渐得到平息。

赵光义如此牺牲自己，可能并非体恤将士，而是要实现收复幽州的计划。这一路而来，各种复杂情绪涌上心头，赵光义心中五味杂陈。不过，在诸多情绪中，占主导地位的依然是亢奋。

宋朝建国近二十年，与契丹没有正儿八经地打过仗，很多时候两国都是相互尊重，相互试探。北汉夹在中间，一度成为两国交手的缓冲地带。如今，北汉灭亡，两国爆发冲突的可能性也成倍增加。

赵光义很亢奋，他根本不在意艰难险阻。此时的赵光义手底下有十万宋军精锐，他们身经百战，经验丰富，攻克幽州应该不在话下。

---

① 《续资治通鉴长编》卷二十。
② 《宋史》卷四。

在靠近边境线时，赵光义招募了一百多位经常出入边境、对契丹境内路线熟悉的向导，让他们给宋军带路。①有了这些人，会省掉很多麻烦，少走很多弯路。

但是，这次是真正进入契丹境内，是向一片完全陌生的区域进军。众人依然不敢大意。

令赵光义振奋的是，当他们不断深入河北境内，逐渐靠近契丹时，契丹的一些地方官听闻宋军大兵来攻，纷纷投降。赵光义不费一兵一卒，就收复了易州、涿州。②这些地方原本属于中原王朝，是石敬瑭将他们献给了契丹。

顺利推进给了赵光义极大的信心。当年周世宗柴荣北伐契丹时，也是一路而降，后周军收复了瓦桥关、益津关、淤口关等地，这些地方后来就变成了关南之地。③赵光义这次的行动，看起来要比周世宗的北伐还顺利。

赵光义命三军将士继续向前推进，其他陆续赶来的部队，也都向幽州方向集结。

赵光义心情大好，迫不及待地要到达幽州。宋军也开始急行军，等宋军过了一个叫盐沟顿的地方后，众人已疲惫不已，赵光义也生了恻隐之心，命六军将士暂时休整。有意思的是，有当地汉族民众听说宋军来收复幽州，赶着一些马匹献给了赵光义。赵光义很高兴，赏赐了这些人。④百姓的这种行为感染了赵光义，或许这些老百姓都盼着早日回归中原王朝的怀抱。

既然如此，赵光义就该成全老百姓的渴望。只是幽州作为契丹的陪都南京，经过几十年的修缮，城墙坚固，驻军较多。宋军能够顺利夺下幽州吗？

这就需要介绍一下幽州的情况。此时，驻扎在幽州的契丹官员叫韩德让，是一个汉人。其先祖是较早投靠契丹的汉族，后来在祖先的努力下，不断得到契丹统治者重用。到韩德让父亲韩匡嗣这一代，韩氏已跻身契丹高

---

① 《宋史》卷四。
② 《宋史》卷四。
③ 《旧五代史》卷一百一十九。
④ 《宋史》卷四。

层。韩德让也因此受宠,为契丹处置南京政务(一说是替父亲镇守幽州)。协助韩德让的武将是契丹南京马步军都指挥使耶律学古。

此外,幽州城外还驻扎着北院大王耶律奚底和统军使萧讨古等将领的部队,城外辽军大概有两万人。当然,幽州原来是有兵马的,之所以增兵,是契丹高层意识到赵光义可能会在消灭北汉后北上,才在幽州城外增兵。

这只是他们防患于未然的手段,不料果然引来了赵光义。驻守在幽州的辽军深知责任重大,幽州是长城防线的门户,一旦被攻破,幽云地区也就被撕开了口子。韩德让一面与众将商议阻击宋军的对策,一面派人将宋军攻打幽州的消息上报给契丹高层,希望朝廷及时派兵支援幽州。

只是,韩德让等人也没料到,宋军的行进速度如此之快,先头部队已到达幽州城下。而他们的援军迟迟不见踪影。耶律奚底决定主动出击,给宋军当头棒喝,杀杀宋军的锐气。当然,这也是在试探宋军的实力。

而此时的宋军,暂时没有对幽州实施攻击,他们在等待着皇帝。六月二十三日,赵光义到达幽州城南,住在城南一个叫光宝寺的地方。赵光义询问契丹驻军情况,踏白军汇报了侦查情况。这时候,距离他们最近的耶律奚底部有一万余人。赵光义决定先消灭这支城外辽军。因此,他指挥宋军对耶律奚底的军队发起进攻。两军交战于幽州城郊北面,宋军大胜,斩首辽军千余人,辽军撤退。[1]赵光义并没有派人追击,而是重新回到城南。这一点在《辽史》中也得到印证:"丁卯,北院大王奚底、统军使萧讨古、乙室王撒合击之。战于沙河,失利。己巳,宋主围南京。"[2]

当天,渤海部首领大鸾河得知宋军节节胜利,带着将校十六人,部众三百骑和一些老百姓来投奔赵光义。赵光义召见了大鸾河,并授予其渤海都指挥使的职务。[3]

战争胜负的天平偏向宋军,赵光义雄心勃勃。只是他也清楚,打幽州和

---

[1] 《续资治通鉴长编》卷二十。
[2] 《辽史》卷九。
[3] 《续资治通鉴长编》卷二十。

打太原一样，注定是一场艰苦的攻城战，需要宋军将士全力以赴。当然，只要攻下幽州，一切问题将迎刃而解，即便契丹援军赶到也不惧。

问题的关键是，在契丹援军到来之前，宋军能顺利攻下幽州吗？

为了抢占战机，次日（六月二十四日），赵光义决定对幽州城发起总攻。进攻之前，赵光义按照自己的理解，在幽州的四个方向都部署了兵力：定国节度使宋偓进攻南面，河阳节度使崔彦进进攻北面，彰信节度使刘遇进攻东面，定武节度使孟玄喆进攻西面。① 这是关起门来打狗，不想让幽州城里的辽军逃走一个。这是胜券在握的自信，也是胜券在握的自负。岂不知兵家有云：围师必阙。也就是说，在攻城战时，一定要留一个出口，方便城中的守军逃亡。如果四周都围住，里面的人没有逃生的机会，势必会死守城池。

赵光义熟读经典，应该是知道这种"经验"的。可他为什么将四面全部围住呢？合理的解释只有一个：赵光义胜券在握，志在必得。这并非猜测，因为紧接着赵光义就让潘美知幽州行府事，② 也就是任命潘美担任幽州长官。仗还没打，城池还没有夺下来，赵光义已任命了地方长官。这种自信来自何方？

之后，宋军向幽州发起了攻击，但韩德让组织守军顽强抵抗，宋军并未取得实质性的胜利。

战争进入了僵持阶段。宋军将幽州死死围住，不远处的辽将耶律学古不敢靠近，更不敢攻打宋军，只能远远看着宋军围城。

而正是因为宋军在数量上占据优势，给周围的一些零散辽军造成了压力。不久，辽军铁林都指挥使李札卢存带着一部分辽国士兵来投降。③ 李札卢存的投降显得动机不纯，赵光义虽对其投降保持警惕，但心理也有一丝侥幸，若李札卢存真来投降，正好给城里的辽军树立一个榜样。

---

① 《续资治通鉴长编》卷二十。
② 《续资治通鉴长编》卷二十。
③ 《续资治通鉴长编》卷二十。

赵光义接纳了李札卢存。之后，各种投奔纷至沓来："幽州神武厅直并乡兵四百余来降。村民夺得契丹马二百余匹来献。""幽州山后八军瓷窑务官三人以所受契丹牌印来献。"七月，来了一个大官，他是契丹建雄节度使顺州人刘延素，带着自己的部众来投奔。没过多久，蓟州知州也投降了宋军。①

从赵光义对这些人的考察看，他们是真心投降的。也正是因为这些辽军帅臣的投降，给了赵光义更多信心：幽州城破指日可待。

这期间，赵光义不断绕着幽州城各个方向来回视察。②赵光义还命令宋军在幽州城墙下挖地道，打算挖通地道后，进入幽州，但耶律学古破坏了宋军挖地道的行动。

双方就这样相互试探，相互对峙与僵持，等待对方露出破绽的时刻。

不久之后，驻扎在幽州城外不远处的耶律奚底趁宋军放松之际，突破了防线，进入幽州城里，与韩德让合兵一处，商议抵抗宋军的对策。他们当然也希望，契丹高层能派人支援，到时候城内辽军与援军两面夹击，或可击退宋军。

只是他们等待了多日，依旧不见援军到来。幽州城内的辽军士气有些低落，如果辽军无法援救幽州，只能任由幽州被宋军攻破。

那么，契丹高层到底作何部署呢？

事实上，宋军围攻幽州的消息传到契丹高层后，耶律贤第一时间召集群臣商议对策。鉴于赵光义率领十万宋军精锐，契丹高层对幽州的态度不尽相同，有人主张放弃幽州，让幽州城里城外的契丹大军退守到松亭（今河北宽城附近）、虎北口（今北京密云附近）。③这两个地方远离幽州，也正好位于长城防线上。多数人支持放弃幽州。他们的理由也很充分：想要击溃宋军，就得组建一支与宋军势均力敌的大军。而以当时契丹的实力，想要组建一支十万之众的队伍显然不现实。

---

① 《续资治通鉴长编》卷二十。
② 《续资治通鉴长编》卷二十。
③ 《契丹国志》卷六。

当然，也有人不建议舍弃，毕竟幽州契丹已经营多年。支持这一观点的人叫耶律休哥。此前，他并没有多少突出的战绩，这是他第一次亮相。

此时耶律休哥的职务是惕隐，掌管大惕隐司。这是耶律阿保机在任联盟首领时设置的官职，主要职责是管理迭剌部贵族的政教，即调节贵族集团的内部事务等。大家很疑惑：一个常年掌管内政的官员，懂得什么打仗策略？

他对群臣的藐视并不在意，而是从各种利害关系上陈述幽州的重要性，以及保住幽州对契丹的意义。耶律休哥还表示自己愿意带兵支援幽州。

群臣窃窃私语，他们显然没想到，这个毛头小子竟然满腹经纶，说起大道理来有板有眼。那么，耶律休哥的话有人听吗？

臣僚意见不统一，这时候就需要耶律贤拍板。那么，耶律贤持什么态度呢？

在众人争论的时候，耶律贤并没有发言，他只是看着众人争论。他之所以没有表态，是因为他也不想放弃幽州。幽云地区是农耕地区，契丹每年都会从这些地方得到很多粮食和物资，放弃幽州，就等于割掉自己身上的一块肉。这些年来，他早已认识到幽州对契丹的重要意义。

耶律贤不打算放弃幽州，不管怎样，他都想争取一下。实在难以抵挡宋军，再命辽军撤到松亭一带也不迟。于是，耶律贤力排众议，听从耶律休哥的意见，并让耶律休哥代替耶律奚底，统领契丹部众援救幽州，进而解幽州之围。①

不过耶律贤也清楚，契丹能给耶律休哥的援军并不多。他为了表示支援耶律休哥，将自己的卫士都划给了耶律休哥。

耶律休哥看看身后的将士，尽管人数较少，但这已是皇帝能给的所有人了。耶律休哥面无表情，他跨上马，率部一路向南疾驰。可能此时的耶律休哥内心不断祈祷着：韩德让、耶律学古等人一定要坚持住，等他赶到幽州。如果韩德让等人挡不住宋军轮番的进攻，主动撤退，或者干脆投降宋军，到

---

① 《辽史》卷八十三。

时即便有十个耶律休哥恐怕也难以逆转战局。

那么，在耶律休哥赶赴前线的这段时间，幽州前线的双方在干什么呢？

4. 兵败高粱河

赵光义在前几次攻打幽州时，并未取得实质性进展。韩德让与耶律学古死守幽州，据说他们就住在城墙上，与守城将士同甘共苦。这也让辽军坚持不投降。

而辽军越是顽强抵抗，宋军的进攻也就越疯狂。他们似乎都要为了各自的目标不惜一切。赵光义很生气，一个只有一万多人的城，竟然能抵抗住十万人的轮番进攻。赵光义下了死命令，不惜一切代价，攻克幽州。甚至有几次，宋军趁着夜色，已攻上了城墙，但都被耶律学古击退了。①

幽州在宋军的猛烈攻击下，依然不破。这时候，赵光义也遇到了难题：他们已攻城多日，将士们都已疲惫不堪。

当然，这也与他们先攻太原、翻越太行山进攻幽州等因素有关，大半年的时间都在打仗，很多将士已经产生厌战心理。但皇帝让攻城，即便再有厌战心理，还得继续。

之后，宋军再次猛攻幽州，将士们心里都憋着一股气。但幽州仿佛铜墙铁壁一般，任凭宋军猛烈进攻，都无法被攻破。城墙上的辽军奋力抵御，不计生死。

到这时，双方其实都到了极限，只是在硬撑着。只要有所懈怠，败势就会瞬间显现。这时候，如果有外力介入，战况马上就会改变。那么，会有这样的外力吗？

宋军方面虽然有损失，但主力还在。主要的问题是士气低沉。赵光义要

---

① 《辽史》卷十三。

想办法提升士气，让将士们重振往日雄风。

辽军方面，此前遭受重创的萧讨古、耶律奚底等人率领残部，也不敢靠近，只能远远观望着幽州城被宋军轮番进攻。

韩德让、耶律学古等人抱着仅有的一丝希望，坚守着幽州城，等待着援军来解围。但他们也清楚，即便有援军，数量也不会太多。

知道后果不堪设想，但韩德让等人还是不想束手待毙。

战争到了这时，考验的已不是实力，而是忍耐力。

就在这千钧一发的关键时刻，地上传来了一阵震动，这让战斗双方的将士都转移了视线。这时候，城墙上的辽军发现一支铁骑从宋军背后袭来，从方向和阵型上分析，他们应该就是辽国的援军。这顿时让城墙上的辽国守军振奋不已。

等这支铁骑靠近后，众人才发现它们并非来自北方的辽国援军，而是之前支援太原的大将耶律沙。他率领所部和被宋军打散的辽军部众，驰援幽州来了。

城上的辽军欢呼雀跃，但宋军并不惧怕。因为耶律沙曾与宋军交过手，被宋军击溃过。面对这个手下败将，宋军高层马上调整战略，分出一支兵力拦截耶律沙。

紧接着，一支宋军就和耶律沙率领的辽军铁骑缠斗在一起。耶律沙的人数有限，瞬间被宋军包围。双方在幽州城外的广阔土地上交战，各有死伤。耶律沙率领的骑兵固然有优势，能快速推进，来回穿插，但也架不住宋军人多势众，瞬间就被宋军击败。

这次，宋军不打算放过耶律沙。一支宋军主力死死咬住耶律沙，蚕食着耶律沙部。耶律沙不敢逗留，一直向北逃亡，撤退到一个叫高梁河的地方。[1]高梁河的发源地在今天的北京紫竹院附近，曾经是宋元时代北京的重要水系。

---

① 《辽史》卷十三。

双方在高梁河对峙，此时已是黄昏。追击耶律沙的宋军也疲惫不堪，他们打算暂时休整，吃过饭之后，再追击耶律沙。

于是，宋军在高梁河边上生火做饭，耶律沙部则躲在不远处观望。宋军将士放松了警惕：可能他们也认为，多次被宋军击溃的耶律沙是不敢偷袭宋军的。

只是没有人知道，耶律休哥已从契丹上京赶到了前线。而且，就在宋军放弃追击耶律沙时，耶律休哥与耶律沙悄悄会合了。耶律休哥又悄悄联络到被宋军打散的耶律斜轸部。

辽军三位主帅合兵一处后，商议击退宋军的办法。最终，他们商议出来的结果是迷惑宋军，因为耶律休哥清楚，目前辽军人数不足，不能与宋军直面冲突。在这样被动的情况下，只能用疑兵，迷惑宋军。如果宋军被成功迷惑，再出奇兵或可击溃宋军，解除幽州之围。

于是，耶律休哥命辽军将士每人手持两个火把，在黑夜中挥动。这样一来，在远处观看的宋军，就发现眼前星星点点的辽军像繁星一样多，根本不知道有多少人。

宋军有些怯战。紧接着，忽然从四周传来一阵阵喊杀声，还在休整的宋军马上组织将士抵御。等与辽军交战后，他们才发现来人正是耶律沙部。

窝了一肚子火的宋军，根本没把耶律沙放在眼里，在他们的认知中，耶律沙就是个逃跑将军，只要仗打起来，他就会像兔子一样，跑得无影无踪。因此，宋军这次不打算再给耶律沙逃跑的机会。

宋军迂回包抄，扑向了耶律沙。双方交手后，宋军惊奇地发现，眼前的这支部队与之前耶律沙率领的辽军完全不一样，他们毫无畏惧地冲击宋军。宋军被打蒙了，搞不清情况。

宋军迎来了攻打幽州以来，辽军最为顽强的抵抗。

黑暗中拦截耶律沙的宋军不会想到，眼前的辽军不过是在虚张声势，迷惑宋军，吸引他们的注意力。还有一个更大的陷阱在等着他们：耶律休哥和耶律斜轸的联军也来了。

紧接着，又从两边窜出两支辽军，他们向追击耶律沙的宋军发起了猛烈攻击。黑夜中，宋军也搞不清楚眼前攻击他们的到底是何方神圣，只能硬着头皮顶上去。辽军由于在数量上不占优势，在与宋军交手后，继续使用迷惑战术，让宋军搞不清楚眼前到底有多少辽军。不过宋军也意识到危机，他们调整战略，组织军队向中间聚集。

耶律休哥看到宋军即使摸不清辽军情况，队形依然不乱，不由得对眼前的宋军产生了敬畏之心。耶律休哥明白，如果继续这样与宋军纠缠下去，一旦天亮了，宋军发现了辽军的虚实，一切计划都将付诸东流。他和他带来的大军，以及耶律斜轸、耶律沙等人率领的辽军都会被宋军蚕食掉。

于是，耶律休哥身先士卒，冲击眼前的宋军，自己身上多处受伤也不顾。另外两支辽军看到耶律休哥如此猛烈地冲击宋军，也不要命地扑向宋军。

辽军的这种不要命的打法，唬住了眼前的宋军，宋军开始变得怯战。

更要命的是，辽军三面夹击宋军的消息也传到幽州城内。原先驻守在幽州城内的耶律学古命人打开城门，架上战鼓，命人摇旗呐喊，为城外的辽军助威，而耶律学古也带领幽州城内的辽军冲击着城外的宋军。

夜色深沉，到处都是喊杀声。辽军多点开花，让赵光义意识到目前宋军四面临敌。不过，赵光义还是相信宋军在人数上占优势，他命各个将领组织各自大军抵御辽军进攻，只要过了这一夜，天亮了一切都将好转。

激烈的战争持续了一夜，双方将士的尸体堆满了战场。辽军的形势更加危急，这时候，一旦宋军发现了辽军的底牌，势必会全力反击。耶律休哥意识到了危机，他在寻找着破解的办法。这时候，有人汇报说，发现了赵光义的黄龙伞盖。

耶律休哥脸上露出了一丝狞笑，他忍着疲惫和伤痛，带领所部部众冲击有伞盖的宋军。那里是赵光义所在的中军，也是宋军最精锐的部分。

耶律休哥遇到了有史以来最大的阻力，因为宋军预判了他的目标。但是耶律休哥已孤注一掷，不成功便成仁。

而正是耶律休哥的这种不要命的精神，让他突破了宋军的层层阻挡，冲到了距离伞盖不远处的宋军中军对面。

巨大的喜悦过后是巨大的恐惧，因为耶律休哥发现赵光义早已不见踪迹。皇帝的伞盖底下，只有一张空椅子。

这就意味着赵光义已离开中军，而耶律休哥拼命冲进宋军中军，竟然扑了个空。巨大的恐惧笼罩着他和跟随他的铁骑。如果宋军这时候实施包抄，他们都将无生还的可能。

然而，就在耶律休哥陷入恐慌的时候，他忽然发现宋军潮水般向后退去。耶律休哥派人打探消息，得到了确切的情报。

原来，在耶律休哥冲击宋朝中军时，赵光义大腿上中了两箭。而耶律休哥还在继续向中军冲击，赵光义害怕了。他在护卫的掩护下，逃离了中军，将三军将士都留在了最前线。此时的三军将士因没有了主帅，也陷入被辽军包围的险境中，将士们商议后，也向后撤退。① 溃势一旦形成，便如决堤的洪水，一发而不可收。辽军继续追击，宋军只能向南撤退，远离幽州。②

本该有望攻克幽州的宋军，在赵光义逃离战场后，变得六神无主。他们选择了撤离战场，只是他们的撤离是不顾一切向南跑。因此，原先准备的那些攻城器械以及粮草辎重，全部在慌忙撤军中丢失。等辽军收拾战场时，发现战场上除了数以万计宋军的尸体外，剩下的就是成批的武器辎重。

辽军看宋军撤出了幽州，也就放弃了追击。他们已实现了援救幽州的目的。③

而赵光义则忍受着剧痛，一直逃到涿州。到涿州后，赵光义觉得涿州也不安全，继续向南逃，一直跑到一个叫金台驿的地方才停下了脚步。此前，赵光义带领大军进攻幽州时，曾经路过金台驿，还在此处休息过。此时此刻，赵光义的心情是复杂的，不但没有攻下幽州，还被一个不知名的耶律休

---

① 《宋史》卷四。
② 《辽史》卷十三。
③ 《辽史》卷十三。

哥击败。

这成了赵光义一生的耻辱，也成了耶律休哥人生的高光时刻。他们"成就"了彼此。

到金台驿后，赵光义命人打探情况，发现后面没有辽军追来，才松了一口气，并在此处休整。之后，有人找到了当地的郎中，拔出了赵光义大腿上的两支箭。

箭拔了后，疼痛减少了很多。这时候，赵光义才想起了宋朝大军。早上他只顾逃命，已将大军远远甩在身后，此时三军缺少皇帝的调度，不知乱成何种样子？

赵光义一方面在金台驿休养，另一方面派人打探大军动向。然而，两天时间过去，宋军依然不见踪迹。赵光义隐隐担心起来。他始终相信，宋军虽然战败，但主力应该没有受到重创。那些没人指挥的宋军会在哪里？他们又在干什么？在毫无约束的情况下，他们会不会做出什么越轨之事呢？

5. 德昭、德芳之死

情况还真如赵光义预料，此时宋军军营里正在酝酿着一件大事，而这件大事，足以摧毁赵光义此前所有的努力。

原来，赵光义在金台驿休养，就派出内供奉官阎承翰去查看宋军在哪里落脚。阎承翰悄无声息地在四处打探着消息，很快就发现败退的宋军都在涿州休整。①

但当阎承翰准备进军营时，发现了一个惊天的秘密：三军将士因找不到皇帝赵光义，以为皇帝已深陷敌营，或者被辽军杀害，他们因此商量着拥立赵德昭为皇帝，稳定局面。

---

① 《续资治通鉴长编》卷二十。

阎承翰得到消息后，吓得双腿打战。他平复心情后，火速往金台驿跑。他要在诸将拥立赵德昭之前，将这个消息告诉赵光义，化解这场危机。

在金台驿养伤的赵光义得知消息后，再也坐不住了。三军将士这是要造反啊！几年来他不断重用文人，打压武将，想不到太祖的影响依然难以消除。如果今天他不幸死在了战场上，前方将士肯定会拥立赵德昭为皇帝。①赵廷美是否参与了这件事，史书并无记载。

当然，这也透露出将士们对赵光义心存芥蒂。

赵光义身上有伤，行动不便，打算命殿前都虞候崔翰带领千余人去平息可能发生的政变。崔翰认为他单骑只身前往就能解决问题。赵光义同意了崔翰的建议，命他给将领送去信息：皇帝还活着，在金台驿休养。崔翰知道情况紧急，骑马奔向金台驿。②

随即，赵光义在一行人的护送下，也从金台驿往涿州赶。崔翰先一步到涿州，给将士们传达了赵光义的口谕，他们再也不敢提拥立赵德昭的事情。

众人都在等待赵光义到来。赵光义到涿州后，没有追究将士们的责任。

不过武将们拥立赵德昭的举动，深深刺痛了赵光义。这也让他明白了一个道理：一旦他出现不测，身边的这些武将将会重新拥立哥哥的两个儿子，这是他的隐患，也是他的儿子们的隐患。

或许从这时候开始，赵光义对赵德昭、赵德芳两人产生了防备心理。只是此时宋军新败，赵光义必须将所有精力都放在处置大军班师和部署防御上。

随即，赵光义下了一道命令：诸军将领清点人数，准备班师回朝。

有意思的是，在《续资治通鉴长编》这本事无巨细的宋史资料中，关于这次宋军高梁河战败之事，绝口不提。却记载了一个小故事：当时赵光义命诸将攻城，桂州观察使曹翰和洮州观察使米信在幽州城南屯兵，将士们挖战

---

① 《宋史》卷二百四十四。
② 《续资治通鉴长编》卷二十。

壕时，挖出了一只螃蟹。曹翰看到螃蟹后，对诸将说："螃蟹本是水中的生物，现在跑到陆地上来，它明显来错地方了。螃蟹多足，这是契丹援军将至的征兆呀。"曹翰还对诸将解释说："蟹者，解也，看来我们要班师回朝了。"①

曹翰的话不过是一个噱头，只是为之后宋军的撤军作铺垫而已。事实上，宋军战败，战死万余人，辎重基本上都丢光了，这时候再不撤军，难道还要北上继续攻打幽州吗？

然而，《续资治通鉴长编》还为这次兵败班师找借口，说宋军这次班师的主要原因是宋军攻打幽州一个多月，但依然难以攻破幽州，将士们都很疲惫，加上粮草辎重调集不容易，赵光义担心契丹援救幽州，就命人撤军班师。②

这就是有意隐瞒事实，《续资治通鉴长编》中"上以幽州城逾旬不下，士卒疲顿"这句话又成了后世学者解释这次兵败的根据之一。当时宋军进攻幽州时，或许真有不情愿的情绪，但攻城战开始以后，这些大宋男儿依旧奋勇杀敌，甚至都冲上了幽州城墙。

真实的原因是宋军失败，赵光义身心也受到重创。而在此之前，他信心十足，他认为一定可以拿下幽州，消除人们对他的猜疑。然而这一切都随着这次兵败而破灭了。

赵光义到达定州后，得到了定难军节度使李继筠去世的消息。李继筠在宋军进攻北汉时，曾经出兵策应宋军。岂料数月后他就去世了。这时候，定难军可能也陷入不安定之中，党项部落需要人来统领。赵光义当即同意由李继筠的弟弟李继捧接任兄长的职位，继续统辖定难军。③

然而，李继捧因为没有军功，在党项部落里威望不高，很多有功业的大将也不服李继捧的统领，党项内部面临着再次分裂的危机。李继捧也意识到这个问题的严重性。后来，他为保住自己的荣华富贵，将党项部所管辖的

---

① 《续资治通鉴长编》卷二十。
② 《续资治通鉴长编》卷二十。
③ 《续资治通鉴长编》卷二十。

夏、银、绥、宥之地全部献给了宋朝，寻求宋朝的庇佑。赵光义很乐意。党项人原来只尊宋朝为宗主国，他们拥有完全自治的权力，这时候李继捧率部来投奔，等于将定难军实际管理权交给赵宋王朝了。赵光义将李继捧安排在朝中为官，并希望将他们一族人都迁到开封居住。但有一个人不想去开封，他选择了逃跑，他就是李继捧的族弟李继迁。李继迁逃跑后，钻进了一个叫地斤泽的地方，开始与宋朝叫板。也就是从此开始，党项人正式与宋朝分庭对抗，直到李继迁的孙子李元昊称帝，建立大夏国。不过那是宋仁宗庆历年间的事情了。

离开定州之前，赵光义对关南之地的军事防御作了部署。赵光义这么做，也是经过深思熟虑的：此前宋朝与契丹之间没有爆发大规模冲突，这一次宋军失利，契丹会不会在整顿兵马后，带兵来犯？

赵光义命崔翰和定武节度使孟玄喆等人率兵驻扎在定州；命彰德节度使李汉琼驻扎在镇州；命河阳节度使崔彦进屯兵关南，可以根据实际情况灵活采取对策。临走时，赵光义还召见了留守的将军们，对他们说："契丹一定会出兵报复，你们可以设下伏兵，保证会取得大捷。"①

之后，赵光义踏上了返回开封的大道。路上，赵光义又派潘美到河东三交口驻扎，以防辽军南下。②

回到开封后，赵光义继续休养，战争的失利，加上身受重伤，让赵光义的心情非常糟糕。

不久，赵光义开始秋后算账。他把对辽作战的失利归咎于武将的不给力。紧接着，颁布了处罚石守信的诏命：西京留守石守信贬为崇信军节度使。赵光义又将彰信节度使刘遇降级为宿州观察使，光州刺史史珪降级为武定行军司马。③

这几个人都是他这次北征时的重要大将，石守信还有另外一重身份，那

---

① 《续资治通鉴长编》卷二十。
② 《续资治通鉴长编》卷二十。
③ 《续资治通鉴长编》卷二十。

就是赵匡胤义社十兄弟之一。在赵匡胤建立宋朝和南北统一的过程中，石守信发挥过不小作用。这次处罚他们，意图很明显，就是要削弱赵匡胤的残留势力。不久前诸将打算拥立赵德昭之事一直萦绕在赵光义脑海中。这些拥立赵德昭的人中，很大一部分是赵匡胤时代的武将，他们是赵匡胤的心腹，从拥立赵德昭之事来分析，他们依然忠于赵匡胤。这也恰好证明赵光义的皇位依然不稳。

人，一旦狠下心来，就会变得坚硬而不近人情。赵光义的心正在变坚硬。他不仅贬黜了石守信等人，还迟迟不兑现将士们攻克太原的赏赐。可能在赵光义看来，尽管他们消灭了北汉，但攻打幽州却失败了，功过相抵，没有理由再赏赐他们。

许多臣子都认为赵光义的做法欠妥当。在众人看来，幽州之役虽然输了，但太原的赏赐还是要给的。况且石守信、史珪等人已为幽州之役背锅。这时候犒赏三军一方面能够体现皇恩浩荡，另一方面也可以稳定军心。但赵光义不为所动。[1]

这时候赵德昭坐不住了。他跟着赵光义一路北征，目睹了将士们浴血奋战的牺牲，对前线的将士多了一份理解。而且赵光义扣留给将士们的赏赐，也可能引发他们的不满。赵德昭思谋良久，还是决定进宫去劝说叔父赵光义。赵德昭见了赵光义后，说出了自己的想法，认为应该对灭亡北汉的军功进行奖赏，然后再处罚幽州之败的罪责，赏罚分明，才能服人！这个建议任何人都可以提，唯独赵德昭不能说。赵光义最忌讳的就是赵德昭找上门来提意见。赵光义本就对之前将士们拥立赵德昭为帝之事耿耿于怀，现在赵德昭又替将士们讨要赏赐，这无疑是指责赵光义心胸狭窄，不体恤军士。

赵德昭的进言，彻底激怒了赵光义。气急败坏的赵光义对赵德昭说："等你当了天子再来赏赐将士们也不迟。"[2] 赵光义的这番吼叫登时就把赵德昭吓

---

[1] 《续资治通鉴长编》卷二十。
[2] 《续资治通鉴长编》卷二十。

蒙了。赵德昭哪里想过，赵光义会给他来这么一句话，一时间竟不知该如何回答。

很快赵德昭就明白了赵光义还在记恨将士们拥立他的事件。赵德昭在惶恐中退了下去。

赵德昭回家后，问了侍从们一句非常莫名其妙的话："哎，我说你们谁带刀了？"侍从们知道赵德昭进宫受了委屈，害怕赵德昭做出难以预料之事，都说没有带。①

然后，赵德昭进入茶酒阁，并对手下说："我不叫你们，谁也不得进来。"属下们面面相觑，不知道赵德昭要干什么。过了很长时间后，内侍不放心，推门进去一探究竟。当他们进去后，被眼前的一幕惊呆了：赵德昭躺在了血泊当中，身边丢着一把水果刀。②

赵德昭进入茶酒阁后内心做了怎样的挣扎，已经无从考证。但所有人都明白，赵德昭之死一定与他进宫面见皇帝有关。

赵德昭的家臣火速将此事报告给了赵光义。赵光义听完以后，大惊失色，也为不久前对赵德昭说出那样的话而懊悔不已。正是他那句"等你当了天子再来赏赐将士们也不迟"，深深刺痛了赵德昭。

可能赵德昭自始至终都没有想过要当皇帝，而且赵匡胤去世后，宋皇后宣召的人也是赵德芳，说明他不是皇位的最佳继任者。可现在叔父赵光义竟然怀疑自己有不轨之心，满腹委屈的赵德昭，选择挥刀自刎以明志。

赵光义忍着身体的剧痛，火速赶到赵德昭家里，看到赵德昭尸体后痛哭不已，赵光义哭着说："傻孩子啊，朕就那么随口说了一句，你怎么就走上绝路了呀！"③

斯人已逝，继续恸哭也没有什么意义，赵光义能做的就是让赵德昭风风

---

① 《续资治通鉴长编》卷二十。
② 《续资治通鉴长编》卷二十。
③ 《续资治通鉴长编》卷二十。

光光地下葬。于是，赵光义追封赵德昭为魏王，定谥号为懿。[①]后来，赵光义又相继改封赵德昭为吴王、越王。[②]

然而，赵德昭的死，让人们对赵光义再次产生了怀疑：赵光义认为赵德昭威胁到自己的皇位，故意逼死了赵德昭？赵光义"弑兄篡位"的可能性再次被放大。

《宋史》给赵德昭的评价，只有一句话："德昭喜愠不形于色。"也的确如此，在他短暂的一生中，没有多少东西是能让后人记住的。只有喜怒不表现出来的品质，成了赵德昭的墓志铭。

赵德昭死了，赵光义只能对他的子嗣更加照顾，以体现自己的宽容大度。

当然，如果说赵德昭是自己钻了牛角尖，做了傻事，与赵光义关系不大的话，那赵德芳扑朔迷离的死，似乎与赵光义有着莫大的关系。

赵德昭死后，赵光义对赵德芳也不放心。开宝九年，赵匡胤授赵德芳为贵州防御使。同年四月，曹翰屠江州时，赵匡胤又给赵德芳增加了食邑数，[③]似乎在有意培养赵德芳。

赵匡胤死后，赵光义继承皇位，迫于形势，封赵德芳为兴元尹、山南西道节度使，挂同平章事头衔。[④]公元978年的冬天，赵光义还加封赵德芳为检校太尉。

次年，赵光义亲征幽州中箭，其后赵德昭挥刀自刎。赵德昭去世时，没有任何史料记载赵德芳的举动和思想行为。但对于哥哥的去世，作为弟弟的赵德芳不可能无动于衷。赵德芳有没有兔死狐悲的感觉？肯定会有，赵光义已不相信任何人。赵德芳也意识到自己的处境，他能做的就是保护好自己和家人。

---

① 《宋史》卷三。
② 《宋史》卷二百四十四。
③ 《宋史》卷三。
④ 《宋史》卷二百四十四。

此后，史料中少有关于赵德芳的记载。太平兴国六年三月己酉日，赵德芳忽然病死。[①]赵德芳的死，又成了一个谜。史书似乎也有意回避这件事。他和他父亲的死一样，令后世充满猜疑。

而越是说不清的历史，就越有各种可能性。那么，是不是又是赵光义做了手脚，毒死了赵德芳呢？赵光义身边有个制毒高手程德玄，在赵光义的授意下，他研制了毒药，先后毒死了孟昶、李煜等人，毒死一个赵德芳还不是轻而易举的事情吗？

不管外界怎么猜测，官方给出的结论是赵德芳死于疾病。据说赵德芳去世后，赵光义也表现得非常伤心。他罢朝五日，取消一切娱乐活动，纪念这位年轻的侄子。他追赠赵德芳为中书令、岐王，谥号康惠，后来又加赠赵德芳为太师、楚王。这一连串的头衔看起来是莫大的荣誉，但赵德芳已死，要这些荣誉有什么用呢？赵德芳生前没有被封王，只是挂了一个同平章事的头衔，死了之后才被封王，想起来都有些滑稽。

就这样，赵德昭、赵德芳兄弟两人先后离奇死亡，留给世人巨大的疑惑。

赵光义真是个高手，他让一切的历史真相都变得扑朔迷离，谁也无法给他乱扣帽子，说他谋害了兄长，又谋害了两个侄子。

那么，一些真的平定安稳了吗？远远没有。说不清的东西，才更让人猜疑。此后的十几年时间里，赵光义极尽一切所能来讨好士大夫群体，但是在烛影斧声和两个侄儿相继离世等问题上，士大夫阶层并不妥协。他们的疑心更重了。赵光义需要找到更有分量的证据，来证明自己的清白。

[①] 《宋史》卷二百四十四：六年三月，寝疾薨，年二十三。车驾临哭，废朝五日。赠中书令、岐王及谥。后加赠太师，改楚王。

第九章

金匮之盟及其余波

> 夫祭者必是正统相承，然后祭礼正，有所统属。今既宗法不正，则无缘得祭祀正，故且须参酌古今，顺人情而为之。
>
> ——（北宋）张载《经学理窟·祭祀》

1. 金匮之盟

高梁河之战本该是一场让赵光义扬名立万的战争。遗憾的是，战争失败了。原先计划的一切，不得不推倒重新规划。更让赵光义无法自证清白的是，先有赵德昭自刎，后有赵德芳病死。

他们的死和赵匡胤的死一样，疑云密布。

那么，赵德昭自杀，赵德芳病死，真的是巧合吗？当时的人不会相信，他们的疑心更重了，并绘声绘色地演绎各种故事，让本该清楚的史实变得更加曲折离奇，内容也更加精彩。从此之后，赵光义除了弑兄的恶名之外，又增添了逼死侄子的恶名。

赵光义亟须证明自己是"清白"的。

聪明的人有时候也会变得愚蠢，一向精于算计的赵光义，这时候却办了一件愚蠢的事。他和赵普炮制了一个叫"金匮之盟"的东西，以证明他继承皇位的正统性。

那么，他们是如何炮制"金匮之盟"的？为什么赵普要与赵光义携手制造这个谎言呢？

要弄清楚这些疑惑，就得从赵普这时候的处境说起。

从公元976年进京祭拜完赵匡胤、以太子少保身份被留在京城后，赵普一直待在京城。虽然河阳三城节度使的帽子甩掉了，但新的问题接踵而至。

住在京城的赵普，日子并不好过，参知政事卢多逊并不想放过赵普。两人曾明争暗斗多年，最终赵普在与赵光义的斗争中失败并被罢相。赵普离开京城后，卢多逊不再盯着赵普。可他怎么也没想到，赵光义又把赵普留在了京城。对卢多逊而言，赵普老谋深算，是一个不得不防的对手。一旦赵普重新受宠，到时他肯定会遭殃，家人可能都会受到牵连。

因此，卢多逊想方设法排挤打压赵普。尽管赵普能巧妙应对各种刁难，但卢多逊是副宰相，给赵普穿小鞋的理由太多了。[①]

赵光义应该也清楚两人的斗争，但他没有从中调停，可能赵光义也想看看赵普会如何处理与卢多逊的关系。

当然，赵光义此时正深陷"怀疑"危机，可能也无暇顾及赵普，他思考的是如何才能洗刷掉弑兄篡位、斩草除根的嫌疑。

赵普和赵光义都走到了人生的十字路口。他们都面临艰难的抉择，如若不慎选择错误，那就要承担由此引发的后果。

对赵光义而言，最好的办法是再次亲征，夺回幽州。到时一切问题都将迎刃而解，他也将成为和太祖一样伟大的帝王。问题是，再次出征契丹现实吗？这一假设显然不成立，赵光义大腿上的箭伤还需要时间慢慢恢复。况且组织一场大规模的战争，需要各种各样的物资和人力配合，战争不是想发动

[①] 《续资治通鉴长编》卷二十二。

就能发动的。宋朝刚刚战败，物资损失严重，短时间内无力发动战争。在这种情况下，赵光义就得想别的办法来证明自己继承皇位的正统性。这时候，赵光义想到了赵普。

此时，对赵普而言，处境同样非常艰难。他需要重新掌权，抵挡卢多逊一党对他及其家人的打压与迫害。

两个被命运折磨的人，摒弃了前嫌，决定联手。事实上，赵光义在与赵普共事的过程中，曾多次联手，做成了很多大事。赵普的能力赵光义也非常清楚。

但如何使用赵普，依然是一个难题。他是前宰相，要委以重任，职位就不能太低。而目前宰相满职，把赵普安置在何处呢？

赵光义分析了一番，发现眼前朝廷的高位大臣不能轻易调整。这让赵光义非常为难。

让赵光义没想到的是，就在他考虑给赵普调整职位时，赵普与卢多逊之间的矛盾又激化了。

怎么回事呢？当时，赵普的儿子赵承宗娶了燕国长公主的女儿，正在京城与公主的女儿度蜜月。燕国长公主是赵匡胤的妹妹，据说当年赵匡胤在带兵出征前，城里流传着"点检做天子"的传闻，赵匡胤非常害怕，跑回家去找家人商量。赵匡胤逃回家后，将市井当中流传的新闻说给家里人，向家人征求意见，燕国长公主听完后，拿着擀面杖将赵匡胤从家里赶了出来，还对赵匡胤说："男子汉大丈夫，自己闯下的祸自己解决，跑到家里吓唬家里人算什么。"赵匡胤当即就跑了。几天后，赵匡胤就在陈桥驿发动了兵变，建立了宋朝。[①] 后来，赵匡胤为了与武将建立长久的良性关系，将燕国长公主嫁给了武将高怀德。到太宗时期，燕国长公主的女儿又嫁给了赵普的儿子赵承宗。所以，赵光义成了赵承宗的舅舅，赵普也沾上了皇亲的光。

赵承宗在京城完婚后，可能很喜欢新婚妻子，幸幸福福地过完了婚假。

[①]《涑水记闻》卷一。

到了上任之际，他还腻歪着不愿意离京。这就让卢多逊抓住了把柄。

当时，赵承宗的职位是潭州（今湖南长沙）知州。按照朝廷制度，新婚官员要在婚假结束后，及时回到岗位上去，否则就是违规。这时候的卢多逊正苦于无法整治赵普，此事正好可以让他借题发挥，恶心一下赵普。于是，卢多逊派人督促赵承宗赶紧到潭州上班。赵普知道后，非常生气，史书称赵普"由是愤怒"。或许在赵普看来，人家小两口新婚燕尔，多耽搁几天也无关紧要，而且他现在是皇亲，卢多逊这不明显向他施压吗？[①]

赵普打算还击。赵普的本事是"隔山打牛"。他没有直接从卢多逊身上下手，而是将攻击目标对准了晋王赵廷美。因为据赵普了解，赵廷美私底下与卢多逊走得很近，两人之间的关系也超过了臣僚的关系。于是，赵普就授意一个叫柴禹锡的官员，状告赵廷美在任职开封府尹期间骄横恣肆，结交大臣，形成党羽，可能密谋篡位。[②]

这可是杀头的重罪，有司衙门不敢处置，只能汇报给赵光义。而赵光义马上意识到这不是柴禹锡所能掌控的，他背后的靠山一定是赵普，也只有赵普才能做出这么"疯狂"的事情。

赵光义召见赵普，将此事透露给他，让他分析眼前局势。两人都心知肚明，但赵普不承认是自己所为。

赵普为表忠心，表示愿意为赵光义防备奸人乱政，[③]而这也是赵光义要的结果。他经过调查，发现赵廷美结交大臣并非赵普诬陷。

这次谈话，让两人关系近了很多。对赵光义而言，他的目标是弟弟赵廷美；对赵普而言，他的目标是卢多逊。他们之间建立起了政治联盟。

当赵普意识到自己还有"价值"后，打算乘机把这种价值扩大化，让自己重回朝廷中枢。他秘密派人给赵光义送去札子，表示自己是太祖时代的旧

[①]《续资治通鉴长编》卷二十二。
[②]《续资治通鉴长编》卷二十二。
[③]《续资治通鉴长编》卷二十二。

臣，经常受到卢多逊的排挤，有为国效力的心，却无处施展拳脚。① 赵普在这份札子中言辞恳切，赵光义被赵普的陈情感动。不管怎么样，他们都曾经为了宋朝的建立披肝沥胆，为什么不将之前的种种嫌隙和成见放下呢？

当然，这并不是这份札子的重点。赵普在札子中说出了一个惊天的秘密，那就是他掌握着一个太祖传位的秘密，而这个秘密就藏在宫中某处的金匮里。

这对赵光义而言，绝对是惊天的秘密。他召赵普进宫，寻找到那个隐藏了十多年的金匮。据说，在一帮宦官仔细搜寻后，赵光义看到了表面落满灰尘的金匮。之后，赵光义与赵普有了一次促膝长谈，两个人之间的隔阂也自此消失。赵光义还下令，调整赵普的儿子赵承宗的岗位，将他留在京城任官。不久以后，赵光义还擢升赵普为司徒兼侍中。②

赵光义能下这么大决心，足以说明这个金匮的重要性。

那么，这个金匮到底是怎么回事呢？这还要追溯到建隆二年（961年），当时宋朝刚刚建国。有一次，杜太后生病，赵匡胤不离左右地侍奉着母亲。但因杜太后已病入膏肓，御医们毫无办法。后来，杜太后的病日渐严重，就将赵普召进宫，打算给赵普交代遗命。等赵普到了以后，杜太后问赵匡胤："我儿你知道你为什么能得天下吗？"赵匡胤被杜太后问住了，一时间竟不知如何回答。杜太后说："你就按照你所理解的说说吧。"赵匡胤这才对母亲说："儿臣之所以得天下，都是因为祖先和太后的庇佑。"杜太后苦笑着摇了摇头，对赵匡胤说："我儿你并没有说出我要的答案，事实也不是你说的那样。你之所以能得天下，是因为后周主少国疑，皇帝太小的原因。如果当时后周的皇帝是个颇有威望的成年人，你想想你能得到天下吗？如今你的孩子还都很小，我们千万不可重蹈后周覆辙。所以，等你百年之后，应将皇位传给弟弟。国有长君，四海之内的黎民百姓才能臣服，才是江山社稷之福。"

---

① 《续资治通鉴长编》卷二十二。
② 《续资治通鉴长编》卷二十二。

听了母亲的话，赵匡胤茅塞顿开，当下就叩头对杜太后说："我不敢不听您的教导。"杜太后就对站在一旁的赵普说："卿要将今天我与皇帝的谈话记下来，不可违背。"于是，赵普就将皇帝与皇太后的对话写成了誓书，并在誓书末尾写上"臣普书"的字样。杜太后让赵普将这个盟誓藏在金匮里，命令宫人谨慎小心保管。①

以上内容就是《宋史·太祖母昭宪杜太后传》版本的金匮之盟。

不过金匮之盟不仅《宋史》中有记载，其他史料中也有更为详细的记载。比如，司马光版本的金匮之盟记录在《涑水记闻》中，与《宋史》版本类似。除此之外，还有两个版本，一个是李焘版，另一个是王禹偁版。先看李焘版。李焘《续资治通鉴长编》中的记载与《宋史》的记载有些不一样。

李焘认为，太祖皇帝赵匡胤传位给赵光义是在履行昭宪皇太后的遗命。所以有传位诏书。之所以会这么做，是因为昭宪皇太后和太祖当时立过一个盟约，要求太祖在百年之后将皇位先传给赵光义，光义百年后再传给赵廷美，赵廷美再传给太祖之子赵德昭。②

然后，李焘又对此事做了解释：赵光义继承皇位后，让赵廷美担任开封府尹，赵德恭（赵廷美长子）为贵州防御史。这都是昭宪皇太后和太祖的意思。此后赵德昭、赵德芳相继死去，赵廷美也非常不安，或有叛乱的意思。后来，赵光义召见赵普，与赵普商议将来传位给赵廷美之事情。赵普对赵光义说："太祖皇帝已经做错了，难道官家您还要继续错下去吗？"赵光义似乎觉得赵普说得对，就将赵普再次任命为宰相，随后赵廷美获罪。赵廷美的所谓罪行其实都是赵普编造的。③

再看宋朝名臣王禹偁《建隆遗事》中的版本。

按照王禹偁的记载，太祖对杜太后非常孝顺，对兄弟几个也非常友爱，这种皇帝与家人的感情，亘古未见。赵匡胤经常在忙完公事的闲暇时间召集

---

① 《宋史》卷二百四十二。
② 《续资治通鉴长编》卷二十二。
③ 《续资治通鉴长编》卷二十二。

赵光义、赵廷美以及儿子赵德昭、赵德芳和其他皇子、公主等人与杜太后在宫中宴饮。有一次喝醉酒后，赵匡胤就对杜太后说："儿臣百年后就传位给晋王，并让晋王百年后将皇位传给秦王（赵廷美）。"杜太后听了赵匡胤的话后，高兴地说："我早就有此意，但鉴于后宫不能干涉国事，我一直没有开口。我想让天下的人都知道我生了三位天子，不让人说是天生的孝子成就了我的愿望。"随后，杜太后让赵光义、赵廷美感谢了赵匡胤。①

随即，杜太后就对赵光义和赵廷美说："你们的哥哥年轻时以布衣的身份为后周效力，以战功而被提拔，历经九死一生，才成为地方节度使。现在尽管受天命多年，却日日夜夜都在作战。但他历尽艰辛困苦，初心不改，才成就了今天的帝业。你们两个没有什么功劳，却能继承这份基业，你们应该感到幸运！以后你们当了皇帝后，不管做任何事，都不能辜负哥哥今天对你们的培养。我不知道秦王百年后会将帝位交给谁呢？"赵廷美马上对母亲说："我会将帝位传给德昭。"杜太后非常高兴，对三个儿子说："对着哩！对着哩！既然你们哥哥有意将皇位传给你们，我想这就是天意吧！日后要谨记你们今天说过的话，不能违背这个誓言，如果违背了，上天会降下惩罚的。"随即，赵匡胤又叫来儿子赵德昭拜谢太后。②

安排好这一切后，杜太后就对赵匡胤说："我打算将赵普找来，将今日咱们说的话写成誓书，交给你们兄弟保存，等到合适的时间就昭告天地和宗庙，不知道你觉得怎么样？"赵匡胤同意了杜太后的做法，遂召赵普进宫，按照刚刚大家商议的结果，写成文书。但是赵普却以不识文为缘由拒绝了书写誓书。于是，赵匡胤就将陶谷召进宫，让陶谷来书写。陶谷时任翰林学士，是当年陈桥驿兵变时为赵匡胤草拟禅位诏书的人。之后，赵匡胤就选了良辰吉日，让赵普将此事昭告天地和赵氏列祖列宗，并让晋王赵光义负责管理这份誓书。后来，赵匡胤驾崩，赵光义继承皇位，这份誓书就由赵廷美保管着。

---

① 《续资治通鉴长编》卷二十二注引王禹偁《建隆遗事》。
② 《续资治通鉴长编》卷二十二注引王禹偁《建隆遗事》。

后来秦王赵廷美图谋不轨，打算推翻赵光义自立，结果被赵光义识破，最终忧愤而死。其后，这份誓书就不知藏于何处了。即便这份传位誓书还在，也完全没有意义了，因为誓书中涉及的几个人都死了。①

以上就是王禹偁版的"金匮之盟"。

这三版"金匮之盟"的记载不尽相同，但无疑都记载了"金匮之盟"这件事。那么，既然种种资料都有记载，是否意味着真有"金匮之盟"这回事呢？

这就需要细细探究与分析。

首先，这三个版本的最大分歧在于，赵光义、赵廷美、赵德昭是否知晓金匮之盟的存在，因为他们是这个誓书的直接受益人。

《宋史》和《续资治通鉴长编》里说，在赵普说出"誓书"之前，赵光义以及赵廷美并不知道有誓书存在；立这份誓书时，也只有赵匡胤和赵普在场。而王禹偁《建隆遗事》版本则记载，大宋皇室自始至终都知道有这份誓书，而且向天地和祖先都昭告过。本书综合分析三个版本的记载，梳理出这样两种情况：

第一种：假设金匮之盟真的存在，且只有赵普知道，为什么赵普要在时隔六年后才拿出来？诚如前文所述，赵普回到京城后，一度受卢多逊的打压，那时候是赵普一家人最"灰暗"的日子，如果真有金匮之盟，赵普完全可以拿出来。而赵光义得到誓书后，也一定会感谢赵普。

第二种：假设赵光义早就知道有这份誓书，那还会有"烛影斧声"这件事吗？赵匡胤比他大十二岁，怎么说赵匡胤也会走在他前面，皇位无论如何都会轮到他，即便他什么都不做，只要赵匡胤驾崩，他就能顺利继承皇位。但事实上，赵光义在开封府这些年，已经到处结交权贵，势力权倾朝野，无时无刻不觊觎着皇位。

一切的疑惑，都不能得到解答。三种记载各不相同，只能说明金匮之盟

---

① 《续资治通鉴长编》卷二十二注引王禹偁《建隆遗事》。

不过是赵光义和赵普联手搞出的一种为自己辩白的政治把戏。天下人不会相信，后世研究者也不会相信。

只是在策划金匮之盟这场大戏中，赵普拿出来的誓书为赵光义的帝位正统性提供了依据，因为这是杜太后的遗愿。而赵普因此也得到好处，他再次回到宰相职位，还帮着赵光义扳倒了赵廷美和卢多逊。

2. 赵廷美的悲惨命运

"金匮之盟"是否真实，历来是史学界争论的焦点。不过这并非赵廷美的催命符。赵光义对赵廷美的猜忌、排斥、打压有更为复杂的深层原因。

诚如前文所述，赵廷美成为晋王后，赵光义"弑兄篡位"的嫌疑，也催生了他竞争皇位的心理。他和当初的赵光义一样，培植势力，结交大臣，妄图染指皇权，有意孤立赵光义，才是他被赵光义打压的真实原因。

环境和身份会改变人的心态，进而影响人的行为举止。赵廷美就是环境改变的产物。

他是赵弘殷的第四子，老大赵匡济早逝，老五赵光赞早逝。只剩下了赵匡胤、赵匡义、赵匡美三兄弟。[①] 母亲为杜太后。赵廷美原名叫赵匡美，字文化，和赵匡胤、赵匡义都是匡字辈的赵氏子孙。赵匡胤成了皇帝后，他就要避讳，于是和三哥赵匡义一起将"匡"字改成了"光"字。

赵匡胤建立宋朝以后，授予弟弟赵光美嘉州防御史的职位。所谓防御史，也不过是一种寄禄官，就是不到当地任职，没有实际权力，只是领俸禄的官职。此时赵光美才十三四岁，也处置不了政事。

建隆二年（961年），又是因为皇弟身份，赵光美被任命为兴元尹、山

---

① 《宋史》卷二百四十四：魏悼王廷美本名光美，太平兴国初，改今名。太祖兄弟五人：兄光济，早亡，宋兴，追封邕王，改曹王；弟光义，即太宗；次廷美；次光赞，幼亡，追封夔王，改岐王。

南西道节度使。兴元府就是今陕西汉中，而山南西道节度使也是一种荣誉头衔，赵光美也不会到兴元府去任职。①

乾德二年（964年），赵匡胤给弟弟挂上了同平章事头衔，赵光义、赵光美都受此殊荣，享受宰相待遇。②也是在这一年，赵匡胤罢免了王溥、范质、魏仁浦三位宰相的职位，让赵普担任宰相。据说当时由于所有宰相都被罢免了，导致无人签署新宰相的任命文书。赵匡胤就对赵普说："我来签发也是一样的。"但赵普表示拒绝。在赵普看来，直接由皇帝签发不合规矩，也会让他的宰相职位名不正言不顺。赵匡胤无奈，只能让挂"同平章事"头衔的弟弟赵光义来签署赵普的任命书，这才让赵普当上了宰相。③

到开宝六年（973年）时，赵光美已经长大，完全能承接某些工作。于是，赵匡胤就给他加检校太保、侍中、京兆尹、永兴军节度使头衔。④京兆就是长安，是西部的重要地区。汉唐均以此处为都城，赵匡胤也曾打算迁都于此。宋朝在此处设永兴军路。可见赵匡胤对赵光美的赏识。而此时赵光义是开封府尹。这样一来，赵光美的地位仅次于赵光义。

总之，赵光美就是在这样的环境中长大，逐渐感受到权力带给他的好处。赵匡胤还给他配了一些副手，辅助他处理政务，也帮助他快速成长。

然而，开宝九年（976年）赵匡胤突然去世，超出了众人的预料。此前对于赵匡胤宠幸赵光义，赵光美可能一直有看法，所以他也学会了争宠。令赵光美没想到的是，赵匡胤去世后，继任者不是侄子德昭或者德芳，而是永远一副慈祥面孔的三哥。

赵光美疑惑不解，不知道前一天夜里发生了什么事情。但是三哥已继承皇位，赵光美只能选择接受现实。此后，赵光美在恭贺三哥继承皇位的同时，不得不再次改名字，将"光美"改为"廷美"。

---

① 《宋史》卷二百四十四。
② 《宋史》卷二百四十四。
③ 《宋史》卷二百五十六。
④ 《宋史》卷二百四十四。

对于赵匡胤之死，赵廷美与其他人一样充满疑惑。但赵光义为了巩固帝业，不断给他加官晋爵，一直将他擢升为齐王。两年后，赵光义带领大军消灭北汉，赵廷美由于随军出征，再次被加封为秦王。①

然后，赵廷美就以秦王之尊，担任开封府尹。当然，此时开封府具体政务可能是由一应官僚处置，赵廷美只是名义上的开封府长官。不过，开封府的事宜跟他是有关联的。此前，赵光义命人诛杀街上诅咒店家的乞丐之事，或许那就是给赵廷美看的一出戏：弟弟，你别想着糊弄我。

赵光义这么做，大概也是为了敲警钟。赵廷美出任开封府尹后，可能借鉴了赵光义此前的做法，结交权贵，培植亲信，不断壮大自己的势力。比如，赵廷美与宰相卢多逊之间的关系就非常好。亲王与宰辅走得非常近，容易形成朋党。只是赵光义采取了息事宁人的态度，装作不知。

受不了卢多逊打压的赵普，点破了这层窗户纸。有些事不暴露时，就能长期在阴暗中存在，一旦见了光，就不能再听之任之。赵光义将此事交给赵普处理。

炮制出金匮之盟后重新得到信任的赵普，重回朝廷中枢，出任宰相。为了赶走卢多逊，他想尽了一切办法。赵普曾给赵光义透过底："愿备枢轴以察奸变。"

随着金匮之盟现世，赵光义皇位的正统性得到了增强，但同时也带来了巨大的问题：赵光义百年后，得将皇位传给赵廷美。得到这个消息的赵廷美是否开始膨胀，无从考证。

但传言说秦王赵廷美有谋反之心。对于这种没根没据的传言，赵光义采取了置之不理的态度。当然，不能排除这是赵光义背后的操纵，其目的就是压制和警示弟弟。

公元982年三月初一是大型皇家园林金明池完工的日子，赵光义打算在这天举办大型宴会，庆祝园林竣工。这是计划好的事情，开封的臣民都渴望

---

① 《宋史》卷二百四十四。

着这一天的到来。因为这是对全民开放的集会。届时朝中文武都会参加，开封府百姓也能进入其中，观看龙舟比赛，品尝人间美食，游览金明池。

到了这天，一切都在有序进行。民众也都进入了金明池。文武大臣按照各自班位，坐在了相应的座位上，等待着皇帝的到来。然而，大家等了一早上，迟迟不见皇帝身影。中午时分，有皇帝侍从来传旨：宴会取消了。臣僚们都面面相觑，不知皇帝为何做出这般决定。

后来，经多方打探，才听说秦王赵廷美密谋在金明池发动兵变，夺取皇位。① 告发赵廷美的是柴禹锡、杨守一等人。赵光义得到消息后，取消了这次聚会。

关于此事，史料记载得模棱两可，可能只是一个传言而已，不过这足以让赵光义感到紧张。他清楚自己的帝位是如何得来的，如果赵廷美效仿他，后果不堪设想。

赵光义多疑的性格，让他不信任任何人。只是他有些多虑：论计谋赵廷美远远不及他；论手段赵廷美没有他手段强悍；论资历，赵光义已做了七年皇帝。综合各种因素，都无法证明赵廷美会在这时候发动政变。

本书猜测，可能是赵光义自己放出消息，栽赃给赵廷美。而为了把这个消息做实，赵光义罢黜了赵廷美的开封府尹，让赵廷美到西京洛阳去当留守，并赏赐给弟弟很多钱财。②

赵廷美走时，赵光义还安排人设宴给弟弟饯行。不过赵光义没有出面，而是命枢密使曹彬在琼林苑中招待赵廷美。这场宴会上，赵廷美心情怎样，不得而知，因为没有记载。但能推测得出，赵廷美肯定对三哥赵光义有意见。可赵光义避而不见，赵廷美没办法，只能到洛阳去任职。

之后，平日里与赵廷美关系匪浅的官员，都受到了朝廷的清算。"左卫将军、枢密承旨陈从龙为左卫将军，皇城使刘知信为右卫将军，弓箭库使惠

---

① 《宋史》卷二百四十四。
② 《宋史》卷二百四十四：上不忍暴其事，遂罢廷美开封尹，授西京留守，赐袭衣、通犀带，钱千万缗，绢、彩各万匹，银万两，西京甲第一区。

延真为商州长史，禁军列校皇甫继明责为汝州马步军都指挥使，定人王荣为濮州教练使，皆坐交通廷美及受其燕犒也。"王荣曾当着赵廷美的亲信大放狂言：我不久之后就会被封为节度使。某些别有用心的人将王荣的话上报给了赵光义，最终导致王荣被革职流放海岛。①

而对于告发赵廷美叛乱的柴禹锡、杨守一等人，赵光义均加以重用。柴禹锡被提拔为宣徽北院使兼枢密副使，杨守一被提拔为东上阁门使充枢密都承旨，官位一下子连着跳了好几级。②

至此，赵光义的司马昭之心，已路人皆知了。

所谓赵廷美在金明池阴谋叛乱，不过是赵光义炮制的又一冤假错案罢了。

随着赵廷美被调离，赵普开始了他的报复行动。赵普经常给赵光义灌输卢多逊与赵廷美串通叛逆之事。赵光义命人收集卢多逊不忠的罪证。不久，赵光义罢黜了卢多逊参知政事职务，贬为兵部尚书，命有司衙门严加审理。③

不久，曾跟随卢多逊的中书守当官赵白，秦府孔目官阎密，小吏王继勋、樊德明、赵怀禄、阎怀忠等人被逮捕。赵光义令翰林学士承旨李昉、学士扈蒙、卫尉卿崔仁冀、膳部郎中知杂事滕中正等官员一同审理。④

杀威棒不断落在头上，卢多逊不敢再有丝毫隐瞒。也可以说卢多逊为了脱罪，把责任全部推给了赵廷美。卢多逊说："我曾经多次遣赵白将中书省的一些机密事宜告诉秦王赵廷美。去年九月，我又派赵白对赵廷美说：'希望皇帝早点死，我会尽力辅佐大王您。'赵廷美遣身边的樊德明回报：'你和我的想法一样，我也希望皇上早点死。'"此后，据卢多逊交代，秦王当时还向他赠送了马和弓箭，他都收下了。⑤

---

① 《宋史》卷二百四十四。
② 《宋史》卷二百四十四。
③ 《宋史》卷二百四十四。
④ 《宋史》卷二百四十四。
⑤ 《宋史》卷二百四十四。

现在，只要能从赵廷美那里找到证据，就能将此案坐实。但考虑到赵廷美是亲王，不宜严加审讯。审理案件的官员认为，只需获得帮助赵廷美出面的阎密、王继勋等人口供，就能让证据链闭环。

于是，新一轮审讯开始。

阎密曾在赵廷美手下做事，赵光义继位后，补录为殿直，一直跟着赵廷美。据说阎密骄横跋扈，无法无天。王继勋据说更为骄横，他仗着是赵廷美的亲信，到处寻花问柳，贪赃枉法，无恶不作。樊德明和赵白平时交往密切，卢多逊通过他们结交上了赵廷美。赵廷美曾派遣亲信赵怀禄将他的同母弟弟、军器库副使赵廷俊叫到府中密会。①

最可气的是阎怀忠，他经常以赵廷美的名义向吴越王钱俶索要犀牛玉带和金银财宝。赵廷美还经常派阎怀忠打点一些武将。② 种种迹象表明，赵廷美手底下这些人非常不争气，他们或者打着赵廷美的旗号贪赃枉法，或者按照赵廷美的要求，做一些违法乱纪的事情。

这些人在自身性命受到威胁时，不会护着已经失势的主子赵廷美，将自己所犯的罪责都推到了赵廷美身上。他们还按照有司衙门的意图，"构造"了诸多赵廷美谋反的证据。

案子到这一步，基本审理清楚：赵廷美和前宰相卢多逊动用各种关系，妄图行谋逆之事。

赵光义鉴于此案牵扯弟弟赵廷美和前宰相卢多逊，也不敢直接处置。于是，他召集文武百官进行商议。太子太师王溥等七十四人上奏说：卢多逊身任宰相，本该为国效力，但他心怀怨念，秘密遣堂吏与朝廷对抗，勾结亲王，沆瀣一气，私底下诅咒君王，实属大逆不道行为。他的行为败坏了朝纲，上负国家对他的重用，下亏为臣之节，应当对其处以极刑，以正视听。赵白等人罪孽深重，应立即处斩。③

---

① 《宋史》卷二百四十四。
② 《宋史》卷二百四十四。
③ 《宋史》卷二百四十四。

赵光义听完群臣的建议后，经过综合考量，下诏剥夺卢多逊所有官爵，和家人一起流放崖州（今海南三亚）。勒令赵廷美居家思过。赵白、阎密、王继勋、樊德明、赵怀禄、阎怀忠斩首示众，没收全部家产。①

紧接着，朝廷又颁布诏书：桂州防御使、赵廷美的长子赵德恭继续称皇侄；剥夺皇侄女韩氏云阳公主封号，其丈夫右监门将军韩崇业降为右千牛卫率府率，剥夺"驸马都尉"的称号，一起到洛阳陪赵廷美思过。②

五月，朝廷又对西京留守判官阎矩和前开封府推官孙屿施以惩罚。③

通过这一系列的处置，涉案人员基本处置完毕，就其力度而言，自宋朝建立以来从未有过。赵廷美作为皇弟，怎么也没想过会招致如此祸端。

不过，朝廷对赵廷美的惩罚远远没有结束。赵普清楚赵光义的心理需求：不将赵廷美打入永不翻身之地，赵光义是无法泰然自若的。赵普能做的，就是代为出面，了却赵光义的心愿。如此，他才能长久居于权力中枢，享受权力带给他的愉悦。

赵普的手段很多，对付赵廷美都不用使出全力。很快，赵普唆使知开封府李符给赵光义上书，将赵廷美在洛阳居住期间的所作所为全部上报：秦王赵廷美在西京期间不思悔过，怨恨皇上。建议将赵廷美贬谪到边远州郡，以防不测。④

可能赵廷美在洛阳居住期间，真发过牢骚，抱怨赵光义对他太残忍，被有心人记了下来。问题的关键是，李符并非洛阳知府，他是如何知道这些底细的呢？

显然有人帮赵普盯着赵廷美。洛阳布满了他的眼线，可能赵廷美家中都混有"奸细"。看到李符的报告，赵光义不再顾念同胞之情。朝廷下诏，将赵廷美贬为涪陵县公，将其监押在房州（今湖北十堰市房县），剥夺其妻子

---

① 《宋史》卷二百四十四。
② 《宋史》卷二百四十四。
③ 《宋史》卷二百四十四。
④ 《宋史》卷二百四十四。

的楚国夫人封号。朝廷又命崇仪使阎彦进知房州，监察御史袁廓任房州通判，负责监督赵廷美一家。①

都是一家人，何至于如此残忍？

赵廷美想不通，但毫无办法，他只能听天由命了。

这一路从洛阳到湖北道路险阻，远非游山玩水那般逍遥。路程被规定死，每天行走多少，到哪里歇脚，都有人管着。这对于赵廷美一家而言，实在苦不堪言。

赵廷美一家在房州居住期间，饱受屈辱，赵廷美更是遭受身体和精神上的双重打击，最终，他忧愤成疾，在雍熙元年（984年）去世。②

赵光义听闻赵廷美去世的消息后，也非常难过，毕竟是自己的亲兄弟。赵光义对宰相们说："廷美自小就刚愎自用，长大学了一身坏毛病，后来又触犯国法。因他是朕的弟弟，也不能用律法来处置他，本想着将他打发到房州，让他认真反思过错，等他想明白，朕还会和以前一样对待他，可他却意外去世，这让我很是伤痛。"随后，赵光义下诏追封赵廷美为涪王，定谥号为"悼"，以亲王规格为其发丧。③

之后，鉴于赵廷美已死，赵光义这才毫无保留地说出当年金明池反叛的事情。

赵光义说："廷美的母亲陈国夫人耿氏是朕的乳母。后来嫁给一户姓赵的人家，生了赵廷俊。朕顾念他是廷美的同母兄弟，就给赵廷俊安排了军器库副使的差事，但是廷俊不思感恩，却经常将宫中的机密要事告诉廷美。那一年，金明池的工程竣工，水心殿落成，但桥梁还没有修好，朕打算乘船到水心殿举行竣工仪式。廷美与他身边的人打算趁此发动政变，如果没有成功就装病在家，等朕去他家里看望他时，再对朕下手。当时有人告诉了朕廷美的计谋，朕装作不知道，也没有让有司衙门去追究此事。如果将此事暴露出

---

① 《宋史》卷二百四十四。
② 《宋史》卷二百四十四。
③ 《宋史》卷二百四十四。

来，廷美一家都将遭受灭顶之灾。后来，廷美与卢多逊勾结丑事暴露，朕就让廷美到西京洛阳反思。但是廷美到洛阳后，不思悔改，反而对朕产生了怨恨，出言不逊，朕才将廷美全家都迁到房州安置。至于赵廷俊，朕也是从轻发落，只是将他贬谪了事。说来说去，朕对廷美已经做到仁至义尽了。"说完这些事情后，赵光义黯然伤神。在场的宰辅重臣听完赵光义的解释，都恍然大悟，李昉赶紧接过话茬说："秦王悖逆，天下人所共知。当年金明池的事情，还有装病的事情，要不是官家您今天说出其中曲折，我们怎么能知道内情呢？"①

不过赵光义的这些说法有待商榷，因为这是他自己说的，并没有直接证据。当然即便有所谓的证据，对赵光义而言，不也是小事一桩吗？

循着历史的记载去发掘，就会发现这样一种可怕的事实：赵廷美在赵光义即位之前，以及即位后，均未发现有任何越轨之举。即便平日里有些骄纵，但说他密谋发动政变，恐无人相信。赵光义的这番话，不过是为自己打压赵廷美一家寻找借口罢了。即便赵廷美有不轨之举，将其一人诛灭即可，为何要牵连那么多人？

这都暴露出赵光义本人的不自信，以及担心他的打压可能会引起反弹，索性一不做二不休，直接将与赵廷美有关的人都予以处置，这才能永久消除隐患，让自己安枕无忧。

不过赵廷美死了，赵光义就能安枕无忧吗？

3. 赵元佐疯了

赵光义讲述的有关赵廷美叛乱，并死在房州之事的前因后果，在大臣间传播着，可能还衍生出其他的故事。但朝臣们心里清楚，这是赵光义给出的

---

① 《宋史》卷二百四十四。

真相，即便有水分，他们也必须坚信这就是真相。

　　这是由他们的身份决定的，也是他们作为人臣，需要摆出的姿态。忠君爱国，忠君始终在前面。

　　当然，并非所有人都相信赵光义的说法。至少朝中有一个人始终坚信，赵廷美是被冤枉的。这个人就是赵光义的大儿子赵元佐。

　　赵光义有九个儿子，分别是：元佐、元僖、元休（宋真宗）、元份、元杰、元偓、元偁、元俨、元亿。①

　　按照"金匮之盟"的约定，赵光义百年之后，要传位给弟弟赵廷美，赵廷美之后，要将皇位传给赵匡胤的儿子赵德昭。

　　如果这个盟约真的在，或者说，赵光义真要坚守这个盟约的话，最终，皇位还是会传到赵匡胤这一支上。因此，赵光义在坚信这个盟约存在的同时，又想方设法剪除威胁皇位的几个人选。当然，赵德昭之死，可能包含着更为复杂的原因。但其根本原因是，赵光义希望皇位能在他的子嗣中传承，千秋万代，绵延不绝。因此，这才有了赵德昭自杀，赵德芳病逝，赵廷美冤死。

　　剩下的皇权继任者，就只能从自己的儿子中选了。

　　不过，这是一个漫长的过程，需要赵光义步步为营，让时间稀释一切。等到大家逐渐忘却时，就能顺势将儿子推到台前，挑起大梁。

　　在诸位皇子中，赵光义尤其喜爱长子赵元佐。

　　赵元佐原名赵德崇，和赵德昭、赵德芳一样，属于赵氏家族"德"字辈。这是因为他们出生时，赵匡胤虽然是皇帝，但还没有确定太子人选，他们这代人还都坚持用"德"字作辈分字。

　　赵元佐字惟吉，母亲是太宗元德皇后。②元德皇后是乾州防御使李英之女。赵匡胤在位期间，听说李英之女有容德，就替赵光义做主，娶进门来，

---

① 《宋史》卷二百四十五。
② 《宋史》卷二百四十五。

做他的侧室。后来，李氏为赵光义生下了赵元佐和赵元休。而赵元休就是日后宋朝第三任皇帝宋真宗，不过他被立为皇太子后，就更名为赵恒。

据说赵元佐年少时机警聪明，长得又像赵光义，因此备受赵光义宠爱。

开宝九年（976年），赵光义在这年十月二十日继承皇位，成了大宋天子。背负"弑兄篡位"嫌疑的赵光义，更加疼爱自己的孩子。因为这些人才是自己的亲人，不会背叛自己。他们是自己的未来，他们也将承担更大的责任。

赵光义也有意培养赵元佐。他十三岁时，赵光义曾带着赵元佐和契丹使臣一起去郊外打猎。忽然一只兔子跑到赵光义的车驾前方，赵光义示意赵元佐射杀这只兔子。一个十三岁的孩子，敢不敢射杀，能不能射中呢？就在众人疑惑的时候，赵元佐张弓搭箭，瞄准那只兔子，只听嗖的一声，等众人定眼看时，那只兔子已经被赵元佐射翻在地。在场之人不禁发出喝彩声。即便契丹使臣也暗暗震惊：这个十三岁的孩子了不得，竟然一发中的。①

赵光义本人自然更加得意。他青睐的儿子，果然与众不同。要好好调教他，假以时日，必成大器。

一年后，赵光义决定消灭北汉。在充分论证后，赵光义亲征。为了培养赵元佐，赵光义决定让赵元佐随军出征，见见世面，增长见识。

后来北汉被消灭，赵光义一鼓作气继续北上攻打幽州。这次，赵光义又将赵元佐带到幽州城下，让赵元佐观看宋军与辽军对垒的场面。

赵光义做这一切，虽然没有明说，但外人一看便知：他在培养自己的儿子。据说，赵光义即位后，将赵元佐的府邸安置在了皇宫内东门附近。不久后，任命赵元佐为检校太傅、同中书门下平章事，封卫王，并让他到中书门下跟班学习。②凡此种种，无不向外界透露出他要将儿子立为储君的打算。要知道，赵匡胤至死都没有给两个儿子封王，而赵光义即位没几年，就封赵元佐为挂宰相头衔的亲王。

---

① 《宋史》卷二百四十五。
② 《宋史》卷二百四十五。

臣僚们嘴上不说，但心里跟明镜似的。尤其是那些跟赵匡胤有着深厚感情的大臣，心里可能别有一番滋味吧。

高梁河之败虽然让赵光义锐气受挫，但他对赵元佐的培养并未松懈。

到后来，赵德昭、赵德芳相继去世，赵廷美被安置房州，这些可能都是赵光义在为赵元佐扫清障碍。

不久，赵光义又将赵元佐的居所搬到东宫，并赐名为元佐，加封为楚王。① 在中国古代，东宫通常是太子的居所，历朝历代都是如此。这时候，赵元佐被安排在东宫居住，是不是就预示着他就是准太子人选呢？

事实上，变局就出现在这一时期。赵德昭、赵德芳去世，并未引起赵元佐多大感伤，他们之间也仅仅是堂兄弟关系，远比不上他与赵廷美的关系。真正让赵元佐性情大变的是赵廷美事件，并由此导致赵元佐与赵光义关系紧张。

原来，赵元佐与赵廷美的关系一直很好。这些年来，赵光义虽很喜欢赵元佐，但忙碌的政务占据了他大多数时间和精力，让他疏于对孩子们的照顾。有时，他们好长一段时间也见不到父亲，见了面可能也会因为学业问题，受到赵光义的责难。

而赵廷美则并无多少"主业"，也就担负起了皇子们的衣食起居，并指导他们完成学业。这时候，赵元佐与赵廷美就增进了感情。可能赵廷美也会给赵元佐灌输一些自己的理念，不断巩固他与赵元佐的关系。而小孩子是很现实的，谁对他好，他也就对谁好。

就这样，赵元佐与赵廷美的亲密程度，超过了赵光义与赵元佐。

后来，大概赵光义意识到了这个问题，但他没有处理——可能他也没有多想。赵光义甚至相信，小孩子是很容易被"好处"收买的，何况将来他给赵元佐的不是好处，而是天下。

所以，赵廷美与赵元佐的关系，日渐牢固。而后来，赵廷美"叛乱"事

---

① 《宋史》卷二百四十五。

发，才打破了一切平衡。可能赵光义都没有预料到，赵元佐会因赵廷美之事与自己决裂。所以当朝廷罗织罪名，罢黜赵廷美开封府尹，让他到洛阳居住时，赵元佐出面劝过赵光义，希望父亲放过赵廷美。

而随着赵元佐的参与，让赵光义看到了危机，因此，他的处置更加果断——他不会听儿子的建议。赵光义可能还对儿子的劝谏有些失望：做这些还不是为了你！

后来李符上书，赵廷美再度被贬到房州。此时，满朝文武无一人为赵廷美求情，唯独赵元佐站了出来，据理力争，表示自己相信赵廷美是被冤枉的，希望父亲放过他。[1]

赵光义已下定决心，怎么能因儿子阻拦就放弃这一完美计划。他一意孤行，将赵廷美一家赶到了房州。这件事让赵元佐陷入极度自责当中，这种愧疚心理让他对复杂的世界失望透顶，开始不相信任何人。至少对赵元佐来说，父亲和叔父是亲兄弟，都不能容下彼此，残酷的现实，让他对政治失去了兴趣。

他不傻，但是他不愿意再为一点点荣耀争得头破血流，甚至他一度变得很"魔怔"。他的情绪时好时坏，仿佛得了间歇性神经病。

不久之后，赵廷美的死讯直接刺激了赵元佐，他彻底疯了。他开始疯狂地报复社会，也向他的父亲示威。他一向都很爱护属下，但从那时候开始，身边的侍从多有被他刺伤的情况发生，以至于很多侍从都不敢靠近他。[2]

赵光义清楚赵廷美之事对赵元佐打击较大，容忍了赵元佐的种种行为。雍熙二年（985年）时，赵元佐病情略有好转，赵光义非常高兴，宣布大赦天下，为儿子积福。[3]

此后，随着时间的推移，赵元佐身体逐渐变好。雍熙二年重阳节，赵光义兴致格外好，打算召集孩子们一起宴饮。考虑到赵元佐病情刚刚稳定，就

---

[1] 《宋史》卷二百四十五。
[2] 《宋史》卷二百四十五。
[3] 《宋史》卷二百四十五。

没有邀请他参加宴会。等到宴会结束后，皇子们酒足饭饱，开始往回走。在路过赵元佐家门口时，众人发现赵元佐站在门口看着他们。原来，有好事者将皇帝召集他们宴饮的事情告诉了赵元佐。赵元佐就对弟兄们说："父皇请你们赴宴，唯独不叫我，这是抛弃我了啊！"然后，赵元佐病发。晚上他一个人喝闷酒，家人也不敢劝阻。等喝到一定程度后，赵元佐放火点燃了自己的府邸。①瞬间大火弥漫，朝廷组织人力开始灭火。

等火被灭了后，赵光义才知晓了其中原委。这时候的赵光义被愤怒冲昏了头脑，他再也不能忍受。于是，赵光义令有司衙门抓捕赵元佐，对赵元佐的纵火行为进行审问。按照宋朝律法，纵火是重罪。最终，赵光义废了赵元佐的皇子身份，贬为庶民，将赵元佐安置在均州（今湖北丹江口市）。②

赵光义对赵元佐的处置确实太严厉了，宰相宋琪带着百官三次上书，请求赵光义将赵元佐留在京城，只需要派人安心看护就可以。③但赵光义不为所动。

数日后，赵光义冷静下来，想想如此处置赵元佐，的确太过于严厉。他下诏命赵元佐返回京城。此时赵元佐一家已到黄山。之后，赵元佐一家重新回到开封，在朝廷使者的看护下，以庶民身份居住在南宫。④

此时，那些被赵光义派去辅佐赵元佐的官员纷纷上书，表示他们辅佐赵元佐不力，请求朝廷给他们降罪。但赵光义的头脑是清楚的，是自己的儿子有问题，与辅佐他的人无关，因此宽慰这些臣僚说："朕的儿子朕都没有教育好，你们就能辅佐好吗？"最终，赵光义没有处罚他们，让他们继续为国效力。⑤

从此之后，赵元佐就一直以被废皇子的身份居住在南宫。赵光义有时候

---

① 《宋史》卷二百四十五。
② 《宋史》卷二百四十五。
③ 《宋史》卷二百四十五。
④ 《宋史》卷二百四十五。
⑤ 《宋史》卷二百四十五。

可能会想起培养赵元佐的往事，但他不会给赵元佐机会了。有些机会一旦错过，就不会再来。

直到宋朝第三任皇帝赵恒继位，赵元佐的身份才有了改变。毕竟是一母所生的亲兄弟，赵恒当然要照顾一下大哥，他任命赵元佐为左金吾卫上将军，并恢复了赵元佐的楚王爵位，让他在家里养病，不用上朝。后来，赵恒又升赵元佐为检校太师、右卫上将军。[①]

赵元佐的悲剧在于缺少情绪疏导，个人心思太重，完全没有顾及他人感受。作为准太子人选，他应该韬光养晦。别人不说，他的父亲赵光义不也是在朝野的质疑声中，不断巩固自己的权力，实现自己目标的吗？

应该说，赵元佐性格是有缺陷的，容易钻牛角尖。所幸的是，这样的人没有成为皇帝，否则宋朝还不知会被搅成什么样子。

历史会选择合适的人，让其成为主导历史走向的关键。同样的道理，有些可能影响历史进程的人也在选择着历史，改变着历史的走向。

4. 赵元僖死了

赵元佐出事，最心痛的人是赵光义。赵德昭、赵德芳、赵廷美去世后，金匮之盟成了一纸空文。只要时机成熟，赵光义就能名正言顺地立自己的儿子为皇储。但万万没想到，赵元佐竟然因赵廷美事件犯下不可饶恕的罪行。

这时候的赵元佐尽管还活着，但赵光义已不对他抱任何希望了。

但国家的继承人不能因为赵元佐出事而不再选拔，这是涉及国家根本的大事。

这时候，赵光义不得不将目光放在了二儿子赵元僖身上。

赵元僖，原名赵德明。在赵元佐出事之前，赵元僖并没有走入大家的视

---

① 《宋史》卷二百四十五。

野，只是以皇子的身份在皇宫中成长着。

太平兴国七年（982年），也就是赵廷美出事的那一年，赵元佐因为替赵廷美说情，让赵光义很生气。但赵光义还是顾念赵元佐，想培养他，这时赵元僖仅是陪跑的存在。在赵元僖身份的问题上，赵光义也仅仅任命赵元僖为检校太保、同平章事，封为广平郡王，与赵元佐的身份有一定差距。①

公元983年，赵光义封赵元僖为陈王，改名元佑。

不过这些加官晋爵只是一种不偏不倚的处置办法，也是对诸子的一种重视，还看不出赵光义到底重视谁。

不久，赵光义下诏，命几个皇子的班次都要低于宰相的班次。这里的班次指的是群臣上朝时站的顺序，是一种身份的象征。历来朝廷王爷们的班次多在宰相之上，赵光义反其道而行之，可能还有更为复杂的原因。宰相宋琪、李昉等人觉得皇帝这么做，与古制不合，联名上书，请求皇帝遵照古制，将亲王的班次排在宰相之前。但赵光义认为几位亲王对国家的贡献远不及宰相，没有答应宰相们的请求。之后，几位宰相继续上书，请求皇帝同意他们的请求。赵光义被宰相们的执着搞得有些不耐烦，对他们说："宰相总理百事，责任重大，而藩王只是上上朝而已。如今元佐等人年纪尚小，还不能处置国事。朕之所以这么做，也是希望他们能够知道谦虚礼让的道理，你们应该理解朕的这份苦心，不要再计较班次前后的问题了。"②宰相们见赵光义这么说，这才不再多言。

从这些事上分析，赵元僖的命运是与诸皇子紧紧交织在一起的。他没有个体的"我"，只有皇子身份。他当然不想仅做一个皇子。

雍熙二年，赵光义召诸子参加宴会，唯独没叫赵元佐，这让他大受刺激。最终，赵元佐焚宫获罪，被贬为庶民。但这件事背后，并不简单。当时赵光义考虑到赵元佐身体没有康复，需要静养，因此没有叫赵元佐出席宴

---

① 《宋史》卷二百四十五。
② 《宋史》卷二百四十五。

会。皇子们也都清楚其中缘由。但当晚赵元佐还是知道了宴会之事，那么，是谁告诉他的呢？

史料中没有提到。本书推测，是赵元僖。谁得益谁的嫌疑最大，赵元佐倒下后，赵元僖有极大可能成为皇储人选，所以他将此事透露给赵元佐，而受到刺激的赵元佐也有极大可能会做出惹怒赵光义的荒唐事。结果不出所料。

赵元佐被贬为庶人后，赵光义开始亲近赵元僖。不久，赵元僖被提升为开封府尹兼侍中，改名元僖，随后又晋封许王，加中书令。①

开封府尹这个职位不需要再多做解释，因为赵光义就是从这个岗位干上来的。赵廷美也在这个岗位干过一段时间。这时候，赵光义任命赵元僖为开封府尹，可以看出他对这个儿子寄予了厚望。当年赵光义对赵元佐的重视程度可比对赵元僖要多得多，甚至让赵元佐搬到东宫居住，成了没有正式册封，但实际上已有太子身份的未来太子。即便这样，赵光义还是没有任命赵元佐担任开封府尹。

赵光义似乎在向外界宣示赵元僖的身份。

不久，赵光义又开始为赵元僖的婚事操心。最终，赵光义选择隰州团练使李谦溥之女为赵元僖的妻子。对于父亲的安排，赵元僖坦然接受。不管父亲给他安排什么，赵元僖都乐于接受。赵光义曾对宰相说："朕曾对儿子们说过，为他们选的配偶都来自名臣将相之家，六礼全都备齐了，他们能不自重吗？"各位皇子们也都对父亲的这种安排相当满意。②

由此也能看出赵元僖本人城府很深，他清楚自己一切的荣辱与赵光义有关。只要让赵光义满意，他就是准太子人选、将来的皇位继任者。等他当了皇帝，天下都会是他的，这时候受点委屈又算得了什么呢？

赵元僖的努力得到了应有的回报，在他出任开封府尹后，赵光义又派出

---

① 《宋史》卷二百四十五。
② 《宋史》卷二百四十五。

两位饱学之士去辅佐赵元僖处理政务，顺便带一带赵元僖。

这两个人一个是张去华，此人少年好学，状元及第，为官多年，经验丰富，各种工作也都干得很出色，赵光义让他出任开封府判官。另一个叫陈载，进士出身，深得赵光义喜爱，赵光义让他出任开封府推官。赵光义还给他们每人赐钱百万，激励他们倾心帮助赵元僖处置政事。

得到辅佐的赵元僖迅速成长，将开封府管理得井井有条。赵光义很欣慰。

此间一些大臣预判了皇帝的打算，他们也都结交赵元僖，与赵元僖和谐相处。即便骄傲自大的宰相赵普，也对赵元僖有些偏爱。赵普还建议将赵元僖晋封为许王，而赵光义也同意了赵普的建议。赵元僖也主动与赵普交好，毕竟他将来被确定为太子，也需要赵普帮忙。同时，赵元僖与另一位宰相吕蒙正关系也不一般，二人经常一起谈论治国之策。

到这时，满朝文武似乎都已认定，迟早有一天，赵光义会册立赵元僖为皇太子。

淳化元年（990年），宰相吕蒙正给赵光义上书，要求将赵元僖等亲王的班次列在宰相的前面，但赵光义没有答应，此事也就不了了之。①

赵元僖以自己的能力证明了一切：他就是赵宋王朝最适合的皇位继承人。

然而，天有不测风云，人有旦夕祸福。春风得意的赵元僖竟然突发疾病，不治身亡，令天下人唏嘘不已。

事情发生在淳化三年（992年）十一月己亥日。这一天，和以往一样，朝廷要举行早朝。天不亮，朝臣就打着灯笼进宫。此时赵元僖也进了宫，准备参加早朝事宜。可能赵元僖来得有点晚，等他到达时，众人已站列在各自的班位上。

赵元僖快步向他的班位走去，但还没有走到班位跟前，他就被一阵剧烈

---

① 《宋史》卷二百四十五。

的疼痛止住了脚步。强烈的不适感袭击着他的全身,赵光义赶紧命人将赵元僖送回家中休养。

早朝后,赵光义立即到赵元僖府上看望。此时的赵元僖病得已经很严重,连话都说不出来。很快,赵元僖暴毙。赵光义抱着儿子的尸体恸哭不已。事后,赵光义废朝五日,纪念赵元僖,并追赠赵元僖为皇太子,谥恭孝。①

赵元僖的突然去世,让赵光义备受打击。每每想起赵元僖生前的一些往事,赵光义就悲痛不已。据说,赵光义经常因思念赵元僖而无法安然入睡。后来,赵光义还做了《思亡子诗》来抒发对儿子的思念。②

的确,赵光义在赵元僖身上倾注了很大的心力,也寄予了厚望。但很可惜,这一切都随着赵元僖的忽然去世而化为泡影。

令赵光义气愤的是,赵元僖去世后没几天,有传闻说赵元僖是被他的宠妾张氏毒死的。当然这只是传闻,没有真凭实据。但这个传闻也足以引起朝野震荡:原先满朝上下都觉得赵元僖是死于疾病,不曾想他的死竟然还有另外的可能。

事实上,并没有确凿证据表明张氏毒死了赵元僖,只是张氏的一些做法,严重违反了朝廷礼制。原来,这个张氏仗着赵元僖的宠爱,骄横跋扈,赵元僖家中侍女有被张氏折磨致死的,而赵元僖完全不知情。后来张氏又仗着赵元僖的宠幸,在京城西佛寺命人给她的父母招魂——此举明显有违礼制。赵光义知道这件事后,非常生气,加上有人说张氏害死了赵元僖,就派昭宣使王继恩查明实情后,缢杀张氏。而对于赵元僖身边的那些亲吏也都停职罢免,毁掉张氏父母的坟墓,将张氏安插的那些宗族亲朋都流放到外地。③

赵光义不光处置了张氏,还处罚了辅佐赵元僖的官吏。他们未能阻止悲剧发生,这就是失职渎职,应该接受惩罚。④

---

① 《宋史》卷二百四十五。
② 《宋史》卷二百四十五。
③ 《宋史》卷二百四十五。
④ 《宋史》卷二百四十五。

另外，赵元僖府中官员也遭到清算：许王府谘议、工部郎中赵令图，侍讲、库部员外郎阎象免职。同时，朝廷还下了一道诏令：取消追封赵元僖为皇太子的仪式，以一品卤簿将其下葬。①

就这样，赵元僖之死掀起的风波才算结束。后来，宋真宗赵恒继位后，恢复了赵元僖的太子称号。乾兴元年（1022年），又改赵元僖的谥号为昭成。到宋仁宗时期，由于赵元僖无子女，宋仁宗就将赵元僖的侄子赵允成之子赵宗保过继给赵元僖为孙。②赵元佐发疯，赵元僖离奇死亡，让赵光义产生了某种宿命论。不管怎么样，他继承的是哥哥赵匡胤的皇位，而金匮之盟不管是真是假，都要求最后将皇位交还给赵匡胤的儿子。赵德昭、赵德芳、赵廷美相继去世后，赵光义本来以为他的儿子继承皇位已无阻碍，岂料会发生这么多变故。

赵光义怕了，他不敢再轻易培养储君。

日子一天天过去，赵光义的腿疾多次复发，身体一日不如一日。这时候，赵光义决定立太子。但鉴于他之前打压过提建议的人，官员们谁也不敢主动提出此事。

赵光义需要一个帮助他下决定的人。不久，这个人出现了，他就是宋朝名相寇準。正是在征询过他的建议后，赵光义决定册立三子赵元侃为太子。未来，寇準将登上历史舞台，与宋朝第三任皇帝赵恒一起，创造属于他们的时代。

---

① 《宋史》卷二百四十五。
② 《宋史》卷二百四十五。

参 考 书 目

（先秦）商鞅：《商君书》，叶平注译，中州古籍出版社 2019 年版。

（晋）崔豹等撰：《古今注　中华古今注　苏氏演义》，商务印书馆 1956 年版。

（宋）司马光编撰，（元）胡三省音注：《资治通鉴》，中华书局 2011 年版。

（宋）司马光：《涑水记闻》，邓广铭、张希清点校，中华书局 1989 年版。

（宋）薛居正等：《旧五代史》，中华书局 2015 年版。

（宋）欧阳修：《新五代史》，中华书局 2015 年版。

（宋）李焘：《续资治通鉴长编》，中华书局 2004 年版。

（宋）李攸：《宋朝事实》，中华书局 1955 年版。

（宋）沈括：《梦溪笔谈》，金良年点校，中华书局 2015 年版。

（宋）王巩：《随手杂录》，《王文正公遗事·清虚杂著三编》，中华书局 2017 年版。

（宋）佚名：《宋史全文》，汪圣铎点校，中华书局 2016 年版。

（宋）文莹：《湘山野录　续录　玉壶清话》，郑世刚、杨立扬点校，中华书局 1984 年版。

（宋）蔡绦：《铁围山丛谈》，冯惠民、沈锡麟点校，中华书局 1983 年版。

（宋）龙衮：《江南野史》，载朱易安、傅璇琮主编：《全宋笔记》第 1 编第 3 册，大象出版社 2003 年版。

（宋）王称:《东都事略笺证》,吴洪泽笺证,上海古籍出版社2023年版。

（宋）马令、陆游:《南唐书（两种）》,南京出版社2010年版。

（宋）钱俨:《吴越备史》,中国书店出版社2018年版。

（宋）吴曾:《能改斋漫录》,山东人民出版社2020年版。

（宋）叶隆礼:《契丹国志》,贾敬颜、林荣贵点校,中华书局2014年版。

（元）脱脱等:《辽史》,中华书局2016年版。

（元）脱脱等:《宋史》,中华书局1985年版。

（明）程宗猷:《少林棍法阐宗》,山西科学技术出版社2006年版。

（明）冯梦龙:《智囊译注·上智部》,新疆青少年出版社1998年版。

（清）毕沅:《续资治通鉴》,岳麓书社2008年版。

（清）吴任臣:《十国春秋》,徐敏霞、周莹点校,中华书局2010年版。

（清）许止净编著:《增修历史感应统纪》,宗教文化出版社2020年版。

蔡东藩:《宋史通俗演义》,云南人民出版社2011年版。

车吉心主编:《齐鲁文化大辞典》,山东教育出版社1989年版。

陈显泗主编:《中外战争战役大辞典》,湖南出版社1992年版。

金诤:《科举制度与中国文化》,上海人民出版社1990年版。

李逸侯:《宋宫十八朝演义》,书目文献出版社1981年版。

熊武一、周家法主编:《军事大辞海》（下）,长城出版社2000年版。

郑天挺、谭其骧主编:《中国历史大辞典》,上海辞书出版社2010年版。

周勋初主编:《宋人轶事汇编》,上海古籍出版社2015年版。

[美]斯塔夫里阿诺斯:《全球通史:从史前史到21世纪》,吴象婴等译,北京大学出版社2006年版。

[英]安格斯·麦迪森:《中国经济的长远未来》,楚序平、吴湘松译,新华出版社1999年版。

后　记

对我来说，《开宝九年》的写作，已算是轻车熟路，和之前的《建隆元年》《景德元年》一样，它着眼于某一历史大事件，围绕历史大事件发生的关键年份开展叙述。

与之前所著的几部书不同的是，这本书在写作过程中，又多了一个思路：在探求赵匡胤死亡真相的同时，也关注继任者改变国策的勇气和信心。

为什么要多出这个思路？我的出发点是对宋朝政策延续和变更做出一种附带说明。比如，很多人认为，以文治国是赵匡胤的独创，因为靖康年间金军破城后，曾发现了一块碑，上面有一条碑文：不杀言事之人。但这块碑已消失在历史长河中，因此"不杀言事之人"的说法就显得不太可靠。

本书认为，宋朝真正实现以文治国的是赵光义，其后历代皇帝基本延续了这一"国策"。其中内在的变动，如果仔细分析，就能发现与赵匡胤时代的方向并不完全相同。赵匡胤固然重视文臣，但他也重视武将的作用。他一直在寻求一种平衡。试想，如果太祖再活十二年，他会不会发兵收复幽州？会不会制定文武均衡之道？

本书的写作重点是烛影斧声，它就是本书的"核"，其他的叙述和解析，都是围绕这一历史大事件展开的。比如，第一章李煜入京，看似与烛影斧声没有直接关系，但南唐的臣服，无疑是赵匡胤人生的一个重要时间点，确定先南后北、先易后难的统一战略后，南唐算是最后一个被武力平定的南方国家。这意味着持续十多年的南北统一战争告一段落,为即将举行的迁都考察、征讨北汉奠定了基础。

再比如,最后一章的内容其实也与烛影斧声没有关系,但正是因为这一事件,才造成了赵光义时代的各种错乱。试想,若非赵匡胤猝然离世,宋朝的历史会变成什么样子?或者说,赵匡胤去世前,若能确定好继承人,赵德昭、赵德芳及赵廷美的人生还会不会那样悲惨?

应当说,看似独立的历史大事件,并非孤立存在。"风起于青蘋之末,浪成于微澜之间。"烛影斧声看起来是偶然事件,但由此引发的蝴蝶效应,让偶然变成了必然,并衍生出一连串突发性事件。

当然,时至今日,有关赵匡胤的死,仍然无法给出定论,这也是它成为千古疑案的原因。

在研究宋朝历史时,我们往往会发现这样一个事实:宋朝在应付突发性事件时,时常没有充足的准备。当突发性事件来临时,昔日胸有韬略的君主和大臣往往陷入恐慌之中,不能稳定政局。这种情况并非只发生在烛影斧声这一单独的历史事件中,北宋末期的靖康之难也是这一症结的延续。

为了更好地解析烛影斧声这一历史谜案,本书在叙述过程中穿插介绍了很多事件发生前后的历史,力求从更长远角度审视烛影斧声事件发生的前后因果。

拨开重重迷雾,可能就是历史真相。事实上,在浩瀚的历史记载中寻找真相并非易事。很多矛盾的记载,会让看起来脉络清晰的事件变得扑朔迷离。

当然,这些扑朔迷离的记载,也激发了我的好奇心。我借助《宋史》《续资治通鉴长编》《涑水记闻》《续湘山野录》等史料,像剥洋葱一般解析这个核心事件的全过程,破案一般的成就感令人着迷。

这种利用各种史料相互印证、解析的过程,就是在史料中寻找真相的过程。不过,我们寻找的真相,可能与真正的历史相去甚远。所有的历史记载,都变得模棱两可。一切的真相早已被虚假的历史掩盖。那么,历史还有真相吗？

我更愿意相信历史是有真相的。

正是抱着这种矛盾心态，我进入了《开宝九年》的写作中。

应当说，写作的过程是一种享受，是自己内心困惑与历史的对照。对于写作者而言，最幸福的，可能就是心无旁骛地置身于文字当中，与历史人物同呼吸共命运。

写作本书之初，我是同情赵光义的。但在进入他的视角后，我发现很多内容都无法自圆其说，他的嫌疑太大了。历史给了他沉重的包袱，让他的面目显得狰狞可憎。他试图修改历史，重塑自己的形象，这反而让发生在他身上的事变得真假难辨。

我们今天看到的赵光义是"修正"后的赵光义，与真实的赵光义相去甚远。所以，他主政期间的历史，也就变得不太真实。这给历史研究带来了新的难题。我也解决不了这些难题，我能做的只是就历史迷雾中的东西，选一个视角去审视而已。

需要说明的是，本书只取了宋代历史中的一瓢：赵匡胤死亡之谜。在长达 319 年（或者 316 年）的宋代历史中，它所占据的比重并不大。但烛影斧声的发生，以及赵光义继承皇位后对国家策略的调整，深刻影响了宋代历史的进程，其后二百多年历史，到处都闪现着"祖宗之法"的光辉。这才是历史给我们的启示，这也就是我在开头说的"继任者改变国策的勇气和信心"。

当然，历史写作，重在发掘新史料，形成新论点，甚至推翻以往定论。这是写作者毕生的追求，我也在朝着这个方向努力。不过，由于本人才疏学浅，难以把所有与烛影斧声有关的史料都罗列出来。

另外，在本书写作过程中，曾闪现过很多琐碎的"瞬间灵感"，现已难以付诸笔端，只能让它们永久消失在记忆深处了。或许那些东西，才是最弥足珍贵的。

最后，感谢在本书出版过程中付出艰辛努力的王莉莉等老师。一本书的问世，是作者、编辑共同劳动的产物，向那些默默付出的编辑老师致敬。